कवि और कविता

कवि और कविता

रामधारी सिंह 'दिनकर'

लोकभारती प्रकाशन

लोकभारती प्रकाशन
पहली मंजिल, दरबारी बिल्डिंग, महात्मा गांधी मार्ग
प्रयागराज-211 001

वेबसाइट : www.lokbhartiprakashan.com
ईमेल : info@lokbhartiprakashan.com

शाखाएँ : 1-बी, नेताजी सुभाष मार्ग, दरियागंज
नई दिल्ली-110 002
अशोक राजपथ, साइंस कॉलेज के सामने
पटना-800 006
1, अनमोल सोराबजी संतुक लेन, धोबी तलाव,
मरीन लाइंस, मुम्बई-400 002

पहला संस्करण : 2008
दूसरा संस्करण : 2023

बी.के. ऑफसेट
नवीन शाहदरा, दिल्ली-110 032
द्वारा मुद्रित

KAVI AUR KAVITA
by Ramdhari Singh Dinkar

ISBN : 978-81-8031-324-0

मूल्य : ₹ 595

प्राक्कथन

राष्ट्रकवि स्वर्गीय रामधारी सिंह 'दिनकर' का यह शताब्दी वर्ष है। उन्होंने अपनी वसीयत के द्वारा अपनी तैंतीस पुस्तकों का प्रकाशनाधिकार मुझे दिया था। ये पुस्तकें अब 'लोकभारती प्रकाशन' से प्रकाशित हो रही हैं।

इसके पूर्व जो प्रकाशक पुस्तकें प्रकाशित कर रहे थे, उनसे मैंने प्रकाशनाधिकार वापस ले लिया है।

वर्तमान प्रकाशक श्री अशोक महेश्वरी चाहते थे कि पुस्तकें कुछ नए आकार में प्रकाशित की जाएँ तथा कुछ पुस्तकों को मिलाकर एक बड़े आकार में सजाया सँवारा जाए। इसमें सर्वश्री डॉ. नन्दकिशोर 'नवल' ने अपना महत्त्वपूर्ण योगदान दिया। आशा है पुस्तकों की इस नई व्यवस्था का हिन्दी साहित्य में स्वागत होगा।

'दिनकर समग्र' भी प्रकाशनाधीन है, इन पुस्तकों का नए जिल्द में आना उसकी पृष्ठभूमि के तौर पर देखा जा सकता है।

आज जब इन पुस्तकों का नवीन संस्करण प्रकाशित हो रहा है—मुझे शिद्दत से डॉ. लक्ष्मीमल्ल सिंघवी स्मरण आ रहे हैं।

—अरविन्द कुमार सिंह

18.08.2008

प्रकाशकीय

एक नई योजना के अन्तर्गत राष्ट्रकवि श्री रामधारी सिंह दिनकर की वे पुस्तकें, जिनका स्वामित्व उनके पौत्र श्री अरविन्द कुमार सिंह के पास है, नए ढंग से प्रकाशित की जा रही हैं। दिनकरजी ने कविता के साथ-साथ गद्य-साहित्य की भी प्रचुर मात्रा में रचना की है। स्वभावतः वे पुस्तकें गद्य की भी हैं और पद्य की भी। गद्य की पुस्तकों में से दो पुस्तकें—'शुद्ध कविता की खोज' और 'चेतना की शिखा' को यथावत् प्रकाशित किया जा रहा है। सिर्फ उनके नाम में कारणवश परिवर्तन किया गया है। 'शुद्ध कविता की खोज' का नाम इस पुस्तक के पहले निबन्ध के आधार पर रखा गया है—'कविता और शुद्ध कविता' और 'चेतना की शिखा' का नाम उसके पहले निबन्ध के आधार पर—'श्री अरविन्द : मेरी दृष्टि में'। हमारा खयाल है कि इस नाम परिवर्तन से पुस्तक की विषय-वस्तु का परिचय प्राप्त करने में अधिक स्पष्टता आ जाती है।

'पंडित नेहरू और अन्य महापुरुष' नामक पुस्तक में भी दिनकरजी की 'लोकदेव नेहरू' और 'हे राम' नामक दो पुस्तकें संकलित हैं। दूसरी पुस्तक में तीन महापुरुषों—विवेकानन्द, रमण और गांधी—पर दिनकरजी के तीन रेडियो-रूपक संगृहीत हैं, लेकिन उनकी आत्मा निबन्ध की है। कारण यह है कि उनमें उक्त महापुरुषों के विचार-दर्शन से ही श्रोताओं और पाठकों को परिचित कराने का प्रयास किया गया है। इसीलिए इन्हें साथ रखा गया है। 'हे राम' नामक पुस्तक संयुक्त करने के कारण ही संकलन के लिए नया नाम देना पड़ा है, लेकिन पंडित नेहरू की प्रधानता के कारण उसमें उनके नाम का उल्लेख आवश्यक माना गया है। 'स्मरणांजलि' नामक पुस्तक में भी दिनकरजी की मूल पुस्तक 'मेरी यात्राएँ' के चार निबन्ध संयुक्त किए गए हैं, क्योंकि यात्रा-वृत्तांत भी एक तरह से संस्मरण ही है। पहले उसे यात्रा-संस्मरण कहा भी जाता था। 'स्मरणांजलि' वस्तुतः दिनकरजी की पुस्तक 'संस्मरण और श्रद्धांजलियाँ' का नया नाम है। इसमें सिर्फ निबन्धों को नई तरतीब

दी गई है और उसमें यथास्थान 'साहित्यमुखी' से लेकर सिर्फ एक निबन्ध जोड़ा गया है—'निराला जी को श्रद्धांजलि'। 'व्यक्तिगत निबन्ध और डायरी' नामक पुस्तक में भी दिनकरजी के निबन्धों का तो एकत्रीकरण है ही, 'दिनकर की डायरी' नामक पूरी पुस्तक यथावत् उसमें शामिल है, क्योंकि डायरी व्यक्तित्व की अभिव्यक्ति का ही तो अतिशय घनीभूत रूप है।

बाकी जो नवनिर्मित गद्य की पुस्तकें हैं, वे हैं—'कवि और कविता', 'साहित्य और समाज', 'चिन्तन के आयाम' तथा 'संस्कृति, भाषा और राष्ट्र' इनमें इनके नामों से सम्बन्धित निबन्ध विभिन्न पुस्तकों से लेकर क्रम से लगाए गए हैं। प्रत्येक निबन्ध के नीचे इस बात का उल्लेख अनिवार्य रूप से किया गया है कि वे किस पुस्तक से लिए गए हैं।

कविता-पुस्तकों में सभी पुस्तकों का मूल रूप सुरक्षित रखा गया है, सिर्फ कमोबेश कविताओं की प्रकृति को देखते हुए दो-दो तीन-तीन पुस्तकों को एक जिल्द में लाने की कोशिश की गई है। स्वभावतः संयुक्त पुस्तकों का एक नाम देना पड़ा है लेकिन वह नाम दिनकरजी की कविताओं से ही इस सावधानी से चुना गया है कि वह कविताओं के मिजाज का सही ढंग से परिचय दे सके। उदाहरण के लिए 'धूप और धुआँ' और 'कोयला और कवित्व' के संयुक्त रूप के लिए 'सपनों का धुआँ' नाम तय किया गया है, 'नीम के पत्ते', 'मृत्ति-तिलक' और 'दिनकर के गीत' नामक पुस्तकों के संयुक्त रूप के लिए 'अमृत-मंथन' और 'प्रणभंग तथा अन्य कविताएँ', 'कविश्री' और 'दिनकर की सूक्तियाँ' के संयुक्त रूप के लिए 'रश्मिमाला'। 'अमृत-मंथन' में एक छोटा-सा परिवर्तन यह किया गया है कि 'मृत्ति-तिलक' से 'हे राम!' शीर्षक कविता हटा दी गई है, क्योंकि वह 'नीम के पत्ते' में भी संगृहीत है। एक ही संकलन में पुनरावृत्ति से बचने के लिए यह करना जरूरी था। 'रश्मिमाला' नाम इसलिए पसन्द किया गया कि इस नाम से दिनकरजी 'प्रणभंग' नामक काव्य के बाद अपनी स्फुट कविताओं का एक संकलन निकालना चाहते थे, जो निकल नहीं सका। उसकी तीन-चार कविताएँ उन्होंने 'रेणुका' में लेकर उसे छोड़ दिया था। काफी दिनों बाद उन्होंने बाकी कविताएँ 'प्रणभंग' के दूसरे संस्करण में, जो 'प्रणभंग तथा अन्य कविताएँ' के नाम से निकला, डाल दीं। 'रश्मिमाला' में 'प्रणभंग तथा अन्य कविताएँ' पूरी पुस्तक दी जा रही है, साथ में 'कविश्री' और 'दिनकर की सूक्तियाँ' नामक दो संकलन

भी। दिनकर की कविताओं का कोई भी संकलन दिनकर की किरणों का हार ही तो है!

'समानांतर' नामक पुस्तक में दिनकरजी की दो पुस्तकें एकत्र की गई हैं—'सीपी और शंख' और 'आत्मा की आँखें'। मूल रूप में ये दोनों पुस्तकें अनूदित कविताओं का संग्रह हैं, लेकिन हमने उनके संयुक्त रूप का नाम 'समानांतर' दिया है। इसके पीछे तर्क यह है कि जब विदेशी विद्वानों ने यूरोपीय कवियों के दिनकरजी कृत अनुवाद को मूल कविताओं से मिलाकर देखा, तो उन्हें अनुवाद मानने से इनकार किया और उन्हें उनकी मौलिक कविताएँ मानकर अपने यहाँ से निकलनेवाले संकलन में शामिल किया। अधिक से अधिक हम इन्हें मूल का पुनर्सृजन कह सकते हैं, उससे भी आगे बढ़कर इन्हें कवि की समानांतर सृष्टि मानें तो वह उसके गौरव के सर्वथा अनुरूप होगा। गद्य की 'शुद्ध कविता की खोज' नामक पुस्तक की तरह ही दिनकरजी की अन्तिम काव्यकृति 'हारे को हरिनाम' को भी यथावत् रखा गया है। सिर्फ उक्त पुस्तक की तरह ही इसके नाम में परिवर्तन है। नया नाम 'भग्न वीणा' पहले नाम की तरह अर्थ-व्यंजक है और यह पुस्तक की एक प्रतिनिधि कविता के शीर्षक से ही लिया गया है।

नई योजना को रूप देने में अनेक रचनावलियों और संकलनों के सम्पादक डॉ. नंदकिशोर नवल और नए समीक्षक डॉ. तरुण कुमार ने विशेष रुचि ली है, जिनकी अत्यधिक सहायता पटना विश्वविद्यालय, हिन्दी विभाग, के शोधप्रज्ञ श्री योगेश प्रताप शेखर ने की है। हम इनके प्रति अपना हार्दिक आभार व्यक्त करते हैं।

आशा है, हिन्दी का विशाल पाठक-वर्ग दिनकर-साहित्य के इस नए रूप में प्रकाशन को अपनाकर हमारा उत्साहवर्धन करेगा।

अनुक्रम

मैथिल कोकिल विद्यापति

हिन्दी के बृहत्त्रयी कवि कौन हैं? तुलसी, सूर और विद्यापति अथवा तुलसी, सूर और कबीर? निर्णय आसानी से नहीं दिया जा सकता, यद्यपि मेरा निजी मत है कि बृहत्त्रयी की पंक्ति में तीसरे स्थान का अधिकारी विद्यापति को ही होना चाहिए।

विद्यापति का जन्मवर्ष अभी तक निश्चित नहीं किया जा सका है। जो सामग्रियाँ उपलब्ध हैं, उनके आधार पर इतना ही कहा जा सकता है कि उनका जन्म 1350 ई. के आसपास हुआ होगा। और, सम्भवतः कबीर के वे लगभग पचास वर्ष पूर्ववर्ती रहे होंगे। हाँ, यह निश्चित है कि उनका जन्म बिहार प्रान्त के मिथिला नामक जनपद में हुआ था।

वे ऐसे समय में हुए जब चिन्तन की भाषा संस्कृत और साहित्य की भाषा अपभ्रंश थी। विद्यापति ने भी अपभ्रंश में अपनी 'कीर्तिलता' नामक पुस्तक की रचना की जिसकी भाषा को उन्होंने अवहट्ट कहा है और जिस भाषा के अनुसार उन्होंने अपना नाम विद्यापति नहीं बताकर, बिज्जाबइ बताया है।

बालचन्द बिज्जावइ भाषा दुहु नहि लग्गइ दुज्जन हासा।

अर्थात् बाल चन्द्रमा और विद्यापति की भाषा, ये दुर्जनों के हँसने से कलंकित नहीं हो सकते।

कीर्तिलता विद्यापति की आरम्भिक रचना है जिसे उन्होंने, कदाचित्, सोलह वर्ष की उम्र में लिखा था। प्रौढ़ होने पर उन्होंने अपभ्रंश को छोड़ दिया तथा कविताएँ वे मैथिली में तथा शास्त्रीय निबन्ध संस्कृत में लिखने लगे। इस प्रकार विद्यापति का लिखा हुआ साहित्य परिमाण में भी बहुत है।

हिन्दी साहित्य के इतिहास में विद्यापति वीरगाथा-काल के कवि माने जाते हैं, यद्यपि युद्ध का कुछ थोड़ा वर्णन उनकी कीर्तिलता में ही मिलता है और कीर्तिलता विद्यापति की प्रतिनिधि रचना तो मानी ही नहीं जा सकती। उनकी असली प्रतिभा तो उनके पदों में निखरी है और विद्यापति के पद किसी प्रकार चन्दबरदाई एवं आल्हखंड के रयचिताओं की कविताओं में मिश्रित नहीं किए जा सकते। लोग विद्यापति को भक्ति-काल के कवियों में गिनने से भी हिचकते हैं, क्योंकि विद्यापति का प्रधान स्वर आनन्द का स्वर है, दैहिक आनन्द का स्वर है एवं राधा-कृष्ण के नाम उन्होंने नायक-नायिका के रूप में ही लिए हैं। उनका नाम रीतिकाल के भीतर भी

खपाया नहीं जा सकता, क्योंकि, यद्यपि, उनके पद स्पष्ट गवाही देते हैं कि उन्हें रीतियों का भरपूर ज्ञान था, फिर भी रीति, रस या अलंकारों के उदाहरण उपस्थित करने के लिए उन्होंने पदों की रचना नहीं की थी। इस प्रकार विद्यापति किसी भी वर्ग में समा नहीं सकते। उनके सत्कार के लिए ऐसा सिंहासन चाहिए जिस पर केवल वही बैठ सकते हैं। वे केवल कवि थे और कविता में सौन्दर्य और आनन्द को छोड़कर वे और किसी बात को स्थान नहीं देते थे। कविताएँ रचते समय उन्हें इस बात का ध्यान नहीं रहता था कि वे वैष्णव हैं या शैव अथवा शाक्त, न इस बात का कि वे साहित्य और धर्म-शास्त्रों के उद्भट विद्वान भी है। उन्होंने जो कुछ लिखा, सहज, सुन्दर और आनन्दमय भाव से लिखा, सौन्दर्य से छककर लिखा, मस्ती के तूफान में लिखा। कविताएँ उनका आत्म-निवेदन नहीं, आत्माभिव्यक्ति हैं। मानव-शरीर की सुन्दरता एवं नर-नारी के प्रणय-व्यापार पर उनकी इतनी श्रद्धा है कि इनका वर्णन करने में उन्हें कहीं भी हिचकिचाहट नहीं होती।

शृंगारिक कवि तो हमारे साहित्य में एक से बढ़कर एक हुए हैं, किन्तु, शृंगार की जो सहजता विद्यापति में है वह अन्यत्र नहीं दिखाई देती। प्राचीन कवियों से आधुनिक पाठकों की एक शिकायत यह रहती है कि शृंगार-वर्णन करते हुए ये कवि अपनी वासना अथवा अपनी उमंग को सीधे न कहकर किसी राजा अथवा लोकोत्तर नायक के मुख से व्यक्त करते हैं। ऐसा होने से प्रेमानुभूति की स्वाभाविकता कुछ मद्धिम पड़ जाती है। किन्तु विद्यापति इसके अपवाद हैं। नारी को देखकर नर और नर को देखकर नारी में जो सहज स्वाभाविक आकर्षण जगता है उसका रहस्य सबको ज्ञात है। किन्तु विद्यापति ने इस अनुभूति को जिस निश्छलता से व्यक्त किया है, वह सफाई, वह सच्चाई और वह निश्छलता और कहीं नहीं मिलती :

ततहि धाओल दुहुं लोचन रे
जतए गेलि वर नारि,
आशा लुबुध न तेजइ रे
कृपनक पाछु भिखारि।

अर्थात् जहाँ-जहाँ वह श्रेष्ठ सुन्दरी जाती हैं, मेरे दोनों लोचन वहीं-वहीं दौड़ रहे हैं, मानो आशा के लोभ में पड़ा हुआ भिखारी कृपण का पीछा न छोड़ रहा हो।

यह प्राकृतिक पुरुष का निश्छल उद्‌गार है और इसका प्रभाव इसीलिए पड़ता है कि यह निश्छलता से कहा गया है, बिना हिचक के कहा गया है, कृष्ण या आश्रयदाता राजा की ओर से नहीं, सीधे कवि की ओर से कहा गया है।

विद्यापति की कविता उनके जीवन-काल में इतनी प्रसिद्ध हो गई थी कि लोग उन्हें कविशेखर, अभिनव जयदेव और मैथिल कोकिल के नाम से पुकारने लगे थे। और आज भी तुलसीदास के बाद वे, शायद, एकमात्र कवि हैं, जिनके अधिक-से-अधिक पद जन-जीवन में घुले हुए हैं, जिनकी कविताएँ पंडितों से अधिक अपढ़

जनता को याद हैं तथा जिनके पदों का गान मिथिला की गृहलक्ष्मियों का प्रधान आनन्द है।

किन्तु ये बातें कैसे हुईं? विद्यापति ने क्या किया कि उनकी कविताएँ जनता में इस जोर से फैल गईं? कारण अनेक होंगे, किन्तु सबसे बड़ा कारण यह है कि कवि विद्यापति पर पंडित विद्यापति का आतंक नहीं था। विद्यापति का कवि-हृदय मिथिला के जन-हृदय से एकाकार था। साहित्य की दृष्टि से तो विद्यापति के पद अतुलनीय हैं ही, उनकी सबसे बड़ी विशेषता यह है कि वे लोक-साहित्य की भी अतुल कृतियाँ हैं। विद्यापति के भाव मन से नहीं जीवन से आते थे। उन्होंने ताल और भोजपत्रों पर लिखी पोथियाँ ही नहीं पढ़ी थीं, प्रत्युत सबसे अधिक वे उन पोथियों के प्रेमी थे जो खेत-खलिहान, कुंज-वीथी, पनघट और जनता के घर-आँगन में खुली हुई हैं।

विद्यापति के पदों में प्रसारित देश ग्राम-देश है, उनके गीतों में चित्रित सुन्दरियाँ ग्रामीण सुन्दरियाँ हैं जिन्हें अलंकार और प्रसाधन की सुविधा नहीं, जिनके सारे अलंकार उनके हाव-भाव हैं, जिनके बोल सभ्यता के सधे हुए कृत्रिम बोल नहीं, हृदय की निष्कपटता से निकले हुए सहज उद्‌गार हैं और किसी भी बनावट के बिना दमकनेवाला यह सौन्दर्य कितना सीधा-सादा, मगर कितना आकर्षक और पवित्र है :

सहजहिं आनन सुन्दर रे
भौंह सुरेखलि आँखि,
पंकज मधु पिबि मधुकर रे
उरए पसारल पाँखि।

उसका मुखमंडल बिना किसी प्रसाधन के ही सुन्दर है। उसकी भौं सुरम्य काली रेखा-सी प्रतीत होती है, मानो कमल का मधु पीकर मधुकरों की पाँती उड़ी जा रही हो। और यह सरल ग्राम-युवती अपने पति के विदेश-गमन के समय जो कुछ कहती है वह भी ग्राम-युवती का ही सरल भाव है, उसमें नागरिक चातुरी या परदा नहीं है। नायिका जिस बात से डरती है, उसे ही वह सहज भाव से कह देती है :

माधव, तोहें जनु जाह विदेस।
हमरो रंग रभस लए जएवह लएवह कोन सन्देस।
वनहिं गमन करू होएत दोसर मति बिसरि जाएव पति मोरा।
हीरा-मानिक एको नहि माँगब फेरि माँगब पहु तोरा।

हे माधव! तुम विदेश मत जाओ। विदेश जाने से मेरा आमोद-प्रमोद तुम अपने साथ ले जाओगे, लेकिन बदले में ऐसी कौन-सी चीज लाओगे जो मेरे रंग-रभस के बराबर हो? घर से बाहर होते ही तुम्हारी मति बदल जाएगी और तुम मुझे भूल जाओगे। इसी से कहती हूँ कि मुझे हीरा-मोती नहीं चाहिए। मैं तो बार-बार तुम्हें ही माँगती हूँ।

विद्यापति सौन्दर्य, जवानी, दाम्पत्य-प्रेम और मस्ती के कवि हैं। उन्होंने एक पद भी कहा है जो उनकी समस्त काव्य-रचना की कुंजी के समान लगता है :

सरसिज बिनु सर, सर बिनु सरसिज
की सरसिज बिनु सूरे,
यौवन बिनु तनु, तनु बिनु यौवन
की यौवन पिय दूरे।

कमल के बिना सरोवर या सरोवर के बिना कमल अथवा वह कमल जिसे सूर्य नहीं मिला हो, ये बातें ऐसी ही हैं जैसे शरीर में जवानी न हो या जवानी को शरीर-सम्पदा न मिली हो अथवा वह जवानी जब प्रियतम पास नहीं, कहीं दूर हो।

विद्यापति ने शिव की स्तुति में भी बहुत-से पद कहे हैं जो मिथिला में नचारी के नाम से विख्यात हैं। बुढ़ापा आने पर शृंगार और यौवन के इस महागायक को कुछ थोड़ा-सा पश्चात्ताप भी हुआ जिसकी अभिव्यक्ति उनके पदों में बड़े ही वेधक ढंग से हुई है :

तातल सैकत वारि बिन्दु-सम
सुत मित रमनि-समाज
तोहे बिसरि मन ताहि समर्पिमु
अब मझु हब कोन काज।
माधव, हम परिनाम निराशा।

अर्थात् पुत्र, मित्र और प्रेमिकाओं से मिलनेवाला सुख तप्त बालू पर गिरनेवाले जलबिन्दु के समान क्षणस्थायी और नश्वर हैं। हे प्रभो! मैंने आपको भूलकर अपना मत इन्हें समर्पित कर दिया था, किन्तु अब मेरा क्या हाल होगा? हे माधव! लगता है, जैसे यह निराशा हमारे सारे जीवन का एकमात्र परिणाम है।

यह पश्चात्ताप भी निष्कपट कवि का ही पश्चात्ताप है। वैराग्य की अवस्था आने पर उपदेश बहुतों ने दिए हैं, किन्तु उनके उपदेश ऐसे लगते हैं, मानो सारे संसार की दशा देखकर कहनेवाले ने कुछ नियम कह दिए हों। किन्तु विद्यापति का यह पश्चात्ताप उन्हें अपने हृदय से निकला है। वह नियम नहीं, कविता की कड़ी है। जिस प्रकार उन्होंने नारी पर अपनी आसक्ति निष्कपट भाषा में कही थी, बुढ़ापे में आकर उसी निष्कपटता से उन्होंने यह भी कह दिया कि पुत्र और मित्र ही नहीं, प्रत्युत प्रेमिकाएँ भी व्यर्थ हैं। अन्त में, ये सब-के-सब तुच्छ हो जाते हैं। यह निष्कपटता विद्यापति की कविताओं की सबसे बड़ी शोभा है।

(1956 ई.)

('वेणुवन' पुस्तक से)

विद्यापति और ब्रजबुलि

विद्यापति आज प्रायः छह सौ वर्षों से, बिना किसी बाहरी अवलम्ब के जीते चले जा रहे हैं, जिस तरह कुछ अन्य कवि भी जीते आए हैं। किन्तु उनकी जो मधुरता उनके लिए अमृत का काम करती रही है, उसी ने उनकी पदावलियों को एक ऐसे जाल में उलझा रखा है जहाँ से पूर्ण शुद्धता के साथ उन्हें निकाल देना अत्यन्त दुष्कर कार्य है। यह जाल है उन असंख्य अनुकर्त्ताओं का जो उनके बाद और उनके समय में भी, केवल मिथिला में ही नहीं, बल्कि बंगाल, उड़ीसा और आसाम में भी उत्पन्न हुए तथा जिनके पदों की भीड़ में से विद्यापति के पदों को सही-सही ढूँढ़ निकालना बड़ा ही कठिन हो रहा है।

एक तरह से यह जाल ब्रजबुलि नामक उस मोहिनी भाषा का जाल है जो कहते हैं आकस्मिक रूप से जन्म लेकर समस्त पूर्वी भारत में फैल गई और जिसमें रचे हुए पद, बहुधा, विद्यापति विरचित होने का भ्रम उत्पन्न करने लगे। यहाँ विलगाव की प्रक्रिया में विद्वानों का पथ-प्रदर्शन केवल 'भणिताएँ' करती हैं, किन्तु जहाँ 'भणिता' नहीं मिलती, वहाँ अकसर कठिनाई उत्पन्न हो जाती है तथा 'भणिता' मिलने पर भी कभी-कभी यह निर्णय करना कठिन हो जाता है कि इस पद का वास्तविक रचयिता कौन है। ऐसा भी होता है कि एक-एक कविता में दो-दो, तीन-तीन भणिताएँ मिल जाती हैं और तब सम्पादक को अपने-आप पर भरोसा रखकर कोई निर्णय दे देने के सिवा दूसरा उपाय नहीं सूझता। विद्यापति की पदावलियों के सम्बन्ध में अभी तक सबसे अधिक काम बंगला में स्वर्गीय नगेन्द्रनाथ गुप्त का ही समझा जाता है। किन्तु उनका संग्रह भी ऐसे दोषों से मुक्त नहीं है।[1]

मिथिला में विद्यापति के जो पद मिलते हैं उनमें भी विकृतियाँ है, फिर भी मिथिला में पाई जानेवाली पांडुलिपियों पर अधिक भरोसा किया जाना चाहिए, यदि

1. नगेन्द्रनाथ गुप्त के संग्रह के पद सं. 81, 86, 210, 538, 596, 624, 665, 669 और 703 में गोविन्ददास का नाम विद्यापति के साथ आया है। एक उदाहरण है :
भनई विद्यापति गोविन्ददास तथि पूरल इस रस ओर।
गुप्त जी ने अर्थ किया है कि इस रस सीमा की पूर्ति गोविन्ददास ने की।
—विद्यापति, द्वितीय संस्करण, सम्पादक अमूल्य चरण और खगेन्द्रनाथ

वे काफी प्राचीन हों। स्वर्गीय पं. शिवनन्दन ठाकुर ने (जिनकी कृति का हमने अभी तक वह सम्मान नहीं किया है जिसकी वह अधिकारिणी हैं) तो रामभद्रपुर वाली पांडुलिपि के आधार पर जिन नए 85 पदों का सम्पादन किया था, उन्हीं की भाषा और प्रयोग को वे विद्यापति पदावली पर काम करनेवाले विद्वानों के लिए मॉडल या आदर्श बता गए हैं। किन्तु कठिनाई यह है कि पदावली की अधिकांश सामग्रियाँ बंगाल से आई हैं और वहाँ उनमें से अधिकांश ब्रजबुलि साहित्य के ढूहों के बीच से ही खींच-खाँचकर निकाली गई हैं। अतएव, उन पर बंगला[1] का प्रभाव स्पष्ट दिखाई देता है।

ग्रियर्सन,[2] सुकुमार सेन,[3] नगेन्द्रनाथ गुप्त, यहाँ तक कि सुनीति बाबू[4] का भी यही खयाल है कि ब्रजबुलि के जन्म का कारण मिथिला में पठनार्थ जानेवाले बंगाली छात्रों, बंगाल के अक्षम लिपिकारों एवं ततोऽधिक अशिक्षित कीर्तनगायकों का मैथिली भाषा का अज्ञान अथवा अधूरा ज्ञान था। पठानों की बंगाल-विजय के बाद जब मिथिला (और उड़ीसा भी) हिन्दुत्व की एकमात्र पीठ रह गई तब बंगाली छात्र संस्कृत पढ़ने को मिथिला आने लगे। उन्हीं के द्वारा विद्यापति के पद बंगाल पहुँचे, जहाँ बंगाली लिपिकारों ने उन्हें लिपिबद्ध किया और बंगाली कीर्तन-नायक उन्हें गाने लगे। किन्तु ये लोग मैथिली के सक्षम ज्ञाता नहीं होते थे। अतः पदों की भाषा उनके हाथों में विकृत होने लगी तथा उस पर धीरे-धीरे बंगला का रंग चढ़ने लगा। कहते हैं, अन्त में इन्हीं विकृतियों से एक नई भाषा निकल पड़ी, जो वैष्णव पदों की भाषा हो गई और वैष्णव धर्म के प्रसार के साथ जिसका प्रचार उड़ीसा और आसाम में भी हो गया। यह भी कहा जाता है कि विद्यापति के पदों के प्रचार की सीमा उड़ीसा में ही समाप्त नहीं हुई थी, प्रत्युत् उसका प्रसार दक्षिण[5] में भी था। ब्रजबुलि के जन्म की कल्पना करते हुए श्री नगेन्द्रनाथ गुप्त ने लिखा है, "बंगाली ब्रज भावे विभोर हइया, एइ कवितार भाषा की राधाकृष्णेर लीलाभूमि मथुरा वा ब्रजेर भाषा बलिया लइया ब्रजबुलि नाम दियाछे...बांगलीर अस्थिमज्जाय विद्यापति प्रवेश करिलो। विद्यापति गान गाहिते गाहिते, क्रमशः, बांगलीर निकट बहुपद बांगलार रूप धारण करिलो।"[6]

इस भाषा का ब्रजबुलि नाम क्यों पड़ा, इसके कई कारण हो सकते हैं। सम्भव

1. "ये नगेन्द्र बाबू...तिनि उ पाठविकृतिरजन्य कम दाई न हेन। बंगदेशे प्राप्त पदावलीर काल्पनिक मैथिल रूप दिते गिया तिनि। ये सकल भूल करियाछेन, ताहरा संख्याउ अल्प नहे।"

—श्री खगेन्द्रनाथ मित्र : विद्यापति की भूमिका

2. Maithili chrestomathy, पृ. 39।
3. History of Brajabuli literature
4. Introduction to the History of Maithili Literature by *Dr. J.K. Mishra*
5. विद्यापतिर गीतिकविता दाक्षिणात्य देशेर हृदयेउ प्रतिध्वनि तूलिया छिलो।

—खगेन्द्रनाथ मित्र : विद्यापति की भूमिका

6. विद्यापति ठाकुरेर जीवन वृत्तान्त।

है, पदावली के नायक श्री कृष्ण की जन्मभूमि के नाम पर इस भाषा का नाम ब्रजबुलि पड़ा हो; सम्भव है, बंगाल से पश्चिम जिस भाषा में कृष्ण-काव्य की रचना हो रही थी, उसके साम्य पर ही बंगाल में लोगों को यह नाम सूझ गया हो अथवा यह भी सम्भव है कि विद्यापति के अनुकरण पर बननेवाले पदों की भाषा को मैथिली और बंगला, दोनों से ईषत भिन्न पाकर लोगों ने उसका ब्रजबुलि नाम दे डाला हो। किन्तु विचारणीय विषय यह है कि ब्रजबुलि का जन्म, सचमुच ही, बंगाली लिपिकारों और कीर्तनकारों एवं कीर्तनगायकों के प्रमाद से हुआ अथवा वह उस भाषा का प्रतिबिम्ब थी जो एक महाकवि की कल्पना की गर्मी से पिघलकर अत्यन्त तरल और कोमल हो उठी थी। ब्रजबुलि कविता के लिए अत्यन्त उपयोगी सिद्ध हुई है और उसमें जिसने भी लिखा वह कम-से-कम हास्यास्पद तो नहीं ही हुआ। अपनी मधुरता के कारण ही वह बंगाल, उड़ीसा और आसाम, तीनों प्रान्तों में समादृत हुई तथा नवयुग के बाद भी कवियों का ध्यान उसकी ओर गया एवं 19वीं सदी में जनमेजय मित्र, बंकिम चन्द्र, राजकृष्ण राय और स्वयं रवीन्द्रनाथ उस भाषा में रचना करने का लोभ संवरण न कर सके। ब्रजबुलि ने रवीन्द्रनाथ की तो कविता की आँख ही खोली क्योंकि उनके[1] आरम्भिक गान उसी भाषा में लिखे गए हैं। एक ओर ब्रजबुलि की मधुरता का यह हाल है तो दूसरी ओर वह बड़ी ही सरल भाषा भी रही और ब्रजबुलि के भीतर से ही सारे पूर्वी भारत में वैष्णव धर्म का प्रचार हुआ। क्या इतनी सरल, मधुर और सबके हृदय को झंकृत करनेवाली भाषा प्रमाद से उत्पन्न हो सकती थी?

इस सम्बन्ध में कई प्रश्न उठाए जा सकते हैं। सबसे पहले तो विद्यापति की भाषा से ब्रजबुलि भाषा का पूरा साम्य है और ऐसा लगता है कि अनुकरण करनेवालों को बहुत बिगाड़ना नहीं पड़ा है। नीचे के उदाहरणों से यह बात स्पष्ट हो जाएगी :

पहिलहि राग नयन भंग भेल,
अनु दिन बाढ़ल अवधि न गेल,
ना सो रमन, ना हम रमनी,
दुहुं मन मनोभव पेसल जनी।

—रामानन्द राय, उड़ीसा, 1504-1532

से कान्ह, से हम, से पंचबान,
पाछिल छाड़ि रग आवे आन,

---

1. ठाकुर भानुसिंहेर पदावली। रवीन्द्रनाथ ने My Reminiscences में भी लिखा है, "Rejoicing in the graceful shade of the cloudy mid-day rest-house, I lay prone on the bed in my inner room, I wrote on a slate the imitation Maithili poem."

"Vidyapati's poems and songs were one of the earliest delights that stirred my youthful imagination."

(नगेन्द्रनाथ दास को पत्र में लिखा था)

पाछिला पेमक की कहब साध,
आगिलाह पेम देखिअ अब आध।

–विद्यापति

इन दोनों पदों की भाषा एक-सी है और ऐसी ही समता हम ब्रजबुलि के अधिकांश कवियों एवं विद्यापति तथा गोविन्ददास के बीच पाते हैं।

दूसरी बात यह है कि डॉक्टर सुभद्र झा ने ब्रजबुलि साहित्य की जो चार श्रेणियाँ[1] बनाई हैं, उनमें से एक श्रेणी में उन्होंने उन पदों को रखा है जिनमें बंगला और ब्रजभाषा का रूप मिश्रित मिलता है। यह कैसे हुआ? क्या इसकी प्रेरणा के बीज भी विद्यापति की भाषा में निहित थे, अथवा यह कृष्णभक्त हिन्दी कवियों का प्रभाव है? कहा जाता है कि विद्यापति की अवहट्ट पर शौरसेनी का भी कुछ प्रभाव है। तो क्या यह प्रभाव उनकी मैथिली में भी यदा-कदा उतर पड़ता था? खोजने पर, शायद, थोड़े-बहुत प्रमाण मिल जाएँगे; किन्तु उसके पूर्व तो यह निश्चित करना है कि पदावली की भाषा के किस रूप को हम शुद्ध मानें।

एक तीसरी बात यह भी है कि उड़ीसा में तो ब्रजबुलि का प्रवेश चैतन्य महाप्रभु के साथ हुआ; किन्तु डॉक्टर जयकान्त मिश्र[2] का कहना है कि आसाम में ब्रजबुलि का प्रवेश कामरूप और विदेह के लोगों के समागम के परिणामस्वरूप हुआ था। उनका यह भी कहना है कि आसाम के विख्यात सुधारक शंकरदेव (1449-1568) तीर्थाटन के क्रम में बिहार आए थे और यहीं उन्हें विद्यापति के पदों से परिचय हुआ तथा उन्हें यह भी भासित हुआ कि इन पदों की भाषा में वैष्णव धर्म का प्रचार आसानी से किया जा सकता है। यह स्थापना, कदाचित्, ठीक होगी क्योंकि बंगाल से वैष्णव धर्म का वहन करती हुई अगर ब्रजबुलि आसाम गई होती तो उसके साथ बंगाल में प्रचलित सख्य या पति-पत्नी भाववाली भक्ति भी आसाम पहुँचती। किन्तु आसाम के वैष्णवों में दास्य-भाव की ही प्रधानता रही। इसके सिवा, आसाम के ब्रजबुलि के पदों में राधा का भी नाम नहीं है। यहाँ एक दूसरी शंका उठ खड़ी होती है कि तब यह विद्यापति के प्रभाव का द्योतक कैसे कहा जा सकता है, क्योंकि विद्यापति की कविता में तो राधा का उल्लेख है? सम्भव है, राधा-तत्त्व के विवर्जन का कारण दास्य-भाव की प्रधानता रही हो। जो हो, विद्यापति की भाषा आसाम भी पहुँची और वहाँ भी उसने अपने लिए अनेक अनुकर्त्ता उत्पन्न कर लिए। अगर ब्रजबुलि के बंगाल होकर आसाम पहुँचने की बात ठीक नहीं है, तब यह सम्भावना और भी बढ़ जाती है कि ब्रजबुलि विद्यापति की ही भाषा का परदेशगत नाम है।

विद्यापति के पदों के इस व्यापक प्रचार का क्या कारण था? वैष्णव धर्म ने इसमें

---

1. डॉ. जयकान्त मिश्र के इतिहास में उल्लेख।
2. History of Maithili Literature

बहुत बड़ी सहायता की, यह बात निर्विवाद है। यह भी मानने योग्य बात है कि पूर्वी भारत की भाषाएँ आज आपस में जितनी भिन्न हैं, आज से पाँच सौ वर्ष पहले वे उतनी भिन्न नहीं थीं। उस समय एक भाषाक्षेत्र के लोग दूसरे भाषाक्षेत्र के लोगों की बात आसानी से समझ लेते थे। चर्या-पदों को लेकर विद्वानों के बीच जो मतभेद है, उसकी प्रखरता भी यह सोचने पर बहुत कुछ न्यून हो जाती है कि इन पदों की रचना एक ऐसे समय में की गई जबकि अपभ्रंशों के अवसान एवं देश-भाषाओं के उदय की सन्धिवेला या गोधूलि बीत रही थी। राहुल जी[1] ने शायद सत्य ही कहा है कि 9वीं-10वीं सदी की ब्रजभाषा का कोई उदाहरण मिल जाए तो, सम्भव है, उस पर भी अनेक भाषाओं की ओर से दावे पेश किए जाने लगेंगे। अतः यह सोचना अधिक युक्ति-युक्त है कि चर्या-पदों की भाषा उतनी ही मैथिली या मगही कही जा सकती है जितनी बंगला, उड़िया या आसामी।

किन्तु इतने से प्रश्न का सम्यक् समाधान नहीं होता। यह ठीक है कि आज से पाँच सौ वर्ष पूर्व इन भाषाओं के बीच भिन्नता अधिक नहीं थी। किन्तु उस समय तक इन भाषाओं का अपना-अपना व्यक्तित्व बन चुका था, जो इस बात से भी प्रमाणित होता है कि जिन दिनों ब्रजबुलि में रचनाएँ की जा रही थीं तब भी प्रत्येक प्रान्तीय भाषा का सबसे अलग साहित्य तैयार हो रहा था।

मुझे तो अधिक सम्भावना इसकी दीखती है कि विद्यापति ने जान-बूझकर एक ऐसी भाषा में अपने पद लिखे जो अधिक-से-अधिक लोगों की भाषा के पास पहुँच सकती थी। भाषा के सम्बन्ध में जनरुचि का उन्हें आरम्भ से ही ध्यान था। कोई 20-22 वर्ष की उम्र में ही उन्होंने लिखा था :

सक्कै बानी बुझ अन भावे,
पाओ रस को मम्म न पावे,
देसिल बैना सब जन मिठ्ठा,
तें तेइसन जम्पौं अवहठ्ठा।

—कीर्तिलता

विद्यापति की मातृभाषा मैथिली थी, किन्तु वे प्रगाढ़ पंडित और बहुभाषाविद् थे। इसके अतिरिक्त, राजकाज से सम्बन्ध रहने के कारण उनका समस्त पूर्वी भारत से सम्बन्ध रहा होगा और वे सब बोलियों का स्वाद जानते होंगे। तुलसीदास के सम्बन्ध में भी यह कहा जाता है कि उन्होंने जान-बूझकर ऐसी भाषा में कविता लिखी जिसे अधिक-से-अधिक लोग समझ सकें। यह बात विद्यापति के विषय में भी कही जा सकती है। किन्तु कवि क्या जान-बूझकर ऐसी भाषा का प्रयोग करता है? लोकप्रियता प्रेषणीयता की मात्रा पर अवलम्बित है। प्रेषणीयता की वृद्धि साधारणीकरण की

1. (क) हिन्दी काव्यधारा (ख) पुरातत्व निबन्धावली

शक्ति पर निर्भर करती है और साधारणीकरण का कारण है भाषा का भावमय प्रयोग जो प्रयोक्ता की अपनी भाव-शक्ति पर निर्भर करता है। जिनकी भाव-शक्ति प्रबल है, उनकी भाषा आप-से-आप भावमय हो उठती है।

लिपिकों और कीर्तनगायकों का भी कुछ दोष रहा होगा। और शुद्ध पाठ तैयार करने में इन्हीं दोषों का निराकरण हमारा लक्ष्य होना चाहिए। किन्तु उन्हीं के प्रमाद से एक नई सुमधुर भाषा का जन्म मान लेना कुछ ठीक नहीं जँचता। ब्रजबुलि कविता की दृष्टि से अद्भुत भाषा थी एवं देशभाषाओं के बीच उसके समान सुमधुर भाषा दूसरी नहीं हुई। ब्रजबुलि में बंगला, मैथिली और हिन्दी के मिश्रण से पद रचने की हम जो पद्धति देखते हैं, वह प्रमाद से तो नहीं ही जनमी होगी। उसका आरम्भ स्वयं विद्यापति ने किया होगा।

(1952 ई.)

('वेणुवन' पुस्तक से)

कबीर साहब से भेंट

इस प्रसंग के आरम्भ में ही कल्पना का गहरा पुट चाहिए। इसलिए कहता हूँ कि कल्पना में एक दिन मेरी मुलाकात महात्मा कबीरदास से हुई और मैंने उनसे पूछा कि महाराज! आप तो भक्त भी थे और समाज-सुधारक भी। किन्तु आज संसार में भक्ति का स्वर मद्धिम पड़ गया है और सर्वत्र समाज-सुधार की भावना प्रबल दिखाई देती है। लोग परलोक को छोड़कर लोक की समाराधना में लीन हैं। यह संसार के लिए अच्छा हुआ या बुरा, कुछ ठीक से समझ में नहीं आता। बड़ी कृपा हो यदि इस विषय में आप अपने विचार हमें जानने दें।

कबीरदास बोले, "भक्ति-साधना और समाज-सुधारक, ये परस्पर विरोधी काम नहीं हैं। दादू की यह साखी तुमने कहीं पढ़ी है?

उद्यम अवगुन को नहीं, जो करि जानइ कोइ,
उद्यम में आनन्द है, साईं सेती होइ।

और रज्जब ने भी यही बात दुहरायी है :

एक जोग में भोग है, एक भोग में जोग,
एक बुड़हिं वैराग्य में, इक तरहिं सो गिरही लोग।

और मैंने भी तो संकेत किया था कि :

नर-नारी सब नरक हैं जब लगि देह सकाम,
कह कबीर ते राम के जे सुमिरें निहकाम।

मुख्य बात यह नहीं है कि तुम समाज-सेवी हो या भक्त। देखने की बात तो यही हो सकती है कि तुम समाज-सेवा या भक्ति किस भाव से करते हो। यदि तुम्हारी सेवा-भावना निष्काम है तो तुम समाज-सेवी होते हुए भी भक्त हो। इसके विपरीत, भक्त होने पर भी यदि वासना तुम्हारा पीछा नहीं छोड़ती तो तुम साधारण संसारी जीव हो।

जब लगि भक्त सकाम है तब लगि निष्फल सेव,
कह कबीर वह क्यों मिले निहकामी निज देव।

मैंने कहा, "महाराज, यह उत्तर तो अत्यन्त संक्षिप्त हो गया। और सकाम-निष्काम वाली बात लाकर तो आपने और भी कठिनाई उत्पन्न कर दी। उदाहरण के लिए जो लोग आर्थिक विषमता मिटाकर समाज में समता लाना चाहते हैं, उनका कार्य

निष्काम कैसे हो सकता है? वे तो स्पष्ट ही किसी उद्देश्य से प्रेरित होकर कार्य करते हैं।''

महात्मा बोले, ''सभी उद्देश्य सकाम नहीं होते। सकामता तो वहीं देखी जा सकती है जहाँ मनुष्य अपने स्वार्थ से प्रेरित होकर काम करता है। ज़िसका उद्देश्य स्वार्थ नहीं, परमार्थ अथवा परोपकार है, उस पर तुम सकाम होने का दोष नहीं दे सकते। और विषमताएँ क्या मात्र आर्थिक हैं? उनसे कहीं विकराल विषमताएँ तो वे हैं जो निरे जन्म के आधार पर एक मनुष्य को उत्तम और दूसरे को अधम बताती हैं, एक को पूज्य और दूसरे को अस्पृश्य बताती हैं। विषमताओं का असली दुर्ग तो मनुष्य के मन में अवस्थित है। जब तक यह दुर्ग नहीं टूटता, जब तक मनुष्य यह नहीं समझ पाता कि जन्मना सभी मनुष्य समान हैं और सबको श्रेष्ठ एवं सुखी बनने का समान अधिकार है, तब तक समाज में फैली हुई विषमताओं का अन्त नहीं होगा।''

मैंने निवेदन किया, ''विषमता के मानसिक दुर्ग से आपका क्या तात्पर्य है महाराज?''

कबीर साहब बोले, ''बहुत कुछ वही भाव जिसे तुम आज की भाषा में वर्ग-भावना कहते हो। धनी और निर्धन, ये दो वर्ग तुम्हें दिखाई देते हैं, किन्तु कितने आश्चर्य की बात है कि निर्धन होने पर भी ब्राह्मण और हरिजन परस्पर एकात्मता का अनुभव नहीं कर पाते। ब्राह्मण आज भी यह सोचकर अपने को अंत्यजों से पृथक् रखता है कि वह जन्मना उनसे श्रेष्ठ है। समाज में समता लाने के पहले उस रूढ़ि को समूल विनष्ट करना है, उस परम्परा को निर्मूल बनाना है जो यह भाव जगाती है कि कर्म नहीं, केवल जन्म के आधार पर कोई व्यक्ति किसी अन्य व्यक्ति से श्रेष्ठ हो सकता है।''

मैंने दबी जबान से पूछा, ''महाराज! क्या मैं यह समझूँ कि आप गांधी और मार्क्स के करीब से बोल रहे हैं?''

महात्मा बोले, ''राजनीति मेरा क्षेत्र नहीं है। किन्तु जहाँ तक संस्कारों की बात है, मैं गांधी और मार्क्स की कई बातों को ठीक समझता हूँ। सामाजिक विषमताओं के मूल में मनुष्य का अहंकार निवास करता है। जाति का अहंकार, वंश का अहंकार, धन और शक्ति का अहंकार, सिद्धि और सफलता का अहंकार। ये सभी अहंकार विभाजक रेखाएँ हैं, जो मनुष्य को मनुष्य से अलग करती हैं। गांधी ने इसी अहंकार को शमित करने के लिए यह परिपाटी चलाई थी कि सेवा का अधिकार उसी को मिल सकता है जो भंगी का भी काम उत्साह और प्रसन्नता के साथ कर सके। और इसी अहंकार को मारने के लिए मार्क्स ने कहा कि सेवा के पथ पर अग्रसर होने के पूर्व अपने मन को समझा दो कि तुम किसी भी व्यक्ति से किंचित् भी श्रेष्ठ नहीं हो। जो काम मजदूर करता है, वह पंडितों के भी करने योग्य है। और इसी अहंकार-

विसर्जन के लिए वैष्णव कवि ने 'मो सम कौन कुटिल खल कामी' की अनुभूति प्राप्त की थी। जिसमें विनयशीलता नहीं, वह मनुष्य का कोई काम नहीं कर सकता। जिसमें सबका दास बनने की विनम्रता नहीं, वह किसी का भी स्वामी नहीं हो सकता।

कबिरा कुल तो सो भला, जेहि कुल उपजै दास,
जेहि कुल दास न ऊपजै, सो कुल आक पलास।

कबीर साहब की बातें सुनकर क्षण भर में विचार-मग्न हो गया। मुझे लगा कि समाजवाद नया शब्द जरूर है, किन्तु उसकी तैयारी सदियों से होती आई है। कबीर ने जाति-प्रथा और वर्णाश्रम पर प्रहार किया। मार्क्स धनतन्त्र को ललकारने के जोश में धर्म के भी विरुद्ध हो गए। गांधी की व्यथा यह है कि धनतन्त्र तो अवश्य टूटे, किन्तु धर्म फिर से अचल हो जाए। किन्तु इस काम में कठिनाइयाँ कितनी हैं? अतएव, मैंने आतुर होकर प्रश्न किया, "किन्तु महाराज! आप जिस समाज की कल्पना करते हैं, वह तो संन्यासियों के समाज-जैसा लगता है। तो क्या संन्यासी भी समाज चला सकते हैं?"

महात्मा बोले, "चलाना ही होगा। और कोई उपाय नहीं है। मैं जिस समाज की कल्पना करता हूँ उसके गृहस्थ संन्यासी और संन्यासी गृहस्थ होंगे; अर्थात् संन्यास और गार्हस्थ्य के बीच वह दूरी नहीं रहेगी जो परम्परा से चलती आ रही है। मैं स्वयं गृहस्थ था, नानक गृहस्थ थे, बहुत प्राचीन काल में वशिष्ठादि अनेक ऋषि गृहस्थ हुए हैं। संन्यासी उत्तम कोटि का मनुष्य होता है, क्योंकि उसमें संचय की वृत्ति नहीं होती, लोभ और स्वार्थ नहीं होता। यही गुण गृहस्थ में भी होना चाहिए। और संन्यासी भी वही श्रेष्ठ है जो समाज के लिए कुछ काम करे, शक्ति भर फावड़ा, चरखा या करघा चलाए अथवा विपन्न मनुष्य की सेवा करे, जैसे एक गृहस्थ दूसरे गृहस्थ की सेवा करता है। ज्ञान और कर्म को भिन्न करोगे तो समाज में विषमता उत्पन्न होगी ही। मुख में कविता और करघे पर हाथ, यह आदर्श मुझे बहुत पसन्द था और इसी की शिक्षा मैं दूसरों को भी देता हूँ। और तुमने सुना है या नहीं कि नानक ने एक अमीर लड़के के हाथ से पानी पीना अस्वीकार कर दिया था? लोगों ने कहा—गुरुजी, यह लड़का तो अत्यन्त सम्भ्रान्त वंश का है, इसके हाथ का पानी पीने में क्या दोष है?—नानक बोले—इसकी तलहत्थी में मेहनत और मजदूरी के निशान नहीं हैं। जिसके हाथ में मेहनत के ठेले नहीं होते, उसके हाथ का पानी पीने में मैं दोष मानता हूँ।—नानक ठीक थे। श्रेष्ठ समाज वही है जिसके सदस्य ज्ञान और कर्म में से एक को श्रेष्ठ और दूसरे को अधम नहीं मानते। श्रेष्ठ समाज वह है जिसके सदस्य जी खोलकर श्रम करते हैं और तब भी जरूरत से अधिक धन पर अधिकार जमाने की उनकी इच्छा नहीं होती।

उदर समाता अन्न लै, तनहिं समाता चीर,
अधिकहिं संग्रह ना करै, ताकौ नाम फकीर।

साधू सच्चा वही है, पेट समाता लेइ।
आगे पीछे हरि खड़े, जब माँगे तब देइ।
साईं इतना दीजिए, जामें कुटुम समाय,
मैं भी भूखा ना रहूँ, अतिथि न भूखा जाए।''

मैंने कहा, ''बाबा, ये बातें तो बहुत दिनों से कही जा रही हैं, किन्तु संचय की ओर से मनुष्य की वृत्ति फिरती तो नहीं दिखाई देती। वह तो तभी फिरती है जब कुछ दबाव डाला जाता है।''

कबीर साहब बोले, ''तो कौन कहता है कि दबाव मत डालो? दबाव केवल तलवार का ही नहीं, जनमत का भी होता है। तलवार के भय से साधुता धारण करनेवाला व्यक्ति समाज का आदर्श सदस्य नहीं हो सकता। आदर्श मनुष्य तो वही हो सकता है जिसने स्वेच्छया साधुत्व का वरण किया हो, स्वेच्छया संचय का त्याग किया हो। किन्तु एक बात याद रखो कि प्रवृत्ति की ज्वाला भड़काए रखने से मनुष्य संचय का त्याग नहीं करेगा। इसके लिए थोड़ी शिक्षा उसे निवृत्ति की भी मिलनी चाहिए। प्रवृत्ति इसलिए कि मनुष्य डटकर काम करे। निवृत्ति इसलिए कि अपनी कमाई पर वह अपना एकाधिकार न जमाए। प्रवृत्ति इसलिए कि कर्मठता जीवन का एकमात्र अवलम्ब है और निवृत्ति इसलिए कि एक दिन मनुष्य को सब कुछ छोड़कर अकेले जाना पड़ता है और उसकी चिता में रुपए-पैसे नहीं, कुछ थोड़ी-सी लकड़ी ही जलती है।

चार जनै मिलि खाट उठाए रोवत ले चले डगर-डगरिया,
कहें कबर सुनो भाई साधो! संग चली वइ सूखी लकरिया।

इसलिए पहली आवश्यकता यह है कि लोग जरूरत से अधिक जमा करने की व्यर्थता को समझें। और त्याग में क्या संचय से कम सुख है? केवल दृष्टि का भेद है।

जोक काटौं तो डहडही, सींचौं तो कुम्हिलाय,
या गुणवन्ती बेल का कुछ गुण कहा न जाए।
सिर राखै सिर जात है, सिर काटे सिर होय,
जैसे बाती दीप की कटि उजियारा होय।
घर जारों घर ऊबरै, घर राखौं, घर जाए,
एक अचम्भा देखिए, मरा काल को खाए।

यहाँ आकर मैंने निवेदन किया, ''अच्छा बाबा! ये बातें तो हो गईं। अब धर्म के विषय में कुछ कहिए।''

कबीर साहब बोले, ''तो इतनी देर क्या मैं धर्म छोड़कर किसी अन्य विषय की बातें कर रहा था? ऐसा क्यों समझते हो कि धर्म केवल मन्दिर और मस्जिद में बसता है तथा जुलाहे के करघा-घर या मोची के मोचीखाने अथवा राजनीति के दफ्तर में

वह नहीं रह सकता? जीवन के दो टुकड़े नहीं हैं कि एक में धर्म का आसन हो और दूसरे में छल और प्रपंच के लिए छूट रहे। जीवन का ऐसा विभाजन नहीं चल सकता। यह तो धर्म और अधर्म के बीच समझौते का उदाहरण होगा। धर्म सम्पूर्ण जीवन की पद्धति है। धर्म जीवन का स्वभाव है। ऐसा नहीं हो सकता कि हम कुछ कार्य तो धर्म की मौजूदगी में करें और बाकी कामों के समय उसे भूल जाएँ। धर्म ज्ञान और विश्वास में नहीं, कर्म और आचरण में बसता है। यदि हम ईश्वर के अस्तित्व में विश्वास करते हैं तो इस विश्वास का सबूत हमारे आचरणों में मिलना ही चाहिए। पूजा और अनुष्ठान की विधियाँ धर्म के बाहरी रूप हैं। मन्दिर, मजिस्द, तीर्थ-व्रत और पंडे तथा पुरोहित की प्रथा—ये धर्म के ढकोसले हैं। सच पूछो तो सभी धर्म एक हैं। केवल पूजा-विधियों के कारण वे अनेक दिखाई देते हैं। इसलिए कहता हूँ कि पूजा-विधियों को छोड़ दो और सभी धर्मों को एक हो जाने दो। सभी धर्म एक हैं। एक से अधिक वे हो ही नहीं सकते। तुम्हारे नये कवि रवीन्द्रनाथ ने तुमसे ठीक ही कहा था—धर्म को पकड़े रहो। धर्मों को छोड़ दो।—और धर्म केवल जुमे या मंगलवार को ही नहीं जगता, वह सातों दिन जगा रहता है। उसकी साधना का स्थान मन्दिर और मस्जिद ही नहीं, बल्कि वे सारी जगहें हैं, जहाँ मनुष्य कोई काम करता है।

साधो, सहज समाधि भली।
गुरुप्रताप जा दिन ते उपजी, दिन-दिन अधिक चली।
जहँ-जहँ डोलूँ सोइ परिकरमा, जो-जो करूँ सो सेवा,
जब सोवौं तब करों दंडवत, पूजों आन न देवा।
कहौं सो नाम, सुनौं सो सुमिरन, खाऊँ पिऊँ सो पूजा।
गिरह-उजाड़ एक सम लेखौं, भाव न राखौं दूजा।

(1958 ई.)

('वेणुवन' पुस्तक से)

गुप्तजी : कवि के रूप में

स्वर्गीय बाबू बालमुकुन्द गुप्त का नाम कवि के रूप में कम, आलोचक और निबन्धकार के रूप में अधिक विख्यात है। हिन्दी भाषा और साहित्य के इतिहास में वे एक उच्च कोटि के पत्रकार के रूप में भी समादृत हैं। सुगठित एवं प्रांजल गद्य के वे एक ऐसे आचार्य हो गए हैं, जिनका लोहा आचार्य द्विवेदी जी को भी मानना पड़ा था। किन्तु पद्य भी उन्होंने कम नहीं लिखे और उनके समय में हिन्दी-कविता की जो अवस्था थी, उसे देखते हुए उनके पद्य उपेक्षणीय तो नहीं ही कहे जा सकते।

गुप्तजी की कविता के साथ न्याय करने के लिए यह आवश्यक है कि हम उनके समय को ध्यान में रखें तथा यह बात भी याद रखें कि, प्रायः, पच्चीस वर्ष की उम्र तक हिन्दी भाषा से उनका कोई विशेष सम्पर्क नहीं था। आरम्भ में उन्होंने अपने लिए उर्दू-पत्रकार का जीवन चुना था। हिन्दी के क्षेत्र में तो वे बाद को आए और वह भी मालवीयजी के अनुल्लंघनीय आग्रह के कारण।

तुलसीदास के बाद हिन्दी साहित्य में सबसे बड़ी क्रान्ति भारतेन्दु-युग में हुई। साहित्य के अन्य क्षेत्रों की बात तो जाने दीजिए, एक कविता के ही क्षेत्र में भारतेन्दु जी ने क्या परिवर्तन कर दिखाया, इसे वे ही समझ कहते हैं, जिन्होंने भारतेन्दु के पूर्ववर्ती कवि पजनेस और द्विजदेव की रचनाओं के साथ भारतेन्दु-काव्य का तुलनात्मक अध्ययन किया हो। यह ठीक है कि भारतेन्दु-काव्य की सरसता उनके उत्तराधिकारियों की रचनाओं में नहीं मिलती, किन्तु अपनी रचनाओं के द्वारा भारतेन्दु जी ने साहित्य की भूमि में जो अभिनव बीज गिराए थे उनमें से एक भी विनष्ट नहीं हुआ तथा उनकी मृत्यु के पचास वर्ष बाद तक हिन्दी साहित्य में जो भी हरीतिमा विकसित होती रही है, वह किसी-न-किसी रूप में भारतेन्दुकालीन क्रान्ति से सम्बद्ध है। तफसील में न जाकर हम भारतेन्दु की दो बातों का उल्लेख यहाँ करना चाहते हैं। पहली बात तो यह है कि भारतेन्दु जी की कितनी ही कविताओं में हम एक ऐसा नवीन स्वर पाते हैं, जो पहले के सभी स्वरों से भिन्न है तथा जो हिन्दी-कविता में आगे चलकर उत्पन्न होनेवाले रोमांटिक आन्दोलन की क्षीण, किन्तु, सुनिश्चित पूर्व सूचना देता है। और, दूसरी बात यह है कि भारतेन्दु जी ने पहले-पहल समकालीन दुरवस्थाओं को साहित्य के कोमल हृदय में स्थान देना आरम्भ किया तथा कविता के माध्यम का उपयोग वे जन-चेतना को जगाने के लिए करने लगे। इस प्रकार, वे

सिर्फ रोमांटिक आन्दोलन के ही पूर्वपुरुष नहीं, बल्कि हिन्दी के प्रगतिवादी आन्दोलन के भी पिता के समान हैं।

भारतेन्दु जी ने रोमांटिक धारा की जो सूचना दी थी, वह उनके बाद बहुत दिनों तक इतिवृत्तात्मकता के सिकता-समूह में विलीन-सी पड़ी रही और बीसवीं सदी के दूसरे दशक से पूर्व उसका स्पष्ट उद्रेक कहीं भी दिखाई नहीं पड़ा। किन्तु प्रगतिवादी धारा का जो उत्स उनकी वाणी में फूटा था, उसने कभी भी विश्राम नहीं लिया तथा उनके उत्तराधिकारियों में से जो भी कवि कविता की ओर उन्मुख हुए, उन्होंने अपने समय की देश-दशा को जरूर प्रमुखता दी।

इस दृष्टि से बाबू बालमुकुन्द गुप्त भारतेन्दु के सच्चे वारिसों में से थे। उनके पद्यों में सौन्दर्य की सृष्टि कम, समय के चित्रण का प्रयास कहीं अधिक है। उनका काव्य-काल कांग्रेस के जन्म के तीन-चार साल बाद प्रारम्भ होता है। अतएव हम देखते हैं कि राजनीति की ओर वे भारतेन्दु की तरह सावधान रहकर संकेत नहीं करते, बल्कि उन्हें जो कुछ कहना होता है, उसे वे बड़ी ही निर्भीकता से कह जाते हैं। स्वदेशी-आन्दोलन के समय उन्होंने जो कविताएँ लिखी थीं, वे तो, प्रायः, उतनी ही निर्भीक हैं, जितनी कांग्रेस-आन्दोलन के समय लिखी गई अन्य कवियों की कविताएँ मानी जा सकती हैं। इंग्लैंड में लिबरल पार्टी की जीत के समय सन् 1906 ई. में उनकी 'पालिटिकल होली' नामक जो रचना 'भारत मित्र' में छपी थी, उसमें उन्होंने बड़ी स्पष्टता के साथ उस सिद्धान्त का निरूपण कर दिया था, जिस पर भारतवर्ष, प्रायः, सन् 1942 तक चलता रहा :

ना कोई लिबरल ना कोई टोरी,
जो परनाला सोही मोरी,
दोनों का है पन्थ अघोरी,
होली है, भई, होली है।
करते फुलर विदेशी वर्जन,
सब गोरे करते हैं गर्जन,
जैसे मिंटो वैसे कर्जन,
होली है, भई, होली है।

उन्नीसवीं सदी के अपरार्द्ध का भारतवर्ष एक अपमानित, प्रताड़ित, रुग्ण और दुर्भिक्ष-पीड़ित देश था। अंग्रेजों ने अपने शासन के साथ देश की छाती पर जो अनेक अभिशाप लादे थे, उनमें से दीनता, अकाल और प्लेग की भयंकरता अत्यन्त कराल थी तथा हिन्दी के तत्कालीन कवि शासकों को किसी भी प्रकार क्षमा करने की मुद्रा में नहीं थे। प्लेग को तो भारतवासी सीधे अंग्रेजों की देन समझते थे, जो बात बिलकुल ठीक भी थी। गुप्त जी ने 'प्लेग की भूतनी' नामक जो विचित्र कविता लिखी थी, उसमें एक स्थान पर हम प्लेग को अंग्रेजों पर ही टूटते देखते हैं :

आओ आओ रे अंग्रेज।
ठहरो ठहरो भागे कहाँ? खाऊँगी, पाऊँगी जहाँ,
फोड़ खोपड़ी भेजा खाऊँ करके रेजारेज।

प्लेग को, उसे भारत में लानेवाले अंग्रेजों पर ललकारने में जो एक प्रतिशोधात्मक भाव है, वह सहज ही समझ में आ जाता है। इसी कविता में गुप्तजी ने बूढ़ों पर भी एक कटु व्यंग्य किया है, जैसा व्यंग्य प्रत्येक युग के अल्हड़ नौजवान अपने समय के सत्तारूढ़ वयस्क लोगों पर किया करते हैं। प्लेग कहती है :

कच्चे कच्चे लड़के खाऊँ युवती और जवान,
बूढ़े को नहीं हाथ लगाऊँ, बूढ़ा बेईमान।

जवानी का अर्थ है साहस, त्याग और प्रयोग करने की आकांक्षा। बुढ़ापे की निशानी अगति, रक्षण और अनुदारता है। गुप्तजी का वोट जवानी के पक्ष में था। सर सैयद अहमद खाँ ने मुसलमानों को कांग्रेस से बचे रहने का जो उपदेश दिया था, उससे गुप्तजी तिलमिला उठे थे और अपना क्षोभ उन्होंने 'सर सैयद का बुढ़ापा' नामक लम्बी कविता में प्रकट किया था, जिसकी आरम्भिक पंक्तियाँ ही भयंकर प्रहार करनेवाली थीं :

बहुत जी चुके बूढ़े बाबा, चलिए मौत बुलाती है,
छोड़ सोच मौत से मिलो जो सबका सोच मिटाती है।

उन्नीसवीं सदी के अपरार्द्ध के कवि अपने देश की दरिद्रता और समाज में फैली हुई विषमता से किस प्रकार ऊबे हुए थे, यह बात भी 'सैयद का बुढ़ापा' शीर्षक कविता से स्पष्ट मालूम होती है। आश्चर्य यह है कि आज हम अपने को प्रगतिवादी सिद्ध करने के लिए कविता में जितनी दलीलों को एकत्र करने के आदी हो गए हैं, वे सारी दलीलें गुप्तजी ने बड़ी ही स्वाभाविकता के साथ पहले ही उपस्थित कर दी थीं :

"हे धनियो! क्या दीन-जनों की नहि सुनते हो हाहाकार?
जिसका मरे पड़ोसी भूखा, उसके भोजन को धिक्कार!"

× × ×

"भूखों की सुधि उसके मन में कहिए किस पथ से आवे,
जिसका पेट मिष्ट भोजन से ठीक नाक तक भर जावे?
फिर भी क्या नंगे-भूखों पर दृष्टि नहीं पड़ती होगी?
सड़क कूटनेवालों से तो आँख कभी लड़ती होगी।
कभी ध्यान में उन दुखियों की दीन-दशा को लाते हो?
जिनको पहरों गाड़ी घोड़ों के पीछे दौड़ाते हो।
लूके मारे पंखेवाले की गति वह क्योंकर जाने?
शीतल खस की टट्टी में जो लेटा हो चादर ताने।"

× × ×

"जिनके कारण सब सुख पाए, जिनका बोया सब जन खाएँ,
हाय, हाय, नित उनके बालक भूखों के मारे चिल्लाएँ।
हाय, जो सबको गेहूँ दें वे ज्वार-बाजरा खाते हैं
वह भी जब नहिं मिलता तब वृक्षों की छाल चबाते हैं।"

इन पंक्तियों में शैली का वह निखार तो नहीं है, जो आज देखने में आता है, किन्तु कौन कह सकता है कि इनमें निरूपित सत्य कहीं से भी कमजोर है?

सर सैयद की फिलासफी ने देश का सत्यानाश किया। अगर सर सैयद का जन्म इस देश में नहीं हुआ होता, तो सम्भव था, मुसलमान कुछ अधिक हिम्मत से काम लेते और अपनी किस्मत की डोर कांग्रेस के साथ बाँधकर राष्ट्रीयता को शक्ति पहुँचाते, जिसके लिए कांग्रेस उनसे बार-बार प्रार्थना कर रही थी। सर सैयद का विरोध उर्दू-साहित्य में महाकवि अकबर ने बड़े जोर से किया था। किन्तु हिन्दी-कविता में यह विरोध, शायद, गुप्तजी की ही कविता में ध्वनित हुआ है।

अकबर से गुप्तजी की समता और भी कई बातों को लेकर है। दोनों ही अंग्रेजों के खिलाफ और उनके आलोचक थे। दोनों ही यूरोप से आनेवाली रोशनी को नापसन्द करते थे और दोनों ही सुधारों के नारों से घबराते थे तथा दोनों ही ने अपने मतामत के प्रकाशनार्थ कटूक्तिपूर्ण पद्यों का माध्यम चुना था। किचनर और कर्जन के झगड़े में जब कर्जन की हार हुई, तब अकबर ने चार पंक्तियों का एक बन्द लिखा था, जिसकी 'देख लो, यह जन पै नर गालिब हुआ' नामक पंक्ति बहुत ही प्रसिद्ध है। उन्हीं दिनों गुप्तजी भी कितनी ही पंक्तियों में कर्जन की पूरी खबर ले रहे थे। किचनर सेनापति था और कर्जन वायसराय। अतएव वायसराय के हारने पर उन्होंने आनन-फानन लिख दिया :

"कलम करे कितनी ही चर-चर
भाले के वह नहीं बराबर।"

एक बार कर्जन ने हिन्दुस्तानियों को झूठा कह दिया था, जिस पर अकबर साहब ने लिखा था :

"हम झूठे हैं तो आप हैं झूठों के बादशाह।"

अकबर साहब की पंक्ति बड़ी ही सटीक बैठी है। किन्तु इसी घटना पर गुप्तजी ने भी कर्जन की काफी खबर ली थी :

"मन में कुछ मुँह में कुछ और, यही सत्य है कर लो गौर।
झूठ को जो सच कर दिखलावे, सोही सच्चा साधु कहावे।
मुँह जिसका हो सके न बन्द, समझो उसे सच्चिदानन्द।"

सुधारों के प्रति जिस अनास्था का परिचय अकबर ने दिया है, उसी से गुप्तजी भी आक्रान्त थे। प्राचीन परम्परा के प्रतिनिधि होने के कारण वे सुधार के प्रत्येक आन्दोलन को शंका की दृष्टि से देखते थे। कहीं-कहीं तो ऐसा मालूम होता है, मानो

सुधारों के नारों के बीच उन्हें वास्तविकता ही लुप्त होती दिखाई दे रही हो :

हाथी यह सुधार का लोगो, पूँछ उधर भई, पूँछ इधर।
आओ, आओ, पता लगाओ, सूँड किधर भई, मूँड किधर।
इधर को देखो, उधर को देखो, जिधर को देखो, दुम ही दुम।
बोल रहा हूँ, चाल रहा हूँ सूँड भी गुम, भई, मूँड भी गुम।

गुप्तजी ने प्रकृति-वर्णन और भक्ति के भी पद्य लिखे हैं। किन्तु साहित्य के इतिहास में उनका वैसा महत्त्व नहीं जैसा उनकी हास्य-मिश्रित कटूक्तियों का हो सकता है। ये कटूक्तियाँ ही उनका वह शस्त्र थीं, जिनके माध्यम से वे तत्कालीन सामाजिक व्यवस्था पर वार करते थे। आगे चलकर रूप तो इनका भी बदल गया; किन्तु यह धारा बहती ही गई और गुप्तजी से बाद वाला साहित्य इस धारा को अब तक भी पुष्ट ही करता आया है।

गुप्तजी ने काव्य की प्रेरणा पं. प्रतापनारायणजी मिश्र से ली थी और मिश्रजी के दृष्टिकोण का उन पर गहरा प्रभाव भी पड़ा था। इन महापुरुषों की कविताएँ आज उतनी गम्भीर भले ही न दीख पड़ें, पर उस समय समाज में जागरूकता तथा निर्भयता उत्पन्न करने में उन्होंने बड़ा काम किया था।

('अर्धनारीश्वर' पुस्तक से)

महादेवीजी की वेदना

महादेवीजी की वेदना हिन्दी में आलोचना की वस्तु बनी हुई है। सबसे पहले, शायद पं. रामचन्द्रजी शुक्ल ने यह शंका उठाई थी कि महादेवीजी अनुभूति के बल पर नहीं, अनुमान के आधार पर लिखती हैं और तब से प्रायः प्रत्येक समर्थ आलोचक को शुक्ल जी की शंका की पुष्टि का प्रमाण मिलता गया है। अधिकांश आलोचकों की राय यह है कि महादेवीजी की कविताओं में हम जो पीड़ा और अतृप्ति पाते हैं वह इस कारण कि जगत के अशोभन और स्थूल सत्य के साथ उनके आदर्शवादी स्वभाव का पूरा सामंजस्य नहीं बैठ सका और इस संघर्ष से उनकी तबीयत को जो ठेस पहुँची, उसी ने उन्हें निराशावादी और वेदनाप्रिय बना दिया है। कुछ ऐसे लोग भी हैं जो उनकी वेदना का काममूलक निदान देते हैं। सम्भव है, ये दोनों बातें (जो, अन्ततः असल में, एक ही बात है) कुछ दूर तक ठीक हों। किन्तु इतना ही कहकर हम महादेवीजी के काव्य से छुट्टी नहीं ले सकते। असल में, महादेवीजी की कविताएँ इससे कहीं बड़ी गहराई से उठकर ऊपर आई हैं और उनकी शाखा-प्रशाखाएँ भी अनेक हैं। अगर कवि के जीवन से उसकी कविताओं के सम्बन्ध में कोई निष्कर्ष निकालने की प्रथा गलत नहीं है तो महादेवीजी को निराशावादी और उनके काव्य को मृत्युवादी का काव्य मानना भी सत्य के प्रतिकूल जान पड़ता है। क्योंकि जिस प्रकार महादेवीजी का सारा जीवन कर्मठता और आशावाद से ओत-प्रोत रहा है, उसी प्रकार उनकी वेदना के भीतर भी स्वाभिमान की चिंगारी और शूरता की आग चमकती है। उनकी कविताओं के भीतर रहस्यवाद का भी जो रूप निखरा है वह कबीर और मीरा के रहस्यवाद (यद्यपि शुक्लजी की कसौटी पर मीरा रहस्यवादी नहीं उतरती हैं) से ईषत् भिन्न है और उसके भीतर हम नवीन युग का आलोक पाते हैं।

महादेवीजी की वेदना के जिस पक्ष के सामने आलोचना थकने लगती है, वह यह है कि उन्होंने वेदना को ही अपना ध्येय मान लिया है तथा विरह की आग से निकलकर शीतलता की छाया में विश्राम करने की इच्छा उन्हें नहीं होती। वेदना के प्रति इस विलक्षण रुझान को आलोचक अस्वाभाविक मानते हैं। और वे सीधे इस निष्कर्ष पर जा पहुँचते हैं कि हो-न-हो, यह दर्द खयाली दर्द है। ''महादेवी प्यास को ही चाहती मालूम होती हैं, इसलिए अनुमान होता है कि प्यास को उन्होंने जाना ही नहीं है। घायल घाव नहीं चाहता। जो अभी घाव चाहता है, मालूम होता है, उसकी

गति अभी घायल की है नहीं।" जैनेन्द्रजी की इस उक्ति में उन सभी आलोचकों के मतों का निचोड़ आ गया है जो महादेवीजी की वेदना पर विश्वास नहीं करते अथवा जिन्हें इस बात का निदान नहीं मिला है कि आदमी दर्द के घेरे और विरह की आँच से निकलकर बाहर आना क्यों नहीं चाहता।

"मुझे पीड़ा में तपने दो, मेरे विरह का अन्त मत करो तथा मेरे आँसू मत पोंछो", ऐसे भाव भारतीय साहित्य में नहीं लिखे जाते थे। कालिदास, भारवि, भवभूति, माघ और दंडी तथा श्रीहर्ष में ऐसे भाव नहीं मिलते, न गीतगोविन्द में ही ऐसा कोई गीत है जिससे यह ध्वनि निकलती हो कि गोपियाँ विरह को चिरायु बनाए रखना चाहती हैं। ऐसी भावना का जन्म पहले-पहल ईरान में, सूफी कवियों में हुआ। वहीं से यह पद्धति भारत पहुँची और हिन्दी में भी उसकी अभिव्यक्ति पहले-पहल कबीर की कविता में मिलती है :

हँसि हँसि कन्त न पाइयाँ, जिन पाया तिन रोइ।
हाँसी खेले पिउ मिले, कौन दुहागिन होइ?
मैं अबला पिउ-पिउ करूँ, निर्गुन मेरा पीव,
सून्य सनेही राम बिन देखूँ और न जीव।

ऐसे दोहे कबीर ने दो ही नहीं, और भी कहे हैं। उनमें इस बात का स्पष्ट संकेत तो नहीं मिलता कि कबीर अपने विरह का अन्त नहीं चाहते हैं, किन्तु विरह में एक स्वाद है, दर्द में एक मजा है, यह अनुभूति उनके दोहों में बार-बार झलक मारती है :

सब रग ताँत, रबाब तन बिरह बजावै नित्त,
और न कोई सुनि सकै, कै साईं, कै चित्त।
कबिरा बादल प्रेम का हम पर बरिखा आय,
अन्तरि भींजी आत्मा, हरी भई बनराय।

संस्कृत और हिन्दी काव्य में विरह का जो वर्णन हुआ है उसे देखकर यह भासित होता है कि विरह का अन्त हो जाए तो विरही को शान्ति मिलेगी। इसके विपरीत, कबीर के विरह-वर्णन से कहीं-कहीं यह ध्वनि भी निकलती है कि विरह की पीड़ा आनन्द की वस्तु है; वह ऐसी ही बनी रहे तो ठीक है। कबीर में यह प्रभाव सूफियों से आया और मीरा में भी यह चीज कबीर और अन्य सूफी कवियों से पहुँची होगी। सूफियों की तरह मीरा भी विरह में घुलने, तिल-तिल जलने और प्रियतम के सामने विनष्ट हो जाने में परम सुख मानती हैं।

काटि करेजो मैं धरूँ रे, कागा तू ले जाइ।
ज्याँ देसाँ मेरा पिउ बसे रे, वे देखे तू खाइ।
या तन को दिवला करौं रे, मनसा करौं बाती,
तेल भरावों प्रेम का बारौं दिन राती।

कबीर में ही हम एक और नवीनता का आरम्भ देखते हैं। भारत निवृत्तिप्रधान

देश था। यहाँ के लोग यह मानते थे कि संसार माया और हमारा जीवन स्वप्न है। साथ ही, उनका यह भी विश्वास था कि जब से आत्मा परमात्मा से वियुक्त हुई तभी से जीव दुख में है। इस दुख से निवृत्ति का उपाय निर्वाण है, जीवन-प्रदीप को बुझा देना है, यह सिद्धान्त भी इस देश में बौद्ध-दर्शन के कारण खूब प्रचलित हुआ था। किन्तु भारत के किसी भी कवि ने कभी यह नहीं कहा था कि जीवन चूँकि ब्रह्म और जीव के बीच व्यवधान बनकर खड़ा है, अतएव हमें मर जाना चाहिए। उलटे, यहाँ के भक्त, यदि बहुत विह्वल हो उठे तब भी उन्होंने मृत्यु नहीं माँगी, वरन् यह याचना की कि ''हमें मुक्ति नही चाहिए। हमें तो अनन्त जीवन दो कि हम दिन-रात तुम्हारा गुण गा सकें।''

देवा, तेरो भक्ति न छाड़ौं, मुक्ति न माँगौं,
तब जस सुनौं, सुनावौं।

तथा

कहा करौं बैकुंठहिं जाए?
जहं नहिं नन्द, जहाँ न जसोदा, नहिं जहं गोपी, ग्वाल, न गाय।
जहं नहिं जल जमुना को निरमल और नहीं कदमन के छाय।
'परमानन्द' प्रभु चतुर ग्वालिनी, ब्रज-रज तजि मेरी जाय बलाय।

किन्तु कबीर ने पहले-पहले यह घोषणा की कि जीवन चूँकि प्रियतम से हमें दूर रखे हुए हैं, इसलिए मर जाना ही काम्य है।

जिन मरने थैं जग डरै, सो मेरो आनन्द,
कब मरिहूँ कब देखिहूँ पूरन परमानन्द।
मैं तोहि पूछौं हे सखी, जीवत क्यों न मराइ?
मूवा पीछे सत करे, जीवन क्यों न कराइ?

मृत्यु काम्य है, यह अभारतीय भाव था। कबीर में यह भाव ईरानी सूफियों की संगति से आया। इसका एक प्रमाण यह है कि कबीर से पहले यह भाव किसी भी संस्कृत अथवा हिन्दी कवि में नहीं मिलता। दूसरा यह कि उर्दू कवियों में यह भाव बराबर अभिव्यक्ति पाता रहा है :

मार्ग इक मान्दगी का वक्फा है,
यानी आगे चलेंगे दम लेकर।

—मीर

कैदे-हयात, बन्दे-ग़म, अस्ल में, दोनों एक हैं।
मौत से पहले आदमी ग़म से नजात पाए क्यों?

—ग़ालिब

कहा पतंग ने यह दारे-शमअ पर चढ़कर,
अजब मज़ा है जो मर ले किसी के सर चढ़कर। **—ज़ौक़**

हिज्र की ज़िन्दगी से मौत भली,
कि जिससे सब कहें, विसाल हुआ।

–हातिम

भारतीय दर्शन की शिक्षा यह है कि जब तक कर्म-संस्कार शेष हैं तब तक मुक्ति नहीं मिल सकती। इसलिए इस दर्शन का जोर मुक्ति पर कम, कर्म पर अधिक है, क्योंकि कर्म-संस्कार के निःशेष होने पर मनुष्य इसी जीवन में मुक्त हो जाता है। फिर वह मृत्यु की कामना क्यों करे? किन्तु सूफियों का दर्शन यह था कि जीव ब्रह्म से बिछुड़ा हुआ है एवं ब्रह्म-मिलन का सुख वह मरने के बाद ही पा सकता है। इस विश्वास से एक दूसरा सिद्धान्त यह निकल पड़ा कि तब शीघ्र-से-शीघ्र मरकर ब्रह्म को प्राप्त करना चाहिए। काव्य में सूफियों के इस विश्वास के दो परिणाम दिखाई दिए। पहला यह कि चूँकि जीव विरह की स्थिति में है, इसलिए दिर-रात रोना-तड़पना उसके लिए स्वाभाविक है। दूसरा यह कि विरही के लिए मृत्यु त्याज्य नहीं, काम्य है।

मृत्यु को काम्य एवं मोहक बनाने की भावना इस देश में सूफियों के प्रभाव से फैली। हिन्दी में पहले वह कबीर में प्रकट हुई और तब मीरा में। कबीर और मीरा, दोनों ही रहस्यवादी थे। घनानन्द के दो-एक पद रहस्यवादी संकेतों से युक्त हैं, किन्तु बोधा में ऐसे संकेत नहीं मिलते। फिर भी, ये दोनों कवि रोने और तड़पने में सूफियों से कम नहीं हैं। सूफियों की तड़प और बेचैनी उर्दू कविताओं में अधिक चली। हिन्दी में वह कबीर, मीरा, घनानन्द और बोधा में झलक मारती रही। हाँ, छायावाद-काल में आकर यह बेचैनी हिन्दी में भी अपने उभार पर आ गई।

सूफियों की जिस परम्परा से हिन्दी कवि प्रभावित हुए, उसका कुछ असर हम रवीन्द्रनाथ में भी देखते हैं। 'मरिते चाइना आमि सुन्दर भुवने', यह कहकर रवीन्द्रनाथ ने जीवन के प्रति आस्था प्रकट की है। किन्तु उन पर जवानी की भावुकता सवार थी तब उन्हें भी मृत्यु मोहक दिखाई पड़ी थी। रवीन्द्रनाथ की राधा कहती है :

मरण रे, तुहुँ मम श्याम समान।
मेघ वरण तुझ, मेघ जटाजुट,
रक्तकमल कर, रक्त-अधर-पुट,
तापविमोचन करुण कोर तव
मृत्यु अमृत करे दान।

रवि बाबू की 'खेया' में भी एक कविता है जिससे मृत्यु के प्रति उनका उत्कट अनुराग प्रकट होता है, यद्यपि मृत्यु के रूप में भगवान ही आते हैं, इस आरोप के कारण, यह मृत्यु-प्रेम सार्थक हो गया है। फिर भी, इसका सम्बन्ध सूफियों के मृत्यु-प्रेम से आसानी से बिठाया जा सकता है :

आँधारे मुख ढाकिले स्वामी,
तोमारे तबू चिनिबो आमी।
मरण रूपे आसिले प्रभु,
चरण धरि मरिबो हे!

रवीन्द्रनाथ पर यह प्रभाव सूफी कविताओं से पड़ा होगा। ब्रह्मसमाज में सूफी कविताओं का काफी चलन था। राजा राममोहन राय और देवेन्द्रनाथ ठाकुर (रवीन्द्रनाथ के पिता) पर रूमी, हाफिज आदि फारसी कवियों का पूरा प्रभाव था। ये लोग पूजा-स्नान के समय मन्त्रों के साफा फारसी गजलें भी गाया करते थे।

जब हिन्दी में छायावादी आन्दोलन पहुँचा तब यह मृत्यु-प्रेम आधुनिक हिन्दी कविता में भी व्यक्त होने लगा, किन्तु इस भाव की स्पष्ट अभिव्यक्ति हिन्दी में केवल महादेवीजी ने की है। मृत्य काम्य है, मृत्यु विकास है, यह भाव उनकी पंक्तियों में बार-बार आता है :

इस असीम तम में मिलकर मुझको पलभर सो जाने दो,
बुझ जाने दो देव! आज मेरा दीपक बुझ जाने दो।

—नीहार

विसर्जन ही है कर्णाधार, वही पहुँचा देगा उस पार।

—आधुनिक कवि

अमरता है जीवन का ह्रास, मृत्यु जीवन का चरम विकास,
सृष्टि का है यह अमिट विधान, एक मिटने में सौ वरदान।

—आधुनिक कवि

रहने दो हे देव! अरे, यह मेरा मिटने का अधिकार।

—आधुनिक कवि

जहाँ तक महादेवीजी के मृत्यु-प्रेम का सम्बन्ध है, मुझे इसमें कोई सन्देह नहीं कि उसका बीज सूफी काव्य में था। इसी प्रकार, मेरा यह भी विचार है कि महादेवीजी में वेदना का जो आधिक्य दिखाई देता है वह भी उसी धारा का चरम विकास है जो कबीर, मीरा, रसखान, घनानन्द और बोधा होकर छायावाद-युग तक पहुँची थी, यद्यपि छायावाद-काल तक आते-आते शेली, कीट्स, रवीन्द्रनाथ और उर्दू के अनेक कवियों की वेदनामूलक अनुभूतियाँ भी उस धारा में मिल गईं।

छायावाद-काल में जो क्रन्दनवाद की लहर उठी उसका एक कारण तो यह था कि साहित्य में जब भी रोमांटिक आन्दोलन आता है तब उसके साथ भावुकता की घटा जरूर आती है और भावुकता की चरम परिणति अश्रु और विलाप में होती है। रोमांटिक कवि शेली ने 'करुण-से-करुण भावों को मधुर-से-मधुर गीत कहा था' और भवभूति का कहना है कि रस, वास्तव में, एक ही है और वह करुण रस है। निमित्त-भेद से उसी रस से अन्य सभी रस उत्पन्न होते हैं। छायावाद-काल में, प्रायः

सभी आलोचक इन दो कवियों का उद्धरण देते थे। स्पष्ट ही, उनका उद्देश्य साहित्य में आँसू की परम्परा को सिद्ध करना था। किन्तु विचारणीय विषय तो यह है कि यह भावधारा हिन्दी में कहाँ पर पोषित हो रही थी और क्यों वह छायावाद-काल में ही आकर प्रकट हुई।

साहित्य को सतही दृष्टि से देखनेवाले लोग यह कह देते हैं कि यह प्रथम विश्वयुद्ध से जन्मी हुई निराशा का परिणाम था अथवा यह कि असहयोग-आन्दोलन के विफल हो जाने से देश में जो निराशा उत्पन्न हुई उसकी अभिव्यक्ति छायावाद के रुदन-पक्ष में हुई। ये दोनों मत इसलिए खंडित हो जाते हैं कि विश्वयुद्ध से जन्मी हुई निराशा का ज्ञान भारत को तत्क्षण नहीं, प्रत्युत बहुत बाद को हुआ और वह भी मुख्यतः इलियट की कविताओं के द्वारा। जहाँ तक असहयोग-आन्दोलन का सम्बन्ध है, उसकी विफलता से देश में पस्ती नहीं आई थी। और अगर आई भी थी तो उसकी अभिव्यक्ति नवीनजी की उस कविता में हुई जिसकी पहली पंक्ति थी, "विजय पताका झुकी हुई है, लक्ष्य-भ्रष्ट यह तीर हुआ।" इस काल की बाकी राष्ट्रीय कविताओं में उमंग-ही-उमंग है, उनमें पस्ती या शिथिलता के भाव नहीं हैं।

असल में, छायावाद-कालीन वेदना-प्रियता एक तो रोमांटिक मुद्रा का परिणाम थी; दूसरे, उसके मूल में, बहुत दूर पर, सूफियों की वेदना-प्रियता काम कर रही थी जिसका परिमार्जन, हिन्दी के ढंग पर, पहले कबीर और मीरा ने तथा बाद को घनानन्द और बोधा ने किया था। बोधा और घनानन्द छायावाद के समीपवर्ती पूर्वपुरुष हुए हैं। सूफियों की वेदना-विवृति का प्रभाव हिन्दी पर भी पड़ा और उर्दू पर भी। हिन्दी में यह प्रभाव कबीर, मीरा, घनानन्द और बोधा में पोषित हुआ और उर्दू की सम्पूर्ण सरणी में ही। घनानन्द के समकालीन मीर वगैरह रहे होंगे। कितने संयोग की बात है कि जब मीर यह लिख रहे थे कि :

वसीयत मीर ने मुझको यही की,
कि सब कुछ होना तो, आशिक न होना।

तब घनानन्द के मुख से यह पंक्ति निकल रही थी :

देह दहै, न रहै सुधि गेह की
भूलिहूँ नेह को नाम न लीजै।

और उन्हीं दिनों बोधा यह कहकर तड़प रहे थे कि :

यह प्रेम को पन्थ कराल महा,
तरवारि की धार पै धावनो है।

हम कौन सों पीर कहें अपनी,
दिलदार तो कोऊ दिखा तो नहीं।

तथा

सहते ही बनै, कहते न बनै,
मन ही मन पीर पिरैबो करै।

इसी प्रकार, जब घनानन्द यह कह रहे थे कि मेरे कवित्त कविकौशल के परिणाम नहीं, वरन् मेरे हृदय की पुकार हैं :

लोग हैं लागि कबित्त बनावत,
मोहि तो मेरे कबित्त बनावत।

तब मीर साहब भी, मानो इसी अनुभूति की चोट खाकर लिख रहे थे :

मुझको शायर न कहो 'मीर' कि साहब मैंने
दर्दोगम कितने किए जमा तो दीवान किया।

सूफी अनुभूति से बोधा, घनानन्द और मीर की ये अनुभूतियाँ बहुत दूर पड़ती हैं, किन्तु कविता में यह नई अदा सूफियों की वेदना-प्रियता से निकली है, यह माने बिना नहीं चल सकता।

छायावादी कवियों की वेदना-प्रियता और कुछ उर्दू कवियों की रुदनशीलता में यत्किंचित् साम्य है और इसका कारण यह है कि दोनों भाषाओं में यह प्रेरणा सूफी परम्परा से आई है। शब्द अलग हैं, भाव अलग हैं, अनुभूतियाँ भी अलग-अलग हैं, किन्तु जमीन दोनों की एक-सी दिखाई देती है। यथा :

चिर ध्येय यही जलने का, ठंडी विभूति बन जाना,
है पीड़ा की सीमा यह, दुख का चिर सुख हो जाना।

—महादेव

इशरते-कतरा है दरिया में फना हो जाना,
दर्द का हद से गुज़रना है दवा हो जाना।

—ग़ालिब

जो घनीभूत पीड़ा था मस्तक में स्मृति बन छाई,
दुर्दिन में आँसू बनकर वह आज बरसने आई।

—प्रसाद

पीड़ा मेरे मानस में भींगे पट-सी लिपटी है।
डूबी-सी ये निःश्वासें ओठों में आ सिमटी हैं।

—महादेवी

उमड़ी आती हैं आज यूँ आँखें,
जैसे दरिया कहीं उबलते हैं।

—मीर

बेकसी मुद्दत तलक बरसा की अपनी गोर पर,
जो हमारी ख़ाक पर से हो के गुजरा, रो गया।

—मीर

मुत्तसिल रोते ही रहिए तो बुझे आतिशे-दिल
एक-दो आँसू तो और आग लगा देते हैं।

—मीर

उर्दू कवियों के जो रोने-रुलानेवाले शेर हैं, उनमें से कुछ तो इसलिए लिखे गए होंगे कि कवियों को अर्थाभाव रहा होगा अथवा प्रेम से उन्हें निराशा हुई होगी। किन्तु बहुत-से ऐसे भी हैं जो दर्द की बेचैनी दिखाने को लिखे गए हैं। सूफियों ने वेदना का अनुभव ब्रह्म से कल्पित विरह के कारण किया था। पीछे चलकर वेदना कला की वस्तु बन गई और कविगण उसका चित्रण इसलिए करने लगे कि इससे उनकी भावुकता को सन्तोष होता था। कला के लिए कला के समान, वेदना को भी वेदना के लिए पूजने की प्रथा हिन्दी और उर्दू कविताओं में सूफी परम्परा से बढ़ी है।

ऊपर जो कुछ कहा गया है उससे यह निष्कर्ष निकाला जा सकता है कि कबीर और मीरा के संकेत अथवा उर्दू कवियों की वेदनाप्रियता के आधार पर ही महादेवीजी ने वेदना को अपना लिया। सच तो यह है कि महादेवीजी में हम वेदना का जो रूप देखते हैं वह छायावादकालीन पीड़ावाद का परिपाक है। छायावाद अपने पूर्व के इतिवृत्तात्मक काव्य के विरुद्ध विद्रोह करता आया था तथा वह उपदेश और उपयोग से बहुत दूर जाकर एक ऐसा संसार बसा रहा था जिसकी जमीन और आसमान, दोनों ही कल्पना से बने थे, जिसके सरोवर में हंस का वही रूप दिखाई देता था जो तैरनेवाले असली हंस के नीचे-नीचे चला करता है और जिसमें फूलों के भी वे ही रूप प्रधान थे जो दर्पण में दिखलाई पड़ते हैं। बाँसुरी की वह तान जो कहीं दूर से सुनाई देती हो, गन्ध की वह झकोर जो तलहटियों के पार से आती हो तथा प्रेम की वह पुकार जो सनातन विरह के हृदय से फूट रही हो, ऐस ही अनुभूतियाँ छायावाद की पूँजी थीं। इन्हीं अनुभूतियों के भंडार में से महादेवीजी ने अपने योग्य उपकरणों का चुनाव किया। अथवा चुनाव क्यों कहें? कवि विषयों का चुनाव नहीं करता। वे उसके संस्कार में से आप-से-आप निकल आते हैं। महादेवीजी ने जो हृदय पाया, वह विरही का हृदय था। उनकी रुझान रुदनशीलता पर थी और जब वे साहित्य में पहुँची तब तक क्रन्दन का स्वर छायावाद का सबसे प्रधान स्वर बन चुका था।

जो कुछ भी जीवन से दूर है, जो कुछ भी मनुष्य को सूक्ष्मता में लीन करनेवाला है, जो कुछ भी कोमल है, जो कुछ भी पतला और महीन है, उसी को लेकर महादेवीजी ने काव्य-क्षेत्र में प्रवेश किया और इन सारे वायवीय उपकरणों को लेकर उन्होंने उस आराध्य की उपासना आरम्भ की जो स्वयं वायवीय और अदृश्य है। कोई आश्चर्य नहीं कि उनकी भावना का आकार आसानी से हमारी पकड़ में नहीं आ पाता है; कोई आश्चर्य नहीं कि उनकी वेदना को मुट्ठी में बन्द करके उसकी गर्मी को पहचाननेवाले लोग निराश हो जाते हैं। मीरा के समय जन्म लेने पर महादेवी की भावना भी मीरा की तरह ही साकार हो सकती थी और तब, शायद, महादेवी की कराह में भी वही

बेधकता होती जो मीरा की कराहों में है। किन्तु मीरा से महादेवी तक की दूरी बहुत बड़ी है। मनुष्य का ज्यों-ज्यों बौद्धिक विकास होता गया है, त्यों-त्यों उसकी भावनाएँ सूक्ष्म होती गई हैं। और ये सूक्ष्म भावनाएँ अपनी अभिव्यक्ति के लिए कला में भी सूक्ष्मता और नवीनता उत्पन्न करती हैं। आज का कलाकार पहले से अधिक सावधान है। वह भावना की तीव्रता से अधिक कला की पूर्णता को महत्त्व देता है। इसीलिए वह पहले से आज अधिक सावधान रहता है कि कहीं उसकी भाषा के किनारे टूट न जाएँ। आज वह समय नहीं जब 'भाषा के किनारों का टूटना' कोई गौरव की बात समझी जाए। भाषा के किनारों का टूटना मीरा और कबीर में भी दोष ही है।

विषय का चुनाव कवि शिक्षा-दीक्षा और संस्कार के कारण करता है, अतएव महादेवीजी ने अदृश्य और अज्ञात को अपना प्रियतम क्यों चुना, इसका निदान उनके संस्कार में ही ढूँढ़ना चाहिए। 'क्रोसे' की कोई बात अगर मुझे अकाट्य दीखती है तो वह यह है कि कला में विषयों का चुनाव नहीं होता। जिस तरह, प्रत्येक कविता लिखने के समय कवि किसी अनिर्वचनीय प्रेरणा के अधीन होता है, उसी प्रकार, उसके समस्त जीवन-व्यापी भाव अथवा सन्देश पूर्व से ही निश्चित रहते हैं और उन्हें छोड़कर वह अन्यत्र नहीं जा सकता। अतएव जो लोग यह समझते हैं कि महादेवीजी ने केवल खयाली पुलाव पकाने के लिए नकली तौर पर अदृश्य और अज्ञात को अपने काव्य का आलम्बन बनाया, वे साहित्य के इस सिद्धान्त के विरुद्ध बोलते हैं कि सत्कवि विषयों की खोज नहीं करते, विषय ही उनकी तलाश में रहते हैं। प्रत्येक युग अपनी भावना की अभिव्यक्ति के लिए विशिष्ट प्रकार के कवि की प्रतीक्षा किया करता है। छायावाद ने एक तो सर्ववादी दृष्टिकोण का व्यापक प्रचार करके उस कवि के अवतार को अवश्यम्भावी बना दिया था जो अव्यक्त और व्यक्त के बीच की शून्यता में उच्छ्वासों का सेतु बनाए। दूसरे, उसने रुदनशीलता के प्रति जो अनोखी रुझान दिखलाई, वह भी व्यर्थ जानेवाली न थी। उसके चलते एक ऐसे कवि की आवश्यकता आन पड़ी थी जो अश्रु की सम्भावनाओं का चरम विकास करे, जो रुदनशीलता को अध्यात्म के धरातल पर प्रतिष्ठित करे। मगर इन दोनों आवश्यकताओं की पूर्ति महादेवीजी ने ही क्यों की, इसका सही उत्तर यह नहीं है कि रोने का उन्हें शौक हुआ, बल्कि यह कि इस काम के लिए उन्हें जिन्दगी ने ही तैयार किया था। संस्कारों ने उन्हें जिस दिशा की ओर प्रेरित किया, वह दिशा अध्यात्म की थी तथा घटनाओं और परिस्थितियों ने उन्हें जो अनुभव दिए, वे करुणा के महत्त्व के परिचायक थे।

छायावाद ने महादेवी के आगमन के पूर्व साहित्य में जिस वेदना को प्रतिष्ठित किया था वही महादेवीजी की वेदना की पृष्ठभूमि बन गई और मेरा निष्कर्ष है कि इसी कारण महादेवीजी में हम जो वेदना देखते हैं वह सन्त की कम, कलाकार की अधिक है। यह कोई आश्चर्य की बात नहीं है। क्योंकि आज की दुनिया में, प्रायः,

सभी रहस्यवादी सन्त कम, कलाकार अधिक हैं। सन्तों की परम्परा रूपान्तरित हो गई है। हठयोग और यतीवृत्ति की महत्ता के समाप्त हो जाने के कारण, अध्यात्म का सबसे अच्छा आश्रय आज कला ही रह गई है। यह कोई आकस्मिक बात नहीं है कि श्री अरविन्द ने अपनी अनुभूतियों का निचोड़ 'सावित्री' काव्य में रखा और मनुष्य के समस्त आध्यात्मिक अभियान का रोर आज केवल साहित्य में शेष है।

लेकिन सन्त और कलाकार में से किसकी वेदना असली और किसकी अनुमानजनित होती है, इस प्रश्न का समाधान सरलतापूर्वक नहीं किया जा सकता। यह विश्लेषण घुमा-फिराकर हमें इस उलझन में डाल देगा कि रहस्यवादी-काव्य मात्र सच्चा होता है या नहीं। एक ओर तो हम रूमी और कबीर के सामने श्रद्धा से मस्तक झुकाते हैं; दूसरे ओर, हमारी श्रद्धा के बहुत-से ऐसे उम्मीदवार भी खड़े हैं जिन्होंने रहस्य काव्य के सारे उपकरण एकत्र कर लिए हैं और उनके चारों ओर एक नई अदा से भाँवरी भर रहे हैं। इस युग की अधिकांश दलीलें रहस्यवाद के खिलाफ पड़ी हैं। फ्रायड ने रहस्यवादियों को बौद्धिक विक्षिप्त (इनटेलेक्चुअल क्रिटिन) कहा है। एक अन्य चिन्तक की राय में रहस्यवाद यौन-भावनाओं की कुंठा का परिणाम और एक प्रकार का पवित्र उन्माद है। किन्तु हक्सले के समान कुछ लोग यह भी स्वीकार करते हैं कि रहस्यवाद के द्वारा मनुष्य उन तत्त्वों का आभास पाता है, जो सामान्यतः, उसे दिखाई नहीं देते, अतएव, जिस दुनिया में रहस्यवादी नहीं होते, उसे अन्धी और पगली समझना चाहिए। और कोलाहल के होते हुए भी रहस्यवादियों की परम्परा कायम है, तथा इस बौद्धिक युग के महाकवि भी, किसी-न-किसी अंश तक, रहस्य की ओर संकेत कर रहे हैं। रहस्यवाद, शायद, लिरिक कविता का सबसे विकसित रूप है और जब तक व्यक्ति अपने भीतर फैलने की उमंग रखता है तब तक वह गोचर और दृश्य की सीमा के परे झाँकने की कोशिश करता ही जाएगा।

लेकिन, मुख्य प्रश्न यह है कि हम असली और नकली रहस्यवाद का भेद कैसे समझ सकते हैं। अभिनेता भी बहुतों को दुष्यन्त दिखाई पड़ने लगता है, यह ठीक है, मगर दोनों दो व्यक्ति हैं यह भी सब लोग जानते हैं। इस झँझट से निकलने का एक ही रास्ता है कि हम रहस्य कविता की जाँच भी उसी कसौटी पर करें जिस पर अन्य प्रकार की कविताएँ कसी जाती हैं। वह कसौटी यह है कि कवि में अभिव्यक्ति की खुजलाहट है या नहीं तथा जिस मनःस्थिति का वह वर्णन कर रहा है, वह ठीक-ठीक शब्दों में उतरती है या नहीं। कला भी अनुकरण के कर्म में खूब पटु होती है, लेकिन मात्र अनुकरण तो लकड़ियों को एकत्र करने के समान निर्जीव कार्य है। आग तो तभी जलती है जब कलाकार के हृदय में हलचल और व्यग्रता हो।

अभिव्यक्ति की सच्चाई की जाँच करने के लिए जितने भी प्रश्न पूछे जा सकते हैं, मेरा खयाल है, महादेवीजी की कविताओं में से उनके अनुकूल उत्तर निकलते हैं। उनकी कविताओं में जो स्वाभाविक प्रवाह है वह इस बात का प्रमाण है कि ये

कविताएँ प्रेरणा से आती हैं, वे मात्र कवि-कौशल का प्रमाण नहीं हैं। उनकी पंक्तियाँ जिस सहजता से हमारे कंठ में बस जाती हैं, उससे मालूम होता है कि महादेवीजी जिस मनोदशा में घुल रही हैं वह मनोदशा कभी-कभी हमारी भी होती है। जैसा ऊपर कहा गया है, रहस्य-कविता लिरिक का चरम विकास होती है और उसके भीतर बसनेवाली वैयक्तिकता, प्रायः, सबकी वैयक्तिकता से एकाकर रहती है। महादेवीजी छायावादियों के बीच सबसे अधिक वैयक्तिक रही हैं, किन्तु उनकी वैयक्तिक अनुभूतियों का साधारणीकरण कुछ इतनी दूर तक हुआ है कि उनकी अनेक पंक्तियाँ रसिकों की जिह्वा पर चढ़ जाती हैं।

'रसवन्ती' की एक कविता में निम्नलिखित पंक्ति आई है :

जलकर चीख उठा, वह कवि था, साधक जो नीरव तपने में।

साधक और कलाकार में यही भेद है। कवि और योगी की मनोदशा एक होती है, किन्तु योगी जिस सत्य को पाकर वहीं बैठ जाता है, कवि उसका संवाद अपने समय और उसके माध्यम से सम्पूर्ण काल को सुनाता है। आग को जिसने पचा डाला, वह साधक है; जिसने उसके ताप की कथा आरम्भ की वह कवि हो गया। महादेवीजी साधिका नहीं, कवयित्री और कलाकार हैं। अतएव दर्द को पीकर चुप रहना वे कबूल नहीं कर सकतीं। अभिव्यक्ति की बेचैनी, सम्प्रेषणीयता की उमंग और कला में मिलनेवाला आनन्द उन्हें बार-बार बोलने को लाचार करता है। और मीरा तथा कबीर को भी मैं इससे बहुत भिन्न कोटि का नहीं मानता, यद्यपि यह प्रत्यक्ष है कि इन कवियों का आनन्द केव कला से मिलनेवाला आनन्द नहीं था, बल्कि वे उस आनन्द को भी पाना चाहते थे, जो साधकों और सन्तों का आनन्द है।

(1952 ई.)

('वेणुवन' पुस्तक से)

कविवर मधुर

बलिया के श्री रामसिंहासन सहायजी 'मधुर' हिन्दी के एकमात्र कवि हैं जिन्होंने श्री भारतीय आत्मा की सरणी पर चलकर अपना विकास किया है। वे, प्रायः, 1920 से लिखते आ रहे हैं, किन्तु अब तक भी उनकी रचनाओं की संख्या, शायद दो सौ से अधिक नहीं है। उन्होंने बहुत ही कम लिखा है, किन्तु जो कुछ भी लिखा है, प्रेरणा की मुद्रा और अनुभूति की बेचैनी में लिखा है। इतना कम लिखने का एक कारण यह भी है कि जिस शैली में वे लिखते हैं, वह शैली विचारों से अधिक अनुभूति की तीव्रता और उक्ति की विचित्र वक्रता लिए रहती है और उसमें जितना चाहें उतना लिख डालना सम्भव नहीं दीखता। विचारों को छन्दों में उँडेल देना अपेक्षाकृत कुछ सुगम कार्य है, किन्तु अनुभूतियों को विलक्षण शैली में लिखना, स्वभावतः ही, कुछ कठिन हुआ करता है। यह भी ध्यान देने की बात है कि स्वयं माखनलालजी की रचनाओं की संख्या भी कुछ बहुत अधिक नहीं है। उनकी कविताएँ भी हम शब्दों की सजावट और भाषा तथा विचारों के चमत्कार के लिए नहीं, बल्कि अनुभूति की बेधनेवाली सच्चाई एवं उक्ति की वक्रता के लिए ही पढ़ते हैं। और ये दुर्लभ गुण मधुरजी की कविताओं का भी मेरुदंड हैं, यद्यपि मधुरजी के प्रयास कहीं-कहीं ढीले मालूम होते हैं, मानो लिखनेवाला कुछ जल्दी में रहा हो; मानो जो शैली उसका लक्ष्य है, उसकी बारीकियों और पूरी कसावट तक पहुँचने की धीरता का उसमें अभाव हो।

याद आता है कि सन् 1928 ई. में मैंने 'मधुर लहरी' नामक उनकी एक छोटी-सी पुस्तिका देखी थी जिसमें छोटी-छोटी कोई पन्द्रह-बीस कविताएँ संगृहीत थीं और जिसकी भूमिका स्वयं पंडित माखनलालजी चतुर्वेदी ने लिखी थी। उन दिनों, मैं अपने लिए अभिव्यक्ति का कोई नया मार्ग ढूँढ़ रहा था (जिसकी तलाश, शायद, अभी भी खत्म नहीं हुई है) और मुझे जो भी चीज कुछ नयापन लिए मिलती थी, उसे मैं बड़े ही चाव से पढ़ा करता था। इस छोटी-सी विचित्र पुस्तक ने मेरी मनोदशा के निर्माण में बड़ा ही प्रभाव डाला और जिसे मैं नई राह कहता था, उसका पता लगाने या रचना करने में उससे मुझे अच्छी प्रेरणा मिली। 'मधुर लहरी' की वह प्रति मैंने अपने एक मित्र से लेकर देखी थी, अतएव, 1928 के बाद उसके फिर कभी दर्शन नहीं हुए। किन्तु दो-तीन दिनों के संसर्ग में ही उस पुस्तक ने मेरे हृदय में जो आर्द्रता उत्पन्न कर दी थी, वह कभी सूखी नहीं और उसकी गीली तसवीर मेरे मनोदेश में

कहीं-न-कहीं बराबर तैरती रही। 'मधुर लहरी' मुझे एक नवीन क्षितिज से उतरती-सी दिखाई पड़ी, अतः मैं उस दिशा की ओर गहरे मोह से देखने लगा जिसका इंगित उसकी कविताओं ने किया था। उसकी कुछ पंक्तियाँ थीं जिन्हें कभी तो शुद्ध रूप में और कभी स्मृति की लुप्त रेखाओं को जैसे-तैसे जोड़कर मैं जब-तब गुनगुनाता रहा। कई पंक्तियाँ थीं जिनके साथ मादकता की अनिर्वचनीय घटाएँ स्मृति के कूल से उठकर मन के आकाश पर छा जाती थीं और मैं भीतर-ही-भीतर किसी अलभ्य लोक की समीपता का बोध कर ने लगता था :

यौवन की दुर्गम घाटी में
टीलों से गीत सुनाती हूँ,
उस पार भटकता है भविष्य,
मैं कब से उसे बुलाती हूँ।
अन्तस् में दीप जलाती थी,
वह आग लगी अभिलाषा में,
मैं हाय, जलन में जीती हूँ
हरियाले दिन की आशा में।
मैं जाती हूँ उन खेतों में,
तुम मेघ घेर लाना प्यारे!
मेरी प्यासी हरियाली में
रसबूँदें बरसाना प्यारे!

अथवा

मैं किस राजमहल की थी अलबेली रे छलिया!
तज कर परिजन, पुरजन और सहेली रे छलिया!
तेरे पीछे-पीछे चली अकेली रे छलिया!
पहनी तुझ पर आकर कफनी-सेली रे छलिया!

या

कब से ढरकाते जाते हो माया की यह प्याली,
भर न सके तुम, जन्म-जन्म से यह अंजलि है खाली!
देख चुकी मैं विश्व तुम्हारा, रे निर्धन यदुवंशी।
बेचो अपना मोरमुकुट अब, बेचो अपनी वंशी!

मधुरजी की ये पंक्तियाँ मेरे भीतर एक अपरिचित प्रकाश की सनसनाहट-सी पैदा कर देती थीं और जब-जब मैं गुनगुनाता कि 'मैं जाती हूँ उन खेतों में, तुम मेघ घेर लाना प्यारे' अथवा 'पहनी तुझ पर आकर कफनी-सेली रे छलिया' या 'बेचो अपना मोरमुकुट अब बेचो अपनी वंशी', तब-तब मैं एक अनिर्वचनीय आनन्द से भर जाता था।

मगर आज वह बात नहीं है। कोई जादू था जो मन से निकल चुका है, कोई आर्द्रता थी, जो शायद सूख चली है। 'छलिया' के लिए 'कफनी और सेली' पहनने की कल्पना में अब वह उन्माद नहीं रहा जो पहले था और खेतों में खड़ा होकर भीगने के लिए मेघों को निमन्त्रण देने की अब जैसे फुर्सत ही नहीं रही हो। और 'फूलों की हँसी' बेचने के लिए भी घर से बाहर जाने की हिम्मत नहीं रही; क्योंकि मेरा पड़ोसी सौदागर और एकाउंटेंट, दोनों है। इसके सिवा, वह चुन-चुनकर उन्हीं मालों की तिजारत करता है जिनमें ज्यादा-से-ज्यादा मुनाफाखोरी और चोरबाजारी की गुंजाइश हो। सारी चीजें पीछे छूट गई हैं। वे जब याद आती हैं, तब ऐसा मालूम होता है, मानो दूर पर कहीं कोई वंशी बजा रहा हो!

मगर परिवर्तन कहाँ है? मन के भीतर या मन से बाहर? वर्ड्सवर्थ ने कहा था कि फूलों के बीच आँखें बन्द करके चलने में जो सुख है, वह, आँखें खोलकर चलने में नहीं। शायद, उसी ने कहा था कि मन जब झपकी लेने लगे तब फूलों के खिलने या नहीं खिलने से क्या? इकबाल की भी इसी से मिलती-जुलती एक पंक्ति है, ''क्या लुत्फ अंजुमन में जब दिल ही बुझ गया हो?''

कल्पना के भीतर विचारों की रीढ़ पैदा हो जाने पर मन फिर इस अवस्था में नहीं रहता कि सौन्दर्य की उन रंगीन लहरियों से बेसुध होकर खेल सके जो सिर्फ दीखती ही हैं; छूने से पकड़ में नहीं आतीं, बल्कि स्पर्श के लगते ही बिला जाती हैं। विचारों के ढाँचे में कहीं कोई तत्त्व है जो फेन और बुद्बुद का विरोधी है; जो इन्द्रधनुष को 'धरती की वेणी' पर बाँधना चाहता है; जो चाँदनी को समेटकर एक छोटी-सी शीशी में बन्द कर देना चाहता है और जिसे यह चिन्ता सताती है कि अन्धकार और प्रकाश इस प्रकार निरवयव होकर क्यों फैले? वे श्वेत और श्याम, दो पर्वतों के समान, पुंजीभूत होकर क्यों नहीं खड़े हो गए? अस्तु।

ऐसा याद आता है कि सन् 1928 के बाद 'मधुरजी' की कविताएँ मुझे फिर कहीं से देखने को नहीं मिलीं। मैंने समझा, शायद उन्होंने लिखना छोड़ दिया है। और तब त्रिपुरी कांग्रेस के समय गांधीजी ने राजकोट जाकर अनशन शुरू किया और 'मधुरजी' की 'राजाओं से' नामक एक छोटी-सी कविता 'कर्मवीर' में छपी, जो इस प्रकार थी :

ऊपर अम्बर रोता है, नीचे धरती अकुलानी,
यह मुकुट बेच दो राजा! यह महल बेच दो रानी!
विस्तृत साम्राज्य तुम्हारा, मरभूखों की बस्ती है,
परवानों की हस्ती क्या, मर मिटने की मस्ती है।
इन कोटि-कोटि प्राणों में, है एक आग तूफानी।
यह आग बुझाओ राजा! यह आग बुझाओ रानी!
इस बेकलियों के रथ पर, चढ़कर आई है आँधी,
दरबार वीरबाला में, रो पड़ा हमारा गांधी।

वह रामराज्य तुम भूले, सो गए डाल गलबहियाँ,
नाहक यौवन बीता है, झुलनी की छहियाँ-छहियाँ।
इन कोटि-कोटि आँखों से जब उमड़ पड़ेगा पानी,
मछरी बनकर तैरेगी, यह सेजरिया सैलानी।
जो श्रमकण से सिंचित हैं, उन मैदानों में आओ।
जो खिरमन से खाली हैं, उन खलिहानों में आओ।
स्वागत है आज तुम्हारा, उजड़ी इन झोपड़ियों में,
कल क्या करने आओगे, उन विप्लव की घड़ियों में?
यह धरती धँस जाएगी, है दो दिन की मेहमानी,
इतिहासों के पन्नों पर, उड़ते हैं राजा-रानी।

बाज पंक्तियों का लँगड़ाना और बाज-बाज का राह में ही बैठ जाना मेरे मन को भी खटका; किन्तु कविता की अन्तिम पंक्ति से मैं एकबारगी चौंक पड़ा; मानो मेरी कल्पना को किसी ने चिराग दिखा दिया हो; मानो मेरी अपनी प्राणमणि किसी दूसरे की जिह्वा पर चमक उठी हो! 'मधुर-लहरी' की स्मृति एक बार फिर सजल होकर मेरे मनोव्योग पर छा गई और मैं फिर अचरज करने लगा कि यह कौन है जो इतनी लापरवाही से और इतनी अच्छी चीज लिखता है।

तब से लेकर आज तक मैं बराबर इस कोशिश में रहा कि मधुरजी से किसी भी प्रकार मेरा सम्पर्क स्थापित हो जाए, किन्तु कई कारणों से (जिनमें एक यह भी है कि मधुरजी चिट्ठियों का जवाब कम देते हैं) अभी हाल तक मैं असफल रहा। हाँ, अब उनकी कविताओं का एक संग्रह (हस्तलिखित रूप में ही) मेरे कब्जे में आ गया है और उन्हें पढ़ लेने के बाद मेरी बीस वर्षों की तृषा कुछ शान्त हो चली है।

ऊपर जो मैंने 'लापरवाह' विशेषण का प्रयोग किया है; वह लापरवाही से नहीं। पूरा संग्रह देख लेने के बाद मैं और भी मानने लगा हूँ कि मधुरजी काव्य-रचना के विषय में कुछ लापरवाह-से हैं। स्पष्ट ही, वे रचनाओं को उतना समय नहीं देते जिसकी वे अधिकारिणी हैं। अथवा यह भी सम्भव है कि वे जिस शैली में लिखते हैं, यह लापरवाही उसकी विवशता का ही एक रूप हो। मेरे ऐसा लिखने का एक कारण यह भी है कि माखनलालजी के अनुकरणकर्ताओं में से मधुरजी के अतिरिक्त कोई भी कवि विशिष्टता प्राप्त नहीं कर सका जिससे यह व्यंजना आसानी से ली जा सकती है कि उनकी शैली का अनुकरण कोई सुगम कार्य नहीं है।

कभी-कभी मैं यह भी सोचता हूँ कि यह असावधानता भी मधुरजी की कविताओं का एक भूषण है; क्योंकि इसकी पृष्ठभूमि पर उनकी विशिष्ट पंक्तियाँ इतनी तेजी से चमकती हैं जितनी तेजी से वे पूर्ण कौशल से विरचित पृष्ठभूमि पर नहीं चमक सकती थीं। जिसे साहित्य में क्लाइमेक्स कहते हैं, वह कला का एक ऐसा शिखर है जिसके प्रदर्शन और चमत्कार के लिए उसके आसपास के कंगूरों को अपेक्षाकृत कुछ

छोटा होना चाहिए। इस दृष्टि से मधुरजी पंक्तियों के कवि हैं। उनकी वाटिका में जो फूल खिलते हैं, उन फूलों के नीचे वृन्तों और पत्रों का आकलन बहुत आकर्षक नहीं होता है। धूलों में हरे रंग की धार, कुहासे में भटकती हुई अद्‌भुत किरणें और मन्द तारिकाओं के कुंज में जहाँ-तहाँ जगमगाते हुए अनेक शुक्र, (इस प्रभाववादी ढंग के लिए माफी चाहता हूँ) इन दृष्टान्तों से हम उनके संग्रह का, प्रायः सही मूल्यांकन कर सकते हैं। मगर क्या मजाल कि आपकी आँखें धारा को छोड़कर धूल पर या शुक्र को छोड़कर अन्य तारिकाओं पर जा अटकें! आलोचना- सम्बन्धी आपके गुण जब तक सँभलें-सँभलें, तब तक आपका हृदय ही आपके हाथ से निकल भागता है, फिर दोनों का विचार कौन करे? और दोषों के विवेचन से आप किसे सन्तुष्ट करेंगे? हृदय को ही तो? लेकिन वह तो पहले ही आपके हाथ से निकल जाता है।

मधुरजी के काव्यद्रव्य जीवन के अत्यन्त साधारण स्तर से आते हैं जो आज कई वर्षों से संसारभर के साहित्य में अप्रतिम प्रमुखता प्राप्त कर रहे हैं। किन्तु उनका वर्णन अन्य बहुत लोगों के वर्णनों से भिन्न एवं नवीन होता है तथा उससे यह बात स्पष्ट हो जाती है कि मधुरजी का प्रयास बौद्धिक नहीं, वरन् हार्दिक है।

'डोम' पर उनकी एक कविता है :

मुकुटों में मणियाँ रोई हैं, रनिवासों में रनियाँ,
किन्तु एकरस रही सदा से धन्य-धन्य डोमनियाँ!
तेरा निन्दक भी आवेगा मुँह पर ओढ़ कफनियाँ,
उस दिन मौन रहेंगी उसकी पोथी-माला-मनियाँ।

और 'डोमिन' पर उनकी उक्ति है :

आग लगाती तू दीपक में, दीपक बल जाता है,
शलभ सनेही उसी प्रेम से आकर जल जाता है।

मधुरजी की प्रेरणा के अधिक भाग समय के अन्तराल से आते रहे हैं और इस प्रेरणा को उन्होंने बड़े ही ओज के साथ लिखा है। गांधीजी ने हरिजनोद्धार के लिए जो महान प्रयास किया, उसका प्रतिबिम्ब मधुरजी की कविताओं में बड़ी ही स्पष्टता के साथ पड़ा है।

ले लेंगे वे प्राण, हाय, वह देने पर राजी है,
बक्सर से पत्थर-प्रहार, पूने से बमबाजी है।
डोमराज, भयभीत न होना, निष्ठुरता हारेगी,
प्रभु की करुणा हृदय चीरकर यह बाजी मारेगी।
अन्तर भींग रहा है, कैसे दीपक राग जगाऊँ?
बापू! अपनी चिनगारी दे, मैं भी आग लगाऊँ।

'छुआछूत पर छू मन्तर' नामक अपनी एक छोटी-सी कविता में वे कहते हैं :

हैं तीस कोटि उसके हरिजन,
मत बोलो, कर देगा अनशन,
मच जाएगा घर-घर क्रन्दन,
हम मर जाएँगे हाय-हाय,
वह हो जाएगा अजर-अमर।

लेकिन कौन जानता था कि अन्तिम पंक्ति के भीतर भविष्यत् ही बोल रहा है?

मधुरजी की कविताओं में जो सरलता मिलती है, वह बहुत कुछ वैसी ही है, जैसी कि ग्राम-गीतों में हुआ करती है। कहीं-कहीं तो वस्तुस्थिति के ही स्पष्ट वर्णन मात्र से वे चमत्कार उत्पन्न कर देते हैं।

'हलवाहा' कविता की एक कड़ी है :

इन खेतों में हल चलता है, घर में चक्की चलती है,
हलवाहिन अरमान पीसती और कलेजा मलती है।
गाती है जतसार, पीठ पर व्याकुल बच्चे रोते हैं,
पता नहीं, करुणानिधान भगवान कहाँ पर सोते हैं?

'दिल्ली कितनी दूर?' नाम्नी एक छोटी कविता के तो तीनों ही पद अपनी जगह पर इतिहास की महत्ता लिए खड़े हैं। पहले पद की अन्तिम दो पंक्तियों में नेताजी सुभाषचन्द्र बोस का एक म्रियमाण सिपाही, मानो आज भी अर्ध-चैतन्य अवस्था में पड़ा सिसकियाँ ले रहा है :

वह अन्तिम बलिदान हमारा, इम्फल का मैदान हिला था,
उत्तर का हिमवान हिला था, सारा हिन्दुस्तान हिला था।
रजकण में कितने सोये हैं सैनिक चकनाचूर!
सपने में सिसकी लेते हैं, दिल्ली कितनी दूर!

दूसरे पद की महत्ता कुछ और भी विचित्र है। एक महान जाति के स्वातन्त्र्य-संग्राम के सेनापति के रूप में बापू का चित्र अनेकों बार अंकित किया गया, किन्तु कभी भी किसी कवि को यह साहस नहीं हुआ कि वह बापू से हथियार की माँग करे। अपनी स्थिति तो यह है कि मैंने 'लज्जित मेरे अंगार' कहकर अपनी 'वायलेंस की वीणा' को बापू की आँखों से छिपाकर अलग ही रख दिया! किन्तु मधुरजी ने एक ऐसी स्थिति उत्पन्न कर दी है, जिसमें बापू से शस्त्र माँगना एक स्वाभाविक बात मालूम होती है और उसके लिए क्षमा-याजना की भी आवश्यकता प्रतीत नहीं होती।

सूम सनन चल री पुरवाई, सेनापति का नाम न पूछो,
कोहनूर की क्या कीमत है, आजादी का दाम न पूछो।
आज कंठ से कंठ मिलाओ, अमर शहीदों की जय बोलो,
लाट, किला, मीनारों वाली दिल्ली का दरवाजा खोलो।

भीम माँगता गदा, द्रौपदी माँग रही है चीर,
बापू, आज लुटा दो झोली, दो अर्जुन को तीर।

कौन कह सकता है कि जिस झोली में निर्भीकता के अंगार और बलिदान की लपटें संजोई हुई थीं, उसमें अर्जुन के तीर ही नहीं मिलते?

तीसरे पद में जो कुछ विलक्षण है, उसकी व्याख्या के लिए किसी भी हिन्दुस्तानी को अन्यत्र नहीं जाकर अपने हृदय के ही भीतर झाँकना चाहिए। अफसोस कि इसकी अन्तिम पंक्ति भी सत्य है :

नील गगन कितना ऊँचा है, पुष्पक से फिर हम साधेंगे,
सागर में जलयान हमारे सप्तसिन्धु को फिर बाँधेंगे।
आज देश स्वाधीन हो गया, हम किसान-मजदूर–
दिल्ली में ही पूछ रहे हैं 'दिल्ली कितनी दूर?'

मधुरजी ने केवल राष्ट्रीय कविताएँ ही नहीं, स्नेह, करुणा, शादी-विवाह और वात्सल्य से प्रेरित होकर भी अनेक छोटी-मोटी रचनाएँ की हैं और प्रत्येक रचना में उस विलक्षणता का स्पर्श मिलता है जिसे उन्होंने अपनी शैली के वरदानस्वरूप बड़ी ही साधना के बाद प्राप्त किया है। उनके क्रान्ति-गीत ही नहीं, बल्कि लोरी और बारहमासे भी छायावादकालीन प्रभाओं से युक्त हैं। ये वे प्रयोग हैं जिनसे प्रेरणा लेकर हमारे कितने ही नवोदित कलाकार साहित्य में नवीन रेखाओं का निर्माण करने में असमर्थ हो सकते हैं। किन्तु अचरज की बात है कि आज जब सभी प्रकार के लोगों को आसानी से प्रकाशन मिल जाता है, तब मधुरजी के समान विलक्षण कवि को ही हिन्दीवाले नहीं जानते।

('अर्धनारीश्वर' पुस्तक से)

रवीन्द्र-जयन्ती के दिन

एक ही रवीन्द्रनाथ कितने अधिक रूपों में पूजित और प्रशंसित हो रहे हैं, यह देखकर आश्चर्य होता है। कवि को सन्त, दार्शनिक, ऋषि, महर्षि तथा नबी या अवतार मान लेने की हमारी पुरानी आदत है, और अब रवीन्द्रनाथ भी अपनी जाति की इस आदत का शिकार होंगे, इसकी सम्भावना बढ़ती जा रही है।

हम भारतवासियों की भावाकुलता का क्या कहना! जीवनभर हम अपने नेताओं की चाहे अवहेलना ही क्यों नहीं करते रहें, उनके मरते ही हम उन्हें देव-कोटि में डालकर अक्षत और फूल चढ़ाने लगते हैं! गांधीजी के मरने के बाद हमने उनके उपदेशों की ओर से तो मुँह फेर लिया; किन्तु बड़े ही उत्साह के साथ अब हम उनकी मूर्तियाँ और मन्दिर बनवा रहे हैं! रवीन्द्र के सम्बन्ध में भी हमारी यही वृत्ति है। यूरोप में उनके सम्बन्ध में कहाँ, किसने, क्या कहा, इसका संकलन करने में हमें बड़ा ही आनन्द आता है; किन्तु, रवीन्द्र-साहित्य की तह में पैठकर उसके सौरभ को रोम-रोम से पीने की धीरता और साहस का हम में अपेक्षाकृत अभाव है। सन्त, महात्मा, द्रष्टा, ऋषि, दर्शनवेत्ता और राजनीतिज्ञ रवीन्द्रनाथ को हम जो भी चाहें, कह सकते हैं; किन्तु, इनमें से कोई भी उपाधि उनका सम्यक् परिचय नहीं दे सकती। उनका वास्तविक और संक्षिप्त परिचय तो इतना ही है कि वे कवि हैं। उन्होंने स्वयं भी गाने की सामर्थ्य को छोड़कर भगवान से और कुछ नहीं माँगा। और गीतों द्वारा उन्हें जो गौरव और शान्ति मिलनी थी, उसी पर उन्हें नाज भी था :

तुमि जखन गान गाइते बलो,
गर्व आमार भरे उठे बुके!

भगवान के प्रेम पर उनका दावा ज्ञान और कर्म के लिए नहीं, प्रत्युत, संगीत के लिए ही था। उन्होंने स्वयं कहा :

God honours me when I work.
He loves me when I sing.

× × ×

There are seekers of wisdome and seekers of truth,
I seek thy company so that I may sing.

और, सचमुच ही, गीतों का स्रष्टा अवतार, नबी, द्रष्टा और ऋषि होने के लिए क्यों ललचाए? कौन ऐसा काम है, जिसे अवतार और नबी तो कर गुजरे; किन्तु कवि

नहीं कर सका? जोश ने कहा है कि :

यह शायरी है, अर्शकी सूरतगरी नहीं;
यानी खुदा-न-खास्ते, पैगम्बरी नहीं।

अवतारों और पैगम्बरों की शान में ऐसा कहना शोखी समझा जाता है और लोग ऐसी उक्तियों को खोखली गर्वोक्ति कहकर आसानी से टाल देते हैं। मगर कवि और चिन्तक की उक्ति को हँसकर टालते रहने का अभिशाप टालनेवालों को ही भोगना पड़ता है। बर्नार्ड शॉ को दुनिया ने यह कहकर टाल दिया कि यह ऐसी ही विचित्र बातें बका करता है। किन्तु इस प्रकार शॉ को बर्खास्त कर देने से शॉ की वाणी में से सत्यता का लोप नहीं हो जाता। वह तो सत्य ही हाँ, है। संसार उसके प्रभावों से बचने का जो प्रयास करता है, वही उसका मिथ्याचार है।

साधक और कवि की भावदशा, प्रायः, एक होती है। जहाँ सत्य का निवास है, उस लोक में दोनों ही पहुँचते हैं; किन्तु साधक वहीं बैठ जाता है और कवि वहाँ से लौटकर अपनी अनुभूति का संवाद दुनिया को देने के लिए वापस आता रहता है। दोनों में कौन श्रेष्ठ है, यह वे नहीं समझेंगे, जो हर जगह गैरिक वसन को प्रणाम तथा दाढ़ी का चुम्बन किया करते हैं। कवि शायद, इसलिए तबाह है कि वह अपनी कमजोरियों, अपनी बेचैनियों और अपने उन्मादों का राज दुनियावालों से नहीं छिपा सकता। इसके सिवा वह मनुष्य-मात्र की वेदना का चित्रकार होता है। उसका आनन्द संन्यासियों की तरह जीवन से भागकर दूर खड़ा होने में नहीं, बल्कि उसके घमासान के बीच घुसकर गीत गाने में है। मगर उसके स्वरों को छूकर, उसके फूलों को सूँघकर दुनिया कहने लगती है—"यह तो अलौकिक नहीं हुआ। इसमें तो वही गन्ध है, जो बहुत मनुष्यों में मिलती है। अतएव, कवि! तुम भी हमीं-जैसे निकले।" ध्यान देने की बात है कि दुनिया उससे डरती है, जो औरों से कुछ भिन्न दीखे; वह उसे पूजती है, जिसकी कमजोरियों का उसे ज्ञान नहीं हो। मगर जब यह ज्ञान होने लगता है, पूजा शिथिल और आदर के भाव क्षीण होने लगते हैं। तो फिर दुनिया में वह आदमी सन्तत्व की कामना क्यों करे, जो कवित्व का स्वामी है? और हमीं अपने कवि को अधिक-से-अधिक सम्मान देने के लिए उसे ऋषि-महर्षि क्यों बनाने लगें? क्या यह काफी नहीं है कि कवि अपनी तमाम कमजोरियों के साथ भी हमारे हृदय के पास रहता है; अतएव वह हमारा प्यारा है?

और हम फिर पूछते हैं कि अवतारों ने दुनिया को ऐसी कौन-सी चीज दी है, जिसे कवि नहीं दे सकता था? कवि का मस्तिष्क अन्य सभी मस्तिष्कों की अपेक्षा कहीं सत्य होता है। अयोध्या में राम का जो राजमहल बना था, वह कभी का विनष्ट हो चुका। किन्तु वाल्मीकि ने राम के लिए अपने हृदय में जो महल बनाया था, उसमें तो राम आज भी निवास कर रहे हैं। और कौन कह सकता है कि गीता के श्लोकों को भगवान कृष्ण ने व्यास के मुख में रखा या कवि व्यास ने भगवान श्रीकृष्ण के

मुख में? भगवान कृष्ण का जीवन इस बात का भी साक्षी है कि जो प्रेम कर सकता है, उसी को गीता भी सूझती है। प्रेम करने की क्षमता साधारण क्षमता नहीं है। यह तो हृदय के आध्यात्मिक प्रसार का नाम है; यह मनुष्य की उस शक्ति का नाम है, जो विकसित होकर उसे दूसरे मनुष्य के साथ एकाकार कर देती है। हाँ, जिसे हम साधारण प्रीति कहते हैं, वह भी हमारी त्वचाओं में पंख और चेतना में बिजली लगाकर हमें ऊपर उठा सकती है।

मनुष्य के हृदय में प्रेम को जाग्रत करके उसकी त्वचा और चेतना की जंजीरों को काटकर उसे व्यापक बनाने के लिए रवि बाबू ने जितना कुछ किया, वही उन्हें मनुष्य का सर्वश्रेष्ठ कवि बनाने को यथेष्ट है। ऋषि-महर्षि कहकर हम उनसे कवित्व का अनादर करते हैं, और इस प्रकार की उपाधियों से उनका गौरव भी नहीं बढ़ता। यह बहुत अच्छा हुआ कि यूरोप के लाख शोर मचाने पर भी कि रवीन्द्रनाथ रहस्यवादी सन्त हैं, उनके अपने देश में उनकी शोहरत सूफी के रूप में नहीं फैल सकी। जब वे जीवित थे, हम उनके समक्ष जाते-जाते थोड़ा सहम जरूर जाते थे, और हमें ऐसा लगता था कि कहीं, सचमुच ही, हम किसी उपनिषद्कालीन ऋषि के सामने तो नहीं आ गए हैं। किन्तु उनकी रचनाओं के कुंज में कहीं भी यह रोबीला आतंक नहीं है। उनकी कविताओं को पढ़ते हुए हमें सन्त उपदेष्टा के साहचर्य का भान नहीं होता, बल्कि उस समय तो हम यही समझते हैं कि रवीन्द्रनाथ हमारे अपने प्यारे कवि हैं। उन्होंने उन सारी अवस्थाओं का अनुभव प्राप्त किया था, जिनमें से प्रत्येक भारतवासी को गुजरना पड़ता है। उनकी दुनिया हम सबों की परिचित दुनिया है, उनके चित्र हमीं लोगों के घर-द्वार और आत्मा के चित्र हैं। निर्जन देहात की सड़क पर मध्याह्न पवन के साथ उड़ती हुई धूल, अश्वत्थ-वृक्ष की छाया में सोई हुई भिखारिन, आकाश को घेरकर चाँद के चारों ओर उमड़ते हुए बादल, भरी नदी की तेज धार, वर्षा की झमाझम, नदी के पार वृक्ष-राशि की ओट में छिपा हुआ गाँव, पाल ताने हुए नाव और ईशान कोंण से नील अंजन की छाया बिछाते हुए आनेवाले मेघ—ये सारे-के-सारे चित्र, वे ही तो हैं, जिनमें हम पलकर बड़े हुए हैं।

'गीतांजलि' से तो हमें भी प्रेम है; किन्तु उसकी रहस्यवादिता के चलते नहीं, प्रत्युत, उन मादक दृश्यों के लिए, जो हमारे चिर-परिचित दृश्य हैं और जिन पर रवि बाबू की कल्पना अन्त तक मँडलाती रही :

आमार माँझे तोमार लीला हबे,
ताइ तो आमि एसेछि एइ भवे।

अथवा

आमरा तुमि अशेष करेछ एमनि माया तव।

इन पंक्तियों से यूरोप को चमत्कृत होना ही चाहिए था और वह हुआ भी। किन्तु, हम तो जिस कवि को प्यार करते हैं, वह 'गीतांजलि' की इन पंक्तियों में

निवास करता है :

हेरे अहरह तोमारि विरह भुवने-भुवने राजे हे,
कत रूप धरे कानने, भूधरे, आकाश, सागरे साजे हे,
पल्लवदले श्रावणधाराय तोमारि विरह बाजे हे।

अथवा

आषाढ़ सन्ध्या धनिये एलो गेलो रे दिन वये,
बाँधनहारा वृष्टिधारा झरछे रये-रये।

रवि बाबू ने विद्या का कोई भी अंग अछूता नहीं छोड़ा। नन्हे-नन्हे कोमल गीतों से लेकर उन्होंने विज्ञान तक की प्राथमिक पुस्तकें लिखी हैं, और उन्होंने जो कुछ भी लिखा, उसमें एक भी वस्तु ऐसी नहीं है, जो प्रथम श्रेणी में उच्च स्थान की अधिकारिणी नहीं हों। किन्तु संसार में और भी लेखक तथा कवि हुए हैं, जिनकी रचना अपने विषय में प्रथम श्रेणी में उच्च स्थान की अधिकारिणी हो सकती है। उदाहरणार्थ, नाटकों के क्षेत्र में शेक्सपियर है, जिसके सामने नाटककार रवीन्द्र मन्द पड़ते हैं। कहानियों के क्षेत्र में उनके समय में ही शरत् बाबू वर्तमान थे, जो उनके इस क्षेत्र के सुयश के प्रचंड प्रतिद्वन्द्वी थे। कविताओं के क्षेत्र में भी कालिदास, तुलसीदास और सूरदास तथा यूरोप के दो-एक कवि रवि बाबू के प्रतिद्वन्द्वी हो सकते हैं। किन्तु इन सभी विषयों का समावेश किसी एक कवि में कभी नहीं हुआ। विद्या के विभिन्न क्षेत्रों में रवि बाबू ने अपनी प्रतिभा का जो विलक्षण परिचय दिया है, उसे देखते हुए मेरा अनुमान है कि संसार के सभी कवियों की आत्माएँ अगर एक हॉल में एकत्र की जा सकें और विविध ज्ञानों में अगर उनकी परीक्षा ली जाए, तो इसमें कोई सन्देह नहीं कि रवीन्द्रनाथ को सबसे अधिक अंक मिलेंगे।

फिर भी हमारा निश्चित मत है कि रवीन्द्रनाथ और कुछ होने के पहले कवि हैं तथा सब कुछ हो जाने के बाद भी वे कवि ही रहते हैं। इसका अभिप्राय यह नहीं है कि रवि बाबू के निबन्धों में चिन्तन, गठन और मीमांसा का अभाव है अथवा उनकी आलोचनाओं का बौद्धिक पक्ष दुर्बल अथवा असमर्थ है। इसका यह भी तात्पर्य नहीं कि रवि बाबू की कहानियाँ और उपन्यास उनकी कविताओं के ही तरल रूप हैं। मेरा तो विचार है कि उनके निबन्धों से टक्कर लेनेवाले निबन्ध समग्र विश्व-साहित्य में अत्यन्त अल्प मात्रा में लिखे गए होंगे। उनके निबन्धों में वे सभी गुण हैं, जो उच्चकोटि के निबन्धों में मिला करते हैं। उनके उपन्यासों और कहानियों में भी वे सभी तत्त्व वर्तमान हैं, जिन्हें लेकर अच्छी कहानियाँ और अच्छे उपन्यास लिखे जाते हैं। किन्तु यह सब होते हुए भी कोई एक चीज है, जो रवि बाबू की कविताओं के समान ही उनकी अन्य रचनाओं में भी व्याप्त मिलती है; कोई एक किरण है, जो उनके निबन्धों को काव्य की दीप्ति से विभासित रखती है; कोई एक सौरभ है, जो उनके उपन्यासों के वायुमंडल में फैलता रहता है। उनके दार्शनिक चिन्तन का आधार

अनुभूति एवं उस अनुभूति की अभिव्यक्ति का मार्ग कविता का मार्ग है। अतएव, वे जो कुछ भी लिखते हैं, उसमें उनकी काव्यात्मा प्रधान हो उठती है।

हम रवीन्द्रनाथ के काव्यपक्ष की प्रमुखता पर इसलिए भी जोर देना चाहते हैं कि आज की दुनिया में मनुष्य की काव्यात्मक प्रवृत्तियों पर जोर देना अत्यन्त आवश्यक हो गया है। यह मानवता का दुर्भाग्य होगा, अगर हम रवि बाबू को ऋषि-पद पर बैठाकर उनके कवि-पद को गौण कर देंगे—ठीक उसी तरह, जैसे गांधीजी को अवतार मानकर उनकी मानवीयता को गायब कर देने की भूल इस देश में आज अत्यन्त बड़े पैमाने पर खुलेआम की जा रही है। गांधीजी देवत्व की प्रतिमा नहीं, बल्कि इस बात का प्रमाण बनकर संसार से विदा हुए हैं कि मनुष्य की ऊँचाई कहाँ तक जा सकती है। उनकी सच्ची पूजा यही हो सकती है कि संसार के अधिक-से-अधिक लोग उनका अनुसरण करके अपने को उन्नत तथा संसार को आज की अपेक्षा अधिक रमणीय बनावें। इसी प्रकार रवि बाबू की स्मृति का भी सच्चा सत्कार यही है कि हम उनके काव्यात्मक रूप को पहचानें तथा उन्हें अपनी आत्मा के वन में लेकर आनन्द के साथ विचरण करें।

विश्व की वर्तमान वेदना का कारण यह नहीं है कि उसके नेता परस्पर एक-दूसरे का अविश्वास करते हैं, बल्कि यह कि इन नेताओं के अपने हृदय और मस्तिष्क, दोनों ही, एक-दूसरे से विच्छिन्न हो गए हैं। हृदय और मस्तिष्क के सम्बन्ध का प्रश्न संसार की अत्यन्त पुरातन समस्या है। संसार में एक वह भी समय था, जब कि मनुष्य का हृदय ही उसके लिए सब कुछ था तथा मस्तिष्क उसका सहायक मात्र था। मस्तिष्क रोटियाँ पैदा करता है, किन्तु स्वाद उनमें हृदय से आता है। मस्तिष्क कपड़े बुनता है, किन्तु सौन्दर्य उसमें हृदय से उत्पन्न होता है। मस्तिष्क प्रतिमाएँ गढ़ सकता है, किन्तु हृदय के योग के बिना उसमें प्राणों का संचार नहीं किया जा सकता। मस्तिष्क सूझ है, मस्तिष्क आविष्कार और अनुसन्धान है। वह चाहे तो तलवारें भी गढ़ ले और एटम-बम भी बना ले। मगर हृदय का बस चले, तो वह लोहे और एटम दोनों की ही शक्तियों का उपयोग मनुष्य के सार्वजनीय कल्याण के निमित्त कर सकता है।

किन्तु दुर्भाग्य की बात है कि सभ्यता की विशाल अट्टालिकाओं पर मस्तिष्क हनुमान बनकर ज्ञानाग्नि से सबको दग्ध करता हुआ उछल रहा है और नीचे अशोक के उपेक्षित वन में हृदय की सीता वन्दिनी और उदास बनकर जी रही है। हृदय और मस्तिष्क परस्पर शत्रु नहीं, बल्कि एक-दूसरे के पूरक हैं। इसीलिए, संसार के सच्चे कल्याणकारी नेताओं का लक्षण यह नहीं रहा है कि उनके हृदय और मस्तिष्क परस्पर विरोधी थे, बल्कि यह कि उनके बीच पूरा सन्तुलन और सामंजस्य था।

कठिनाई यह है कि न तो हृदय मस्तिष्क के अधीन किया जा सकता है और न मस्तिष्क हृदय के। उचित मार्ग यह है कि दोनों में से कोई एक-दूसरे को आदरपूर्वक बुलाकर अपने पार्श्व हृदय के पद्म पर जा विराजा। ये दोनों ही मार्ग श्रेष्ठ

हैं; ये दोनों ही पन्थ उन्नति और कल्याण के आसन पर बिठा लिया गया था और गुरुदेव के पक्ष में यह हुआ कि उनका मस्तिष्क ही उतरकर हृदय के पद्म पर जा विराजा। ये दोनों ही मार्ग श्रेष्ठ हैं; ये दोनों ही पन्थ उन्नति और कल्याण के पन्थ हैं। किन्तु इनके सिवा जो हृदय और मस्तिष्क के वियोग का पन्थ है, उस पर चलते-चलते संसार व्याकुल हो गया है। सभ्यता के समस्त रोगों का निदान यह है कि मनुष्य ने हृदय की उपेक्षा करके मस्तिष्क की आवश्यकता से अधिक आराधना की है। जब तक हृदय का आसन मस्तिष्क की ऊँचाई तक नहीं पहुँचेगा, तब तक संसार यों ही दग्ध होता रहेगा।

दुनिया में विज्ञान की बनाई हुई गूँगी तसवीरें मार-काट मचा रही हैं। वे गूँगी हैं और बहरी भी। इसलिए, वे न तो अपना दुख बोल सकती हैं और न दूसरों के ही आर्त्तनाद को सुन सकती हैं। इन कुरूप प्रतिमाओं में सुघरता लाने तथा उनके भीतर चेतना को स्फुरित करने के लिए हृदय के उपेक्षित देवता को आमन्त्रित करना होगा। हृदय को जाग्रत एवं चैतन्य करने के लिए गांधी के समान नेता और रवीन्द्र के समान कवि की आवश्यकता है। नेता वह, जो यह कहे कि विज्ञान से अगर लपटें निकलती हैं, तो आओ, हम पैदल या बैलगाड़ियों पर चलें। और कवि वह, जो यह कहे कि

सबार ऊपर मानुस सत्य तार ऊपर नाइ।

संसार का सम्यक् संचालन करने के लिए केवल यही आवश्यक नहीं है कि हम गणित की पाटी पर खरिए से रेखाएँ खींचकर इस बात का पता लगाएँ कि एक नक्षत्र से दूसरा नक्षत्र कितनी दूर है, बल्कि यह भी कि आकाश की ओर देखते-देखते हम तारों की सुन्दरता पर भूलकर कभी-कभी उनकी पारस्परिक दूरी का हिसाब लगाना भी भूल जाएँ। विश्व में शान्ति की स्थापना करने के लिए केवल यही आवश्यक नहीं है कि हम आँखें मूँदकर अपने शत्रुओं के हृदय में संगीनें चुभोते चले जाएँ, बल्कि यह भी हम अचानक अपनी हमदर्दी का कुछ भाग अपने दुश्मनों के लिए रखकर खुद अपने-आपके विरुद्ध भी लड़ने लगें। हर मनुष्य की आत्मा के आँगन में पीपल का एक पेड़ होना चाहिए, जिसकी छाया में आनेवालों पर हाथ नहीं उठाया जाए। मगर यह छाया-तरु बाहर से नहीं लाया जाता। वर्षा की रिमझिम और पत्तों पर गिरनेवाली शबनम की आवाज सुनते-सुनते वह मनुष्य के हृदय में स्वयं अंकुरित हो जाता है। रवीन्द्रनाथ ने अपने सहस्रों गानों द्वारा मनुष्य मात्र के हृदय में इसी छायावृक्ष को अंकुरित और विकसित करने का प्रयास किया है।

('अर्धनारीश्वर' पुस्तक से)

कला के अर्धनारीश्वर

नई समीक्षा का आग्रह है कि साहित्य की परीक्षा ऐतिहासिक प्रक्रिया के आधार पर मत करो, क्योंकि साहित्य की जो अपनी विशेषता है वह साहित्येतर ज्ञान के द्वारा परखी नहीं जा सकती।[1] बात कुछ दूर तक सही मालूम होती है, फिर भी वह बिलकुल सही नहीं है; क्योंकि साहित्य न तो ऐसी कला है जो समय, परिस्थिति और समाज के प्रभावों से मुक्त हो और न कवि ही ऐसा प्राणी होता है जिस पर शिक्षा-दीक्षा और संस्कार का असर नहीं पड़ता हो। ईलियट ने जो यह कहा है कि अतीत का एक अंश वर्तमान बन जाता है तथा भविष्य और वर्तमान, दोनों ही, कुछ दूर तक अतीत में छिपे रहते हैं,[2] वह उक्ति बहुत दूर तक साहित्य पर भी लागू की जा सकती है। आज के धुँधले विचार कल प्रकाशमान होंगे और कल जो चिनगारियाँ मन्द एवं प्रच्छन्न थीं, वे ही आज किरणें बनकर चमक रही हैं। कारीगरी और संगतराशी की तरह साहित्यकला के भी अपने कानून हैं, जिनका आश्रय लिये बिना साहित्य के कलापक्ष की व्याख्या नहीं की जा सकती, किन्तु जिस द्रव्य पर यह कारीगरी की जाती है वह बराबर समय, समाज और संस्कार के भीतर से आता है। यही नहीं, बल्कि प्रत्येक नया द्रव्य अपनी अभिव्यक्ति में भी कुछ-न-कुछ नवीनता लिये आता है और प्रत्येक प्रभावशाली नवीन कवि हमें यह सोचने को मजबूर करता है कि कविता की वह परिभाषा काफी है या नहीं जिसे हमने पहले कवियों को देखकर बनाया था।[3] आलोचना की बदलती हुई रूपरेखा के पीछे, असल में, उन कवियों का व्यक्तित्व काम करता है जो अपने पूर्वज और समकालीन कवियों से भिन्न होते हैं। कविता में शैली और द्रव्य के बीच विभाजक रेखा नहीं खींची जा सकती।[4] लेकिन, विचार की सुगमता के लिए यह कहा जा सकता है कि काव्य का प्रभाव केवल द्रव्य या भाव पर ही नहीं पड़ता, उसका प्रभाव उस द्रव्य की अभिव्यक्ति करनेवाली भाषा में भी लक्षित होता

1. Theory of Literature by R. Vellek and A. warren (chapter IX)
2. Time present and Time past,
   Are both perhaps present in time future,
   And time future contained in time past. **(Burnt Norton)**
3. Modern poetry & Tradition by Cleanth Brooks
4. Theory of Literature.

है। दरअसल, काव्य का इतिहास, बहुत दूर तक, भाषा और शैली में होनेवाले परिवर्तनों का इतिहास है। समय की विशेष प्रकार की ऐंठन, समाज के हृदय में गूँजनेवाले विशिष्ट भाव और वैयक्तिक एवं सामूहिक चेतना की विशिष्ट लहरें अपनी अभिव्यक्ति के लिए विशिष्ट प्रकार के माध्यम की खोज करती हैं। अतएव, जब कोई नया एवं समर्थ कवि काव्य के क्षेत्र में प्रवेश करता है तब उसके साथ केवल कुछ नए भाव ही साहित्य में नहीं आते, वरन् अभिव्यंजना की भी एक नई अदा उसके साथ आती है। अतएव, काल के पृष्ठाधार पर साहित्य की परख, उसमें आनेवाले नए भावों की ही परख नहीं, कुछ दूर तक उन शैलियों के उद्‌गम की भी खोज है जो इन भावों की सुष्ठु अभिव्यक्ति के लिए रूप ग्रहण करती हैं।

ऐतिहासिक पृष्ठाधार

रवीन्द्र और इकबाल के सम्बन्ध में यह पृष्ठाधार 19वीं सदी में होनेवाले सांस्कृतिक जागरण या रिनासां पर जाकर टिकता है, जिस रिनासां का तेज इन दोनों कवियों में प्रत्यक्ष हुआ है। इस रिनासां की दो प्रमुख विशेषताएँ दूर से ही दिखाई पड़ती हैं। एक तो यह कि भारत के मन पर यूरोप की उद्दामता, उसकी जीवन को सत्य समझने की दृष्टि तथा परलोक की चिन्ता में इस लोक की उपेक्षा नहीं करके इसे ही स्वर्ग बनाने के भाव का विशेष रूप से प्रभाव पड़ा।[1] दूसरी यह कि इस रिनासां के समय भारतीय संस्कृति के कुछ प्राचीन सत्यों ने दुबारा जन्म लिया[2] और भारतवासी हिन्दू और मुसलमान, दोनों ही अपनी प्राचीन संस्कृतियों के सार को यूरोप से मिलनेवाले गतिपूर्ण ज्ञान के साथ एकाकार करके आगे बढ़े। यह सांस्कृतिक जागरण इतिहास में हिन्दू-रिनासां के नाम से विख्यात है, क्योंकि इसके मुख्य नेताओं में से राममोहन रया, दयानन्द, केशवचन्द्र, रामकृष्ण और विवेकानन्द, सब-के-सब, हिन्दू थे। किन्तु सत्य यह है कि यह रिनासां केवल हिन्दू-समाज तक ही सीमित नहीं था। इसका प्रभाव मुसलमानों पर भी पड़ रहा था।

तत्कालीन मुस्लिम समाज के भीतर से, गरचे, बहुत बड़ी-बड़ी हस्तियाँ नहीं निकलीं, फिर भी रिनासां का जो प्रभाव मुस्लिम समाज पर पड़ रहा था, उसका प्रतिनिधित्व सर सैयद अहमद खाँ और हाली ने काफी योग्यता से किया और उनके व्यक्तित्व से मुसलमानों के बीच रिनासां के प्रसार में यथेष्ट सहायता मिली। इसके सिवा, वहाबी-आन्दोलन तथा अफगान के द्वारा संचालित आन्दोलन भी बहुत अंशों में सांस्कृतिक थे और उन्हें भी रिनासां से सम्बद्ध मानना चाहिए।

---

1. Modern India & the West : Edited by L.S.S.O' Malley. लार्ड मेस्टन की भूमिका।
2. वही, सर राधाकृष्ण का लेख।

सच पूछिए तो जहाँ तक यूरोप से आनेवाली विद्याओं का सवाल था, हिन्दू और मुसलमान उनसे समान रूप से प्रभावित हो रहे थे। फिर भी इस रिनासां का रूप एक-दूसरे क्षेत्र में विभक्त हो रहा था, क्योंकि अपने प्राचीन सत्यों की खोज में अतीत की ओर देखते-देखते हिन्दू वेद की ओर भागे जा रहे थे तथा मुसलमान कुरान की ओर; और धीरे-धीरे दोनों जातियों का जोर उन बातों पर पड़ता जा रहा था जो उन्हें एक-दूसरे से अलग करनेवाली थीं, उन पर नहीं जिनसे उनके बीच की चौड़ाई कुछ कम हो सकती थी। नतीजा यह हुआ कि जब सुधरा हुआ हिन्दुत्व खुलकर प्रकट हुआ तब उसके एक हाथ में वेद और उपनिषद् तथा दूसरे में विज्ञान की मशाल थी; एवं जब इस्लाम अपनी नींद से जगा तब उसके भी एक हाथ में विज्ञान की मशाल और दूसरे में कुरान-पाक के साथ अरबी संस्कृति का सपना था जिस संस्कृति की पवित्र मिट्टी पर इस्लाम ने जन्म लिया था।

हिन्दू-रिनासां के चोटी के नेताओं में से रामकृष्ण शुद्ध सन्त थे और सभी धर्मों के प्रति समभाव रखने के कारण उनके भीतर हिन्दुत्व एक विश्वधर्म के पृष्ठाधार का रूप ले रहा था।[1]

विवेकानन्द, यद्यपि, संन्यासी थे, फिर भी, उनमें राष्ट्रीयता का स्पष्ट तेज था। लेकिन वे भी हिन्दुत्व को विश्वधर्म के पृष्ठाधार के रूप में ही उपस्थित करना चाहते थे।

राजा राममोहन राय समाज-सुधारकों में अग्रगण्य थे। किन्तु, ब्रह्मसमाज की संस्थापना के कारण इतिहास उन्हें भी एक धार्मिक नेता के रूप में अधिक याद करता है।

ये तीनों-के-तीनों नेता बंगाल में उत्पन्न हुए थे जहाँ की संस्कृति में वैष्णव-पदावलियों की मधुरता भली-भाँति पच चुकी थी। अतएव यह स्वाभाविक था कि जिस भूमि को इन महापुरुषों ने सींचा था उससे उत्पन्न होनेवाला प्रतिनिधि-कवि विश्वधर्म का द्रष्टा, विश्वमानवता का प्रेमी और काव्य में माधुर्य-गुण का उपासक हो तथा उसकी राष्ट्रीयता और अन्तर्राष्ट्रीयता में कोई भेद नहीं रहे। हिन्दू-रिनासां के इन प्रमुख नेताओं में से केवल दयानन्द ही ऐसे हुए, जिनमें कर्मठता का भी कुछ जोर था। बाकी सब-के-सब विशुद्ध आदर्शवादी और माधुर्य के उपासक थे। इस अनुमान का समर्थन इस बात से भी मिलता है कि बीसवीं सदी में जब कर्म का व्यापक क्षेत्र तैयार हुआ, तब उसमें दयानन्द के अनुयायी तो अच्छी संख्या में आए, किन्तु आदर्शवादियों का दल, प्रायः, किनारे पर से ही आशीर्वाद देता रह गया।

ब्रह्मसमाज का जन्म ही ज्ञान और संस्कृति के ऊँचे स्तर पर मनुष्यमात्र की एकता को प्रोत्साहित करने के लिए हुआ था तथा, आदि से अन्त तक, वह एक बौद्धिक आन्दोलन के समान था जिसके अनुयायियों की धाक उनकी संख्या के कारण

1. Modern India and the West : सर राधाकृष्ण का लेख।

नहीं, बल्कि, धन-मान, पद-प्रतिष्ठा और बौद्धिक योग्यता को लेकर थी।[1] ब्रह्मसमाज की प्रेरणा सामान्य जनता की अनुभूति से नहीं आई थी और न समाज के भौतिक संघर्षों से उसका कोई सरोकार था। उसे एक बौद्धिक प्रयोग ही समझना चाहिए जिसके अधीन उसके नेता अनेक धर्मों से रस-संचय करके मनुष्यमात्र के लिए एक नूतन मधुचक्र तैयार कर रहे थे। राममोहन राय पर ईसा की नैतिक शिक्षाओं के अलावा, इस्लाम के तौहीद का भी पूरा असर था। रवीन्द्रनाथ के पिता महर्षि देवेन्द्रनाथ ठाकुर ने अपने तीन वर्षों की समाधि में सूफीवाद और यूरोप के विवेकमय दर्शन को मथकर एकाकार कर दिया था। स्वयं केशवचन्द्र सेन ने भी यह घोषणा की थी कि उनका आधा हृदय एशिया के साथ और आधा यूरोप के साथ है।[2] अतएव कोई आश्चर्य नहीं कि इन घटनाओं की कविता लिखने के लिए बंगाल में रवीन्द्रनाथ का जन्म हुआ जिनका द्रव्य जीवन नहीं, बल्कि जीवन के व्योम में फैली हुई दर्शन की सुरभि हुई, जिनका आराध्य राष्ट्रीय नहीं, अन्तर्राष्ट्रीय मनुष्य हुआ तथा जिनका स्तर ब्रह्मसमाज का वही स्तर रहा जो अपनी ऊँचाई के कारण धरती की धूल और जिन्दगी की कराह की पहुँच से परे था।

सर सैयद और मौलाना हाली के सामने इस्लाम को विश्वधर्म से एकाकार करने की समस्या नहीं थी। ईसाइयत के आगमन से हिन्दुत्व जितना घबराया था, इस्लाम को उतनी घबराहट नहीं हुई थी। वह ईसाइयों का जाना-पहचाना हुआ धर्म था। इसके सिवा, इस्लाम अभी-अभी राज्य-सिंहासन से नीचे आया था, उसे इस बात का जरा भी तजुर्बा नहीं था कि गुलामी की वेदना कैसी होती है। इसके विपरीत, हिन्दुत्व के कई सौ वर्ष गुलामी में बीत चुके थे और अब वह और कोई साधन नहीं पाकर अपनी आत्मा की तेजस्विता से ही उन लोगों को जीतने की कोशिश में था जो उसके शरीर पर नई मुश्कें कस रहे थे।

इस्लाम के नेताओं को अगर कोई चिन्ता थी तो यह कि बदली हुई परिस्थिति में मुसलमान क्या करें। अभी कल तक वे भारत के शासक थे। मगर अब जो परिस्थिति उनके सामने आ गई थी उससे बाहर निकलने का रास्ता था हिन्दुस्तान की अन्य जातियों से मेल और उनके कन्धे-से-कन्धा मिलाकर खोई हुई सल्तनत को वापस लाने की कोशिश करना। मगर यह रास्ता जमहूरियत का रास्ता था जिसमें अधिकारों का उपभोग संख्या के अनुपात से ही किया जाता है और दुर्भाग्यवश, मुसलमानों को यह विश्वास नहीं हो सकता था कि प्रजासत्ता के अन्दर मुसलमानों की अवस्था एक महज 'माइनारिटी' से कुछ भी अच्छी होगी। यह मेरा अनुमान है।

---

1. "Their followers were strong, not in numbers, but in rank, influence and intellectual attainments."–Modern India and the West : L.S.S.O.' Malley का लेख।
2. Modern India and the West.

सम्भव है, और भी बहुत-से कारण रहे हों। लेकिन सच बात तो यह है कि जब हिन्दू और मुसलमान अपने पीछे की ओर देखते-देखते वेद और कुरान पर आसक्त हो रहे थे, तब हिन्दुओं की दृष्टि तो इतिहास के गह्वर से टकराकर वर्तमान की भूमि पर लौट आई। चूँकि उसके आगे अब कोई मार्ग नहीं था, किन्तु, मुसलमानों की भावना एक तरह के रहस्यवाद के फेरे में पड़कर असन्तुष्ट रहने लगी ओर जब तब एक प्रकार के अस्पष्ट वृहत्तर इस्लाम का सपना उसे मोहित करने लगा।[1] रिनासां के काल की मुस्लिम जनता का कोई अच्छा हाल नहीं था। हिन्दू और मुसलमान साथ रहते आए थे, उन्होंने गदर के समय साथ मिलकर अपने समान शत्रु का सामना भी किया था और कई सौ वर्षों तक साथ रहने के कारण उनकी कुछ समान परम्पराएँ और विरासतें भी बन गई थीं। ये सारी बातें इस चीज की दलील थीं कि हिन्दू और मुसलमान एक हैं तथा राष्ट्रीयता उनका समान धर्म है। किन्तु फिर भी कोई बात थी जो उन्हें चौकन्ना रखती थी, दिल के भीतर कोई दर्द था जिसका उन्हें स्वयं भी पता नहीं था, उपचेतन के भीतर कोई गूँजती हुई आवाज थी जिसे वे सुन नहीं पाते थे। अतएव रिनासां से जन्मे हुए मुस्लिम समाज को एक ऐसे कवि की आवश्यकता हुई जो उसके उपचेतन की आवाज को सुनकर उसका सही मानी उसे बतला सके; जो उसकी मंजिल की परिभाषा करके उसे उस ओर बढ़ने की प्रेरणा दे सके; जो कोई ऐसा दर्शन तैयार कर सके जिससे भौगोलिक राष्ट्रीयता के बदले धार्मिक या सांस्कृतिक राष्ट्रीयता का सिद्धान्त निरूपित और पुष्ट होता हो।

19वीं सदी के मुस्लिम-समाज ने जैसी कठिन उलझनों को लेकर अपने कवि की इन्तजारी की, वैसी उलझनों को लेकर किसी भी देश के किसी भी समाज ने किसी भी कवि की राह नहीं देखी होगी। यह काम दार्शनिकों के बूते से बाहर था, क्योंकि दर्शन के शब्दों में न तो पंख ही होते हैं कि वे तुरन्त लोगों के दिलों में पैठ जाएँ और न उनसे खुशबू ही निकलती है जिससे खिंचकर लोग आप-से-आप उसके पास चले आएँ। यह काम राजनीतिज्ञों को भी शक्ति के बाहर था; क्योंकि कोई भी राजनीतिज्ञ ऐसा नहीं हो सकता था जो एक शब्द में एक अध्याय और एक मिसरे में पूरी किताब कह डाले। अखबार के कालमों में भी कोई ऐसी स्पीच नहीं छपती जिसे लोग कुरआन की तरह बगल में बाँधकर साथ लेते फिरें। इकबाल ने बड़ा ही कठिन काम पूरा किया है और जो लोग यह कहते हैं कि वे कवि नहीं होकर केवल राजनीतिज्ञ थे, वे शायद इस रूढ़ि से ग्रसित हैं कि हर हालत में साहित्य राजनीति की गन्धमात्र से दूषित हो जाता है।

शायद यह भी इतिहास के क्रम में ही एक निश्चित बात थी कि इकबाल उन सभी कवियों से भिन्न हों, जिन्हें देखने और सुनने के मुसलमान आदी रहे थे।

1. A secular state for India by Lanka Sundaram.

मुसलमानों को एक ऐसे कवि की आवश्यकता थी जो उन्हें अपने साथ हँसी-मजाक करने की आजादी नहीं दे; जिसे वे अपना गायक ही नहीं, बल्कि इमाम भी समझें और जो उनके ध्यान को सस्ती चीजों से हटाकर उस ओर ले जाए जहाँ इस्लाम की आरम्भिक गरिमाएँ (गरीबी का फख्र, मकसद के लिए मर मिटने की उमंग और चेतना का सूफियाना विस्तार) दमक रही थीं। इस कवि के लिए यह भी आवश्यक था कि वह संगतराश नहीं होकर जिन्दा पत्थरों का पारखी हो और कारीगरी के फेरे में वह इतना तो पड़े ही नहीं कि जब तक वह छेनी से पत्थरों की नोक ठीक करने में लगा हो, तब तक उसके दिल की आग ही मद्धिम पड़ जाए। इकबाल के सामने जितना कठोर और महान लक्ष्य था उसे देखते हुए अचरज की बात यह नहीं दीखती कि उन्होंने साहित्य के नियमों और रीतियों की अवहेलना की; बल्कि अचरज की बात तो यह समझी जानी चाहिए कि साहित्य की परम्पराओं को तोड़कर भी वे कवि कैसे बने रहे, उनकी कविताएँ गद्यात्मक होकर क्यों नहीं रह गईं, उनमें रस का अभाव और चमत्कार की कमी क्यों नहीं आई तथा उनकी पंक्तियाँ मनुष्य के हृदय को झकझोरने में इतनी समर्थ कैसे हो गईं। क्या यह क्षणस्थायी प्रभाव है और इकबाल को सौ-पचास वर्षों के बाद लोग भूल जाएँगे? क्या इकबाल का तेज समकालीनता का तेज है और सनातनता के सामने वह नहीं टिक सकेगा? क्या उनकी कविताओं का बाँकपन साहित्य की वक्रोक्ति का पर्याय नहीं? क्या उनके शेरों से फूटनेवाली रोशनी वही रोशनी नहीं है जिससे कवियों के अक्षर और शब्द सैकड़ों बरस तक जगमगाते रहते हैं? कदाचित् ऐसी चिन्ता ही फिजूल है, क्योंकि इस प्रकार का निर्णय आनेवाली सन्ततियाँ ही कर सकती हैं। यह भी सम्भव है कि इकबाल आज जिन गुणों के लिए प्रशंसित और पूजित हो रहे हैं, अगले जमाने में उनके बदले वे किन्हीं अन्य कारणों से प्रशंसित हों।

रवीन्द्रनाथ

रवीन्द्रनाथ का जन्म एक कलाप्रिय वंश में हुआ था जिसमें सौन्दर्य के सिवा, विश्वबन्धुत्व और औपनिषदिक ज्ञान की भी चर्चा प्रधान थी। उत्तराधिकार में उन्हें बंगला के वैष्णव कवियों की कोमलकान्त पदावलियाँ भी मिली थीं। अतएव आरम्भ से ही वे सौन्दर्य की उपासना की ओर बढ़ने लगे और जब उनके मुख से धार्मिक अनुभूतियाँ व्यक्त होने लगीं तब वैष्णव कवियों का प्रभाव भी स्पष्ट रूप से लक्षित होने लगा।

रवि बाबू के लिए यह बड़ा ही अनुकूल रहा कि जो परम्पराएँ उन्हें विरासत के रूप में मिली थीं, उनका कोई निश्चित अथवा स्थूल उद्देश्य नहीं था और काव्य की भूमि से बाहर रहने पर भी वे बहुत कुछ कविता के ही समान तरल और सूक्ष्म थीं।

मनुष्य-मनुष्य के बीच एकता, निरंजन और निराकार की उपासना, सभ्यता और संस्कृति को सुन्दर-से-सुन्दर और कोमल-से-कोमल बनाने का प्रयास, ये ऐसे कार्य नहीं हैं जिनका कोई स्थूल उद्देश्य ढूँढ़ा जा सके। यह बिलकुल स्वाभाविक था कि रवि बाबू का कला-सम्बन्धी दृष्टिकोण भी इस परम्परा के स्वभाव से मिलता-जुलता हो। कला की परिभाषा करते हुए उन्होंने कहा है कि आत्मरक्षा अथवा जाति-रक्षा के लिए जितने ज्ञान और प्रयास की आवश्यकता है उतना ज्ञान और प्रयास मनुष्य तथा पशु में समान रूप से पाया जाता है। किन्तु इस आवश्यकता की परिधि से बाहर भी एक भूमि है जिसमें पशु नहीं जा सकता, केवल मनुष्य ही जाता है और अपने ज्ञान तथा प्रयास के द्वारा इस भूमि में वह जो आनन्द उठाता है वह उसके 'बायोलॉजिकल' अस्तित्व या विकास के लिए तनिक भी आवश्यक नहीं है। इस आनन्द का लक्ष्य केवल आनन्द है। दृष्टान्त देकर विषय को स्पष्ट करते हुए उन्होंने यह भी कहा है कि यह बहुत कुछ वैसी ही बात है जैसे कोई व्यक्ति इतना धनी हो जाए कि अपनी जरूरतें पूरी करने के बाद भी उसके पास बहुत-सा धन बचा रहे। इस धन को वह अपने किसी उपयोग में तो नहीं ला सकता; फिर भी धन की उपस्थिति-मात्र से अपने को धनी समझने में जो एक सुख है, वह धन के उपयोग से प्राप्त होनेवाले सुखों से भिन्न होता हुआ भी सुख ही कहा जाएगा। जो अनावश्यक है, जिसका कोई उद्देश्य नहीं, वही भूमि कला की जन्मभूमि है और उसी भूमि में कला विकास पाकर फूलती-फलती है। रवीन्द्रनाथ कला को इसी रूप में मानते थे और यद्यपि 'कला के लिए कला' वाले सिद्धान्त की निन्दा उनके समय में खूब हो रही थी, मगर वे बड़ी ही निर्भीकता के साथ इस सिद्धान्त का समर्थन करते रहे। केवल समर्थन ही नहीं, अपनी तमाम कृतियों के भीतर उन्होंने अपना जो रूप रखा है, वह निरुद्देश्य गीत गानेवाले 'पलातक बालक' का ही रूप है :

संसारे सबाइ यबे सारा क्षण शत कर्मे रत,
तूई शुधू छिन्नबाधा पलातक बालकेर मतो,
मध्याह्ने माठेर माँझे एकाकी विषण्ण तरुछाये,
दूर गन्धवह मन्दगति तप्तवाये
सारा दिन बाजाइलि बाँशि।

(चित्रा : एबार फिराओ मोरे)

रवीन्द्रनाथ को विरासत में जो दुनिया मिली थी अथवा जिस विश्व की उन्होंने अपने लिए रचना की थी वह आनन्द और सौन्दर्य का विश्व था। यह वह दुनिया है जिसे धूल और धुएँ से कोई वास्ता नहीं, यह वह संसार है जहाँ लोहे और पत्थर भी पिघलकर चाँदनी बन जाते हैं। मगर धरती का चीत्कार भी असर रखता है और कलाकार चाहे जहाँ भी जाकर छिप जाए; वह इस चीत्कार को सुने बिना नहीं रह सकता। रवीन्द्रनाथ की चेतना अत्यन्त विकसित थी, अतएव यह चीत्कार उन्हें

स्वदेशी-आन्दोलन से भी बहुत पूर्व, उन्नीसवीं सदी में ही सुनाई पड़ा था जबकि अपने आपको सम्बोधित करते हुए उन्होंने लिखा था :

उ रे, तूई उठ आजि,
आगुन लेगेछे कोथा? कार शंख उठियाछे बाजि
जागाते जगत जने? कोथा होते ध्वनिछे क्रन्दने
शून्यतल? कोन अन्धकारा माझे जर्जर बन्धने
अनाथिनी माँगिछे सहाय?

× × ×

कवि, तबे उठे एसो यदि थाके प्राण,
तबे ताई लहो साथे, तबे ताई करो आजि दान।
बड़ो दुःख, बड़ो व्यथा, सम्मुखेते कष्टेर संसार
बड़ोई दरिद्र, शून्य, बड़ो क्षुद्र, बद्ध अन्धकार।

× × ×

स्वर्गेर अमृत लागि पबे धन्य हवे मोर गान,
शत-शत असन्तोष महागीते लभिवे निर्वाण।

(चित्रा : एबार फिराओ मोरे)

'एबार फिराओ मोरे' नामक जिस कविता से ये उद्धरण लिये गए हैं, उससे स्पष्ट झलकता है कि रवि बाबू को देश की पीड़ाओं की बड़ी ही तीव्र अनुभूति हुई थी और उनमें यह उमंग भी पैदा हुई थी कि बड़े-बड़े आदर्शों के हवाई महल को छोड़कर नीचे के अपार लोगों के आँसू में आँसू मिलाना भी कोई हेय कर्म नहीं है। "कहो कि अपना दुख मिथ्या है, अपना छोटा सुख भी मिथ्या है। जो व्यक्ति स्वार्थ में निमग्न होकर बड़े जगत से दूर रहता है, उसने अभी जीना नहीं सीखा।" कविता पढ़ते-पढ़ते यह आशा बँध जाती है कि जब आरम्भ इतना बेधक और क्रान्तिकारी है तब अन्त में भी कोई ठोस चीज अवश्य मिलेगी जिसकी रोशनी में इन पीड़ाओं का निदान खोजा जा सके। किन्तु ऐसे पाठकों की आशा पूरी नहीं होती। ज्यों-ज्यों कवि कविता की समाप्ति के पास आता है, त्यों-त्यों वह साकारता से उठकर निराकारता के बीच छिपने लगता है तथा अन्त में वह केवल यह कहकर छुट्टी ले लेता है कि जीवन की सारी तृषाएँ एक महागान में तृप्ति पाएँगी। 'शत-शत असन्तोष महागीते लभिवे निर्वाण।' यह रवीन्द्रनाथ की अपनी विशेषता है। वे पथ-प्रदर्शन की जिम्मेवारी लेने से घबराते हैं। मनुष्य की पीड़ाओं की ऐसी मार्मिक अनुभूति कर लेने के बाद भी वे कर्म की प्रत्यक्ष प्रेरणा नहीं दे सकते, केवल मानवता के लिए बलिदान करनेवालों की ऊँची प्रशस्ति गाकर लौट जाते हैं। उनकी दृष्टि में कला का साम्राज्य यहीं तक है। इसके बाद की भूमि प्रचारकों की भूमि है, उपदेशकों का क्षेत्र है। कला तो अनावश्यकता की बेटी ठहरी। वह मनुष्य की आवश्यकतावाली परिधि के उसी

पार रहती है। जिस लक्ष्मण-रेखा के भीतर जीवन की आवश्यकताएँ घिरी हुई हैं, उसे लाँघकर भीतर आने में कला को भय लगता है कि कहीं उसका रूप विकृत नहीं हो जाए। कवि के लिए विश्व-वेदना की अनुभूति भी स्वाभाविक है। किन्तु इस अनुभूति से भी उसे एक प्रकार का आनन्द ही लेना है, जो कला और अभिव्यक्ति का आनन्द है।

"साहित्य की आत्मा आनन्द है—और वह भी ऐसा आनन्द जिसमें किसी भी उद्‌देश्य की गन्ध नहीं होती।"[1]

और जो बात रवीन्द्रनाथ कला के बारे में कहते हैं वही व्यक्तित्व के बारे में भी, क्योंकि उनके मतानुसार कला और व्यक्तित्व एक ही वस्तु के दो नाम हैं और दोनों ही उसी भूमि से विकास पाते हैं जो भूमि अनावश्यक या Superfluous है। जब तक मनुष्य आवश्यकता की परिधि से बाहर नहीं निकलता, तब तक न तो उसकी कला का निखार होता है और न उनका व्यक्तित्व ही बन पाता है।

"वैयक्तिक मनुष्य का अस्तित्व ही उस लोक में होता है जहाँ पहुँचकर हम शरीर और मन, दोनों की, सभी प्रकार की आवश्यकताओं से मुक्त हो जाते हैं, जो लोग उपयोग और मसलहत की दुनिया से कहीं ऊँचा और महान है।"[2]

इस प्रसंग को भी उन्होंने दृष्टान्तपूर्वक समझाते हुए लिखा है कि स्त्री का व्यक्तित्व माता, बहिन या सखी-रूप में नहीं, बल्कि, उसकी प्रसन्न मुद्रा में, उसकी सजधज की रंगीनी में तथा उसकी गति की भंगिमा और अदा में है।

"नारी का जो असली रूप है, वह उसकी सजधज की चित्रमयता तथा वाणी एवं गति की संगीतमयता में प्रकट होता है। नारी क्या है, इस जिज्ञासा का समाधान उसके उपयोगी होने में नहीं, बल्कि, उसकी आनन्दमयी मुद्राओं में मिलेगा।"[3]

और योद्धा का व्यक्तित्व भी उसके युद्धकौशल में नहीं होता! युद्ध तो एक आवश्यक कृत्य है, अतएव उसके भीतर से योद्धा के व्यक्तित्व की अभिव्यंजना सम्भव नहीं हो सकती। व्यक्तित्व की अभिव्यंजना के लिए उसे बाजे चाहिए, सजावट और पोशाक चाहिए।

"योद्धा में जो योद्धा होने की एक तीव्र चेतना है उसकी अभिव्यक्ति के बिना उसका व्यक्तित्व व्यंजित नहीं हो पाता, यद्यपि इस चेतना की अभिव्यक्ति केवल

---

1. Enjoyment is the soul of literature–the enjoyment which is disinterested.
[Personality : By Rabindra Nath Tagore]

2. Personal Man is found in the region where we are free from all necessity, above all needs, both of body and mind, above the expedient and the useful.
[Personality]

3. She has to be picturesque and musical to make manifest what she truly is. She is not to be judged merely by her usefulness. But, by her delightfulness.
[Personality: what is art]

अनावश्यक ही नहीं, कभी-कभी आत्मघातक भी हो सकती है।"[1]

जहाँ तक मुझे मालूम है, रवि बाबू के इस विचार में कभी कोई परिवर्तन नहीं हुआ। आज के युग में कला के सम्बन्ध में ऐसा विचार रखना संसारभर के आलोचकों को अपने सिर के बाल नोचने का निमन्त्रण देना है। और तब भी जिस हिम्मत और सफाई के साथ रवि बाबू अपने वाक्यों का प्रमाण छोड़ गए हैं, वही इस बात का सबूत बन जाती है कि कला को वे शुद्ध आनन्द का साधन और पर्याय मानते थे।

"कार्य से मुझे भगवान के हाथों सम्मान और गीत से उनका प्रेम प्राप्त होता है।"[2]

इससे व्यंजित होता है कि रवि बाबू कर्म की महत्ता को अस्वीकार नहीं करते। किन्तु दूसरी पंक्ति यह भी बतला देती है कि गान उन्हें अन्य किसी भी कर्म की अपेक्षा अधिक प्रिय है।

और गान से रवीन्द्रनाथ का तात्पर्य केवल उन्हीं कविताओं से है जिनमें कर्म की प्रेरणा नहीं होती, जो मनुष्य को आनन्द छोड़कर और कुछ नहीं देती हैं। अनुवाद की तो कोई बात ही नहीं, रवीन्द्र गद्य की अपेक्षा अपनी कविताओं में महान हैं और कविताओं से भी बढ़कर उनकी महत्ता उनके गीतों में निखरी है। गीत, शायद, कविता का निचोड़ होता है। कथानक नहीं, कोई ऊँचा विचार नहीं, उपदेश और ज्ञानोद्गार नहीं, स्थिति और चरित्र-चित्रण भी नहीं; फिर भी गीत न जाने कैसे निकल आते हैं, क्यों वे कलेजे को इस कदर बेधते हैं और कैसे उनकी उम्र इतनी लम्बी होती है। बिहारी के दोहे जैसे गर्दन घुमाने, नासिका मोड़ने अथवा नृत्य की भंगिमा से घूम जाने की अदा की तस्वीर लिये आज तीन सौ वर्षों से ताजे चले आ रहे हैं, उसी प्रकार गीत भी, अधिक-से-अधिक, कवि की किसी मनादेशा को लेकर प्रकट होते हैं, वैसी ही मनोदशा पाठकों में उत्पन्न करके प्यारे बन जाते हैं और उसी मनोदशा को ताजा रखने के कारण जीवित रहते हैं। गीतों के भीतर ज्ञान की कोई बात नहीं रहती और न उनके अर्थों का कोई निश्चित आकार ही ठीक से पकड़ में लाया जा सकता है। गीत कवि के मन की एक तरह की बेचैनी की तसवीर है। स्मृति का दर्शन, सौन्दर्य की चोट, किसी अस्पष्ट उमंग की एक लहर अथवा मन का कोई धुँधला आवेग, ऐसी कोई भी बात कवि के भीतर एक प्रकार की मनोदशा को उत्पन्न करती है जिसकी अभिव्यक्ति शब्दों की ताकत के बल पर नहीं की जा सकती, क्योंकि किसी भी भाषा में ऐसे शब्द नहीं होते जो मनुष्य की इतनी सूक्ष्म मनःस्थिति को ठीक-ठीक चित्रित

---

1. He must give expression to the heightened consciousness of the warrior in him which is not only unnecessary but in some cases suicidal.

[Personality : what is art]

2. God honours me when I work. He loves me when I sing.

[Tagore's Birthday number]

कर सकें। फिर भी कवि जो शब्दों के माध्यम से ही उसे व्यक्त कर पाता है वह इसलिए कि शब्दों के साथ केवल अर्थ ही नहीं होते, उनमें गीतमयता और नाद भी होता है। असल में, गीतों में नाद और अर्थ एकाकार हो जाते हैं, जैसा कि अकसर संगीत में हुआ करता है। अथवा यह कहना अधिक उपयुक्त होगा कि शब्द, जो अन्य कविताओं में वर्णन का साधन रहते हैं, गीतों में आकर खुद ही साध्य बन जाते हैं। मानना होगा कि काव्य की भूमि में सफल गीतों की रचना बहुत ही बारीक काम है, क्योंकि यहाँ कवि का चिन्तन और ज्ञान उसका सहायक नहीं होता, बल्कि उसे केवल उन्हीं शक्तियों से काम लेना पड़ता है जो उसे अन्य प्रकार के कलाकारों से भिन्न करती हैं। रवीन्द्र की कवि-प्रतिभा अथवा उनके बहुत बड़े कलाकार होने में जिन्हें सन्देह हो वे एक बार उनके गीतों के कुंज में प्रवेश करें जहाँ कविगुरु की शक्ति अपने पूरे चमत्कार के साथ विराजमान है।

अपनी शिक्षा-दीक्षा, नति और मति से रवीन्द्रनाथ जिस दुनिया के लिए तैयार हुए, वह इल्म नहीं, हुनर की दुनिया थी; वह कर्म नहीं, चिन्तन का जगत था; वह ज्ञान नहीं, गान का संसार था। रवीन्द्र-साहित्य के भीतर प्रवेश करने पर कर्म और कोलाहल का विश्व पीछे छूट जाता है। वहाँ आँसू नहीं, स्वेद नहीं, चीख और चिल्लाहट नहीं और न मध्याह्न के सूर्य का जलता हुआ ताप है। रवीन्द्र शीतलता के कवि हैं। वे मनुष्य या प्रकृति में दाह के अस्तित्व को तटस्थ भाव से नहीं देख सकते। अपनी एक कविता में रवि बाबू ने ग्रीष्मकाल की दोपहरी के जलते हुए सूर्य का चित्र खींचना चाहा है, किन्तु दो-तीन पदों के बाद ही आकाश में पद्मासन पर बैठे हुए शीर्ण संन्यासी के त्राटक की मुद्रा में तने हुए रक्तनेत्र तथा नीचे प्यास से फटी हुई पृथ्वी को देखकर, वे मानो अपनी कल्पना से आप ही घबरा उठे हैं और तुरन्त ही प्रार्थना आरम्भ कर दी है :

हे वैरागी, करो शान्तिपाठ;
तोमार गेरुआ वस्त्रांचल
दाउ पाति नभस्तले विशाल वैराग्ये आवरिया
जरा-मृत्यु-क्षुधा-तृषा, लक्ष कोटि नरनारि-हिया चिन्ताय विकल।

रवीन्द्रनाथ मधुरता के ऐसे उपासक हैं कि भगवान का भी माधुर्यहीन ऐश्वर्य उन्हें अधिक काल तक अपने में नहीं रमा सकता।

धूप को चाँदनी में बदलने की ख्वाहिश, मध्याह्न के जलते हुए आकाश को सान्ध्य सूर्य के गैरिक वसन से ढँक देने की चाह तथा कोलाहल से भरे विश्व को शान्ति की शुभ्र चादर से आवृत कर देने की कामना रवीन्द्रनाथ की अपनी विशेषता है। प्रकृति की क्रियाओं के भीतर व्याप्त जिस सनातन नियम का उन्हें पता चला है, वह नियम शान्ति का नियम है, वह नियम सामंजस्य और सौन्दर्य का नियम है, वह नियम मनुष्य-मनुष्य के बीच एकता और सहानुभूति की सत्ता का नियम है। जहाँ भी

मनुष्य-मनुष्य का संगम है, जहाँ भी मनुष्य के व्यक्तित्व को गौरव, विस्तार और अनन्तता प्रदान करनेवाले उपकरण हैं, वे सभी स्थल रवीन्द्रनाथ के प्राणों के पहचाने हुए हैं। इसके विपरीत, जातिरक्षा, देशरक्षा, समाजरक्षा और आत्मरक्षा के लिए किए जानेवाले सारे प्रयत्न आवश्यकता के वृत में पड़ते हैं। अतएव वे छोटे और उपेक्षणीय हैं। इस आवश्यकता की परिधि के बाहर जो अनावश्यक आनन्द की भूमि है, रवीन्द्र उसी भूमि में रहते हैं। यह वह भूमि है जहाँ कला का कोई उद्देश्य नहीं, जहाँ आदमी का विकास संघर्ष के तनाव में कसे रहने से नहीं, बल्कि अपने हाथ से छूटे जाने के कारण होता है। धूल, धूम, कोलाहल और कर्कशता से पूर्ण इस गोचर विश्व के बीच अनन्तकाल से एक और विश्व चला आ रहा है जिसे रूप नहीं है, जो उन लोगों की रचना है जो वास्तविकता को अपने व्यक्तित्व के माधुर्य से दबा सकते हैं, जिनकी कल्पना में काँटा भी फूल और पत्थर भी पानी हो जाता है। वास्तविकता की उपेक्षा करके आनन्द की वायु में झूलनेवाली वह अनोखी दुनिया जिसमें बैठकर कवि सुख से यह कह सके कि :

आज कोनो काज नय, सब फेले दिये
छन्दोबन्ध, ग्रन्थगीत, एसो तूमि प्रिये,
आजन्म साधना-धन, सुन्दरी आमार
कविता, कल्पना-लता।

(मानस-सुन्दरी : सोनार तरी)

यह कला के एक रूप की बात हुई जिसकी प्रक्रिया सौन्दर्य का विधान और जिसका लक्ष्य निरुद्देश्य आनन्द है। यह वह कला है जो हमें संसार के कोलाहल से ऊपर ले जाकर जीवन के उस रूप का दर्शन कराती है जिसमें शान्ति, सुषमा और सामंजस्य-ही-सामंजस्य है। मगर जिन्दगी में केवल शान्ति, सुषमा और सामंजस्य ही नहीं हैं, वहाँ संघर्ष की ज्वाला, अशान्ति का कोलाहल और वैषम्य के घात-प्रतिघात भी हैं और कला उनकी भी अभिव्यक्ति कर सकती है।

इकबाल

रवीन्द्रनाथ में भारतीय समाज की संघर्ष-भावना, हलचल और अशान्ति तथा वैषम्य के घात-प्रतिघातों की सीधी और बेधक अभिव्यक्ति क्यों नहीं हुई, इस बात की व्याख्या इस प्रसंग में की जा चुकी है जिस प्रसंग में यह बतलाया गया है कि उनके उद्भव और विकास की पृष्ठभूमि क्या थी। रवीन्द्रनाथ ने कर्म को प्रेरित करने के उद्देश्य से कुछ भी नहीं लिखा, क्योंकि जिन परिस्थितियों ने उन्हें उत्पन्न किया था वे कर्म की अपेक्षा ज्ञान और आनन्द के अधिक समीप थीं। किन्तु इकबाल का जन्म एक सर्वथा भिन्न परिस्थिति के कारण हुआ था, अतएव उनके भीतर कला भी एक

सर्वथा भिन्न रूप में प्रकट हुई। वे समाज का मनोरंजन करने नहीं, बल्कि उसके रूप को बदलने आए थे, इसलिए यह आवश्यक था कि उनकी कला में रंगीनी कम, बेधकता अधिक हो; मन को मोहनेवाली खूबसूरती थोड़ी, दिल को झकझोरनेवाली ताकत अपार हो तथा उसमें मम्मट की 'सद्यःपरिनिर्वृत्ति' के अंश अल्प एवं 'कान्तासम्मित उपदेश' की मात्रा ज्यादा हो। कला के इन दो रूपों में कौन श्रेष्ठ और कौन हीन है, इस पर फतवा देने की कोशिश मुझे बेकार मालूम होती है, क्योंकि कविता के कलाकार को अपने-आप पर उतना वश नहीं होता जितना संगीतज्ञ के समान कुछ अन्य कलाकारों को होता है। प्रेरणा की लहर पर चलनेवाला कवि पंडितों के हाथों ज्यादा नम्बर पाने के उद्देश्य से अपने-आपको किसी धारा-विशेष के साथ बाँधकर नहीं रख सकता। क्रोसे की अगर कोई बात मुझे सबसे अकाट्य दीखती है तो वह यह है कि कला में विषयों का चुनाव नहीं होता। जिस प्रकार प्रत्येक कविता लिखने के समय कवि किसी अनिर्वचनीय प्रेरणा के अधीन होता है, उसी प्रकार उसके समस्त जीवनव्यापी भाव अथवा सन्देश पूर्व से ही निश्चित रहते हैं और उन्हें छोड़कर वह अन्यत्र नहीं जा सकता। कविता लिखना हमेशा सधे हुए गले से मनचाही आवाज निकालने के समान अपने वश की बात नहीं होती। उसमें कुछ संयोग और जुएवाली भी कैफियत है जिसे कवि लाख कोशिश करने पर भी नियन्त्रण में नहीं ला सकता। चाहे ऐतिहासिक प्रक्रिया के प्रभाव के कारण हो अथवा शिक्षा-दीक्षा और संस्कार के कारण, किन्तु प्रत्येक योग्य कवि का कोई एक निश्चित क्षितिज बन जाता है जिससे उसके भाव उतरा करते हैं। उसके भीतर कोई एक शासिका-शक्ति पैदा हो जाती है जिसकी वह अवहेलना नहीं कर सकता। किसी कवि पर यह लांछन लगाना कि उसने अपने विषय का ठीक चुनाव नहीं किया, बहुत कुछ वैसी ही बात है जैसे किसी आदमी से यह कहना कि वह अपनी इच्छा के अनुसार जन्म क्यों नहीं ले सका। और शास्त्राचार्यों के इस प्रकार के निर्णय से कुछ आता-जाता भी नहीं है। टेकनीशियन की प्रशंसा कोई अनुचित प्रशंसा नहीं होती, मगर टेकनिक की कसौटी को ठोंक-पीटकर सदा के लिए एकरूप कर छोड़ना साहित्य में नवीनता के द्वार को अवरुद्ध करना है। कोई नया कलाकार या कवि केवल यह कह देने से कवि और कलाकार की श्रेणी से बाहर नहीं किया जा सकता कि वह उस कसौटी पर खरा नहीं उतरता है जिस पर पहले की कृतियाँ कसी जा चुकी हैं। सम्भव है, पहले की कृतियाँ उन परिस्थितियों के जवाब में नहीं जन्मी हों जो पहाड़ों का उन्मूलन और आसमान को समेटकर मुट्ठी में बन्द करना अपना लक्ष्य समझती हैं। सम्भव है, उन्हें उस भावना से पाला ही नहीं पड़ा हो जो वास्तविकता की छाती से निकलनेवाले चीत्कार को अपना गीत बनाना चाहती है। जिनके आगमन से दुनिया डाँवाडोल होने लगती है, पेड़ के पुराने पत्ते झरने और मृत्यु की ठंडी राख सुगबुगाने लगती है, उनकी कृतियों को केवल टेकनिक की कसौटी पर कसकर यह फतवा देना कि वे ऊँचे या छोटे कवि

हैं, बड़ी ही हिम्मत का काम है।

"कोई कृति साहित्य है या नहीं, इसका फैसला तो साहित्यिक मानदंडों से ही होता है, किन्तु साहित्य की उच्चतम कृतियों की पहचान केवल साहित्यिक मानदंडों से ही नहीं की जा सकती।"[1]

समय जब अपने लिए नई तलवार बनाना चाहता है तब वह नए-नए भावों को रूप देने के निए नए कवि और कलाकार पैदा करता है जो प्राचीन भावधाराओं को मोड़कर अथवा नई भावधाराओं की ईजाद करके समय की प्रगति में सहायक होते हैं। इस दृष्टि से समय की ताकत बहुत बड़ी चीज है और वह साहित्य की शैली को भी प्रभावित करती है। जब शैली की भूमि में नवीनता की आभा पड़ती हो अथवा जब कोई महान कवि या कलाकार हमसे यह माँग करता हो कि तुम काव्य-सम्बन्धी अपनी धारणा में थोड़ी तरमीम लाओ, तब उचित यही है कि हम सोच-समझकर यह संशोधन स्वीकार कर लें अन्यथा जनता और काव्यशास्त्र के बीच कोई मेल नहीं रह जाएगा। शास्त्राचार्य एक चीज कहें और जनता अपनी भक्ति ठीक उलटी चीज को अर्पित करे, इससे तो अधिक शोभाजनक और सत्यसमन्वित कार्य यह होगा कि शास्त्रविद् सच्चाई के हृदय से निकलनेवाली नई आवाज की कद्र करें और उसे वह स्थान देने में हिचकिचाहट नहीं दिखलाएँ जिसकी वह अधिकारिणी है।

जिस प्रकार, रवि बाबू के कलाविषयक विचार उनके शान्तिप्रेम और विश्ववाद-विषयक विश्वासों से प्रभावित हैं, उसी प्रकार इकबाल के कला-सम्बन्धी सिद्धान्त उनकी संघर्षप्रियता से जन्मे हैं। इकबाल यह नहीं मानते कि शान्ति और निश्चेष्टता मनुष्य के स्वाभाविक धर्म हैं। वे यह भी नहीं मानते कि कला अथवा कलाकार का व्यक्तित्व उस भूमि में उत्पन्न होता है जो Superfluous या अनावश्यक है। इस सम्बन्ध में उनकी उक्तियों से जो सार ध्वनित होता है, वह कदाचित्, इस प्रकार रखा जा सकता है कि मनुष्य का व्यक्तित्व शान्ति नहीं, संघर्ष से विकसित होता है और कला इसी संघर्ष की अभिव्यक्ति है। इस प्रकार, इकबाल के मतानुसार, कला जीवन से निकलकर फिर जीवन को ही प्रभावित करती है। अतएव, कला की उन्नति और विकास की पहली शर्त यह है कि कलाकार का जीवन उन्नत और शक्तिशाली हो। जो जाति जितनी बड़ी है, उसकी कला भी उतनी ही ऊँची और महान होती है। कला एक प्रकार की निर्झरिणी है जो हमारे हृदयों से फूटकर फिर हमें ही अभिषिक्त करती है। इसलिए अगर हमारी भीतरी हालत ठीक नहीं है तो जो रोग इस निर्झरिणी के साथ बाहर निकलता है वही फिर लौटकर हममें वापस आ जाता है। ऐसी अवस्था

---

* The greatness of literature cannot be determined solely by literary standard, though, we must remember that whether it is literature or not can be determined by literary standard only. **[Eliot]**

में कला जीवन का अभिशाप हो जाती है और वह जातियों को और भी कमजोर बना देती है।

जिस प्रकार, अपने स्तर पर रवीन्द्रनाथ ने कला और व्यक्तित्व के बीच अन्योन्य सम्बन्ध का होना स्वीकार किया है, उसी प्रकार एक भिन्न दिशा में इकबाल भी कला और व्यक्तित्व को एक-दूसरे से सम्बद्ध मानते हैं। 'असरारे-खुदी' नामक अपने फारसी काव्य की दार्शनिक पृष्ठभूमि की व्याख्या करते हुए उन्होंने लिखा है कि "सभी जीवन का रूप वैयक्तिक होता है, विश्व-जीवन जैसी किसी चीज का वजूद नहीं है। स्वयं परमात्मा भी एक व्यक्ति है, यद्यपि उसका व्यक्तित्व अन्य सभी व्यक्तित्वों से अनोखा और भिन्न है। यह सारी सृष्टि व्यक्तियों के एक वृहत समूह के समान है और हम सब उस महान और अनूठे व्यक्तित्व का अनुकरण कर रहे हैं।" परमात्मा के महान व्यक्तित्व में अपने व्यक्तित्व के लय कर देने को सभी धर्मों ने मनुष्य का चरम लक्ष्य माना है, किन्तु इकबाल इस दर्शन को स्वीकार नहीं करते। वे कहते हैं, मनुष्य को अपने भीतर ईश्वरीय गुणों का विकास करना चाहिए जिससे कि वह खुद भी ईश्वर के समान हो जाए। 'ब्रह्मविद् ब्रह्मैव भवति' यह वेदान्त की भी घोषणा है। किन्तु, इकबाल इस अवस्था से भी आगे बढ़कर मनुष्य से यह कहना चाहते हैं कि तू अपने-आपका इतना विकास कर कि तू इस दुनिया में नहीं, बल्कि यह दुनिया ही तुझमें खो जाए और स्वयं भगवान की इच्छा तेरी इच्छा में विलीन हो जाए।

खुदी को कर बुलन्द इतना कि हर तकदीर से पहले,
खुदा बन्दे से खुद पूछे बता तेरी रजा क्या है?

(बाँगे-दरा)

जँचते नहीं कंजश्को-हमाम इसकी नजर में,
जिबरीलो-सराफील की सैयाद है मोमिन।

(बाले-जिबरील)

काफिर की ये पहचान कि आफाक में गुम है,
मोमिन की ये पहचान कि गुम इसमें हैं आफाक!

(बाले-जिबरील)

मनुष्य का यह विकास केवल शान्ति-सेवन और निवृत्ति की आराधना से नहीं हो सकता। इसके लिए तो उसे निरन्तर संघर्ष करना चाहिए। जीवन के विकास का मार्ग निवृत्ति नहीं, प्रवृत्ति है। वास्तविकता से पीठ फेर लेना अपने पौरुष का आप ही अपमान करना है। व्यक्तित्व तो उसे कहते हैं जो इस वास्तविकता को अपने भीतर खींचकर पचा ले।

"मनुष्य का नैतिक और धार्मिक आदर्श निवृत्ति नहीं, प्रवृत्ति है और अपने इस आदर्श की प्राप्ति के लिए उसे अधिक-से-अधिक वैयक्तिक, औरों से अधिक-से-अधिक

भिन्न और निराला होना पड़ता है।"[1]

जीवन बहुत सारी बाधाओं से घिरा हुआ है। जिन्दगी बहुत-सी शर्तों के अधीन है। सृष्टि में सबसे अधिक स्वतन्त्र व्यक्ति परमात्मा है। अतएव परमात्मा तक पहुँचने के लिए हमें भी अपनी बाधाओं से मुक्त होना चाहिए। परमात्मा की कामना, असल में, अपनी मुक्ति की ही कामना है। इसलिए मानव जीवन को स्वाधीनता अथवा मुक्ति के लिए किया जानेवाला अनवरत प्रयास समझना चाहिए।

और चूँकि जीवन का धर्म चेष्टा और प्रयास है, इसलिए इकबाल व्यक्तित्व को संघर्ष अथवा तनाव की स्थिति कहते हैं और यह मानते हैं कि व्यक्तित्व की सत्ता तभी तक कायम रहती है जब तक यह तनाव ढीला नहीं होता।

"जिसे हम व्यक्तित्व कहते हैं, वह एक संघर्ष की अवस्था है और जब तक यह अवस्था बनी रहती है तभी तक मनुष्य में व्यक्तित्व का भी तेज रहता है।"[2]

जभी यह संघर्ष शिथिल होने लगता है, आदमी का व्यक्तित्व भी मन्द पड़ने लगता है। अपने भीतर संघर्ष की यह अवस्था पैदा करना मनुष्य की सबसे बड़ी सफलता है और जो चीजें इस तनाव को कायम रखती हैं, वे ही हमें अमरता की ओर ले जाती हैं तथा जो चीजें उसमें शैथिल्य उत्पन्न करती हैं, वे हमें मृत्यु की ओर ले जाती हैं। व्यक्तित्व का यही तनाव, निरन्तर संघर्ष में लीन रहने की यही मनःस्थिति इकबाल के सारे दर्शन का आधार है और इसी कसौटी पर वे कला, धर्म, नैतिकता और राजनीति, सभी का मूल्य आँकते हैं।[3]

इकबाल कहते हैं कि मनुष्य के सभी प्रयासों का लक्ष्य अपने जीवन को गौरवपूर्ण, सबल और समृद्ध बनाना है। आदमी की जितनी भी कलाएँ हैं, उन्हें इस एक लक्ष्य की अधीनता स्वीकार करनी ही चाहिए, क्योंकि सभी कलाओं की केवल एक कसौटी है कि उनमें जीवनदायिनी क्षमताओं का कितना प्राचुर्य है। इकबाल के मतानुसार सबसे बड़ी कला वह है जो हमारे भीतर सोई हुई इच्छा-शक्ति को जगाकर उसे कार्य की ओर प्रेरित करती है तथा हमारी शिराओं में चेतना भरकर हमें वीरतापूर्वक जीवन की कठिनाइयों का सामना करने को तैयार करती है। इसके विपरीत, जो भी कला हममें आलस्य भरती अथवा कल्पित सौन्दर्य के भुलावे में डालकर हमें जीवन से दूर ले जाती है, वह हीनता, विनाश और मृत्यु की कला है।

"जो भी चीजें हममें आलस्य और निद्रा का संचार करती हैं; जो भी चीजें हमारी

---

1. The Moral and religious ideal of man is not self-negation, but self-affirmation and he attains to this ideal by becoming more and more individual, more and more unique. **[Secrets of the Self by R.A. Nicholson : भूमिका-भाग]**
2. Personality is a state of tension and can continue only if that state is maintained. **[Secrets of the Self by Nicholson]**
3. That which fortifies personality is good, that which weakens it is bad. **[Secrets of the Self]**

आँखों से उस वास्तविकता को ओझल करती हैं, जिसे अधिकार में लाए बिना जीवन टिक नहीं सकता, वे सब-की-सब मृत्यु और विनाश लानेवाली हैं।''[1]

'कला के लिए कला' वाले सिद्धान्त का तिरस्कार करने में इकबाल को उतनी भी झिझक नहीं है जितनी झिझक कलावादियों को उसे स्वीकार करने में होती है। जो कला जीवन को प्रेरणा नहीं देती, उसे वे कथमपि स्वीकार करने के पक्ष में नहीं हैं।

''कला में अफीम-सेवन के लिए गुंजाइश नहीं होनी चाहिए। 'कला के लिए कला' का सिद्धान्त पतनशीलता का प्रपंचपूर्ण आविष्कार है और उसका ध्येय भुलावे में डालकर हमें अशक्त बनाना है जिससे कि हमारे हाथों का अधिकार दूसरों के हाथ में चला जाए।''[2]

निरुद्‌देश्यता, वायवीयता और कर्महीनता के साथ कला का जो परम्परागत सम्बन्ध रहा है और कला के जिस अपार्थिव रूप पर पंडितों और आलोचकों का अत्यधिक जोर रहा है, शायद उसी को देखते हुए इकबाल ने जगह-जगह पर यह इंगित किया है कि मैं कवि नहीं हूँ, मेरी वाणी को केवल कविता के रूप में ग्रहण मत करो। जिस प्रकार रवीन्द्र में धरती की पीड़ाएँ भी निराकार सुषमा का रूप धारण कर लेती हैं, उसी तरह इकबाल में आकर सारी खूबसूरती का मकसद आदमी के भीतर कोई बड़ा भाव जगाना हो जाता है। रवीन्द्रनाथ की 'आज कोनो काज नय सब फेले दिये' वाली मुद्रा कहीं-कहीं इकबाल में भी मिलती है।

दुनियाँ की महफिलों से उकता गया हूँ या रब,
क्या लुफ्त अंजुमन में जब दिल ही बुझ गया हो?

(बाँगे-दरा)

इस कविता में इकबाल एक शुद्ध कलाकार की तरह अपने हाथ से छूटे हुए-से प्रतीत होते हैं और वे घूम-घूमकर उन सुषमाओं का रस लेते हैं जो रवीन्द्र की अनावश्यक भूमि की सुषमाएँ हैं, जिनका उद्‌देश्य केवल आनन्द का दान है, जो आदमी को भुलाकर जिन्दगी से दूर ले जाने की ताकत रखती हैं और जिन पर सदियों से शुद्ध कलावादियों का समुदाय जी-जान से लट्‌टू रहा है।

पानी को छू रही हो झुक-झुक के गुल की टहनी
जैसे हसीन कोई आईना देखता हो।

---

1. All that brings drowsiness and makes us shut our eyes to reality around, on the mastery of which abone life depends, is a message of decay and death. **[Secrets of the Self : भूमिका-भाग]**
2. There should be no opium-eating in art. The dogma of art for the sake of art is a clever invention of decadence to cheat us out of power. **[Secrets of the Self : भूमिका-भाग]**

मेहदी लगाये सूरज जब शाम की दुल्हन को,
सुखी लिये सुनहरी हर फूल का कबा हो।
पच्छिम को जा रहा हो कुछ इस अदा से सूरज,
जैसे कोई किसी के दामन को खींचता हो।
जुल्मत झलक रही हो इस तरह चाँदनी में,
ज्यो आँख में सेहर की सुरमा लगा हुआ हो।

(बाँगे-दरा)

मगर ये सुषमाएँ इकबाल के मकसद पर परदा नहीं डाल सकतीं। जो चीज उनके दिल को जितना ही हिलकोरती है, वह उनके उद्देश्य को भी उतना ही तेज बनाती है। ये सुन्दरताएँ, शायद, मोहनी हैं जिन्हें दिखलाकर वे लोगों को अपने दिल की बात सुनने को तैयार करते हैं। ये छवियाँ, शायद मम्मट की कल्पना की 'कान्ताएँ' हैं जिनके मुख से वे अपना दर्द लोगों के दिलों तक पहुँचाना चाहते हैं। 'एबार फिराओ मोरे' में रवीन्द्रनाथ ने स्थूल को लेकर क्रान्तिकारी की तरह आरम्भ किया, किन्तु, अन्त तक जाते-जाते वे निराकार की भूमि में चले गए। इसके प्रतिकूल, वर्तमान कविता को इकबाल कवि की तरह से आरम्भ करके उसे देशभक्त की तरह समाप्त करते हैं। यह उन दिनों की रचना है जब इकबाल खाँटी देशभक्त थे और जब अपने वतन की किस्मत पर रोने से बढ़कर उनके लिए और कोई प्यारा काम नहीं था। खूबसूरती की इस महफिल में घूमते-घूमते न जाने क्या सोचकर वे रो पड़ते हैं और जिस नज्म में आनन्द और खुशी की ऐसी घटा उठी थी, वह नाले या रुदन में समाप्त हो जाती है।

दिल खोलकर बहाऊँ अपने वतन पै आँसू,
सरसब्ज जिसके नम से बूटा उमीद का हो।
इस खामुशी में जाएँ इतने बलन्द नाले,
तारों के काफले को मेरी सदा दरा हो।
हर दर्दमन्द दिल को रोना मेरा रुला दे,
बेहोश जो पड़े हैं, शायद उन्हें जगा दे।

(बाँगे-दरा)

इकबाल ने जो खुलकर सोद्देश्य कला के पक्ष का समर्थन किया उससे इकबाल की मुखालफत करनेवाले आलोचकों के हाथ में एक तलवार तो अनायास ही आ गई; मगर सब कुछ होते हुए भी हम उनकी सच्चाई से इनकार नहीं कर सकते। अपनी रचनाओं से वे सहज ही यह प्रभाव उत्पन्न करते हैं कि उनमें कोई प्रज्वलित सत्य छिपा हुआ है जो बाहर आना चाहता है, उनके सामने कोई लक्ष्य है जिसे वे शीघ्र-से-शीघ्र प्राप्त करना चाहते हैं। महाकवि अथवा महान कलाकार कहलाने में जो सुख है, वह उनका ध्येय नहीं है।

जीना वो क्या जो हो नफसे-गैर पर मदार,
शुहरत की जिन्दगी का भरोसा भी छोड़ दे।

(बाँगे-दरा)

काव्यकला का माध्यम उन्होंने इसलिए नहीं चुना कि आनन्दविधायक कलाकारों की पंक्ति में उन्हें इज्जत की जगह हासिल करनी थी, बल्कि इसलिए कि उन्हें मुस्लिम समाज का हृदय झकझोरकर उसे जाग्रत करना था और आदमी के दिल पर कब्जा करने की 'शार्टकट राह' कविता ही है। सिद्धान्त के स्तर पर कला को साधन तो सभी मानते हैं, मगर आचार्यों की एक कमजोरी है कि वे कला को साध्य समझ लेने को भी कोई बड़ा दोष नहीं मानते। इकबाल ने कला को जीवन से कभी भी ऊपर नहीं माना। असल में, व्याख्या उन्हें जीवन की करनी थी, कला उसमें सहायता देने को आई। उनका आनन्द केवल अभिव्यक्ति का आनन्द नहीं है, वे उस अभिव्यक्ति को लोगों तक पहुँचाना भी चाहते हैं और कला का महत्त्व वे यह मानते हैं कि वह इस काम को बखूबी अंजाम दे सकती हैं। और उनका यह विश्वास बहुत सही निकला है; क्योंकि रुदन और गर्जन, दोनों का उनकी कला ने पूरी सफलता से वहन किया है। इकबाल के गरजते हुए भावों का साथ उनकी कला ने जिस सहजता से दिया है, इसका उदाहरण 'शिकवये खुदा' का वह अंश है जहाँ इकबाल इस्लाम की गत गरिमाओं की याद करते हैं और उनका रुदन कला से मिलकर कितना रंगीन हो सकता था, इसका उदाहरण 'तस्वीरे-दर्द' की ये पंक्तियाँ हैं, जिनमें उनके दिल की कचोट इन्द्रधनुष की सतरंगी साड़ी पहनकर सामने आई हैं।

उठाये कुछ वरक लाले ने, कुछ नरगिस ने, कुछ गुल ने,
चमन में हर तरफ बिखरी हुई है दास्ताँ मेरी।
उड़ा ली कुमारियों ने, तूतियों ने, अन्दलीबों ने,
चमनवालों ने मिलकर लूट ली तर्जे-फुगाँ मेरी।
टपक अय शमआ, आँसू बन के परवानों की आँखों से,
सरापा-दर्द हूँ, हसरत-भरी है दास्ताँ मेरी।
हुवेदा आज अपने जख्मे-पिनहाँ करके छोड़ूँगा,
लहू रो-रो के महफिल को गुलिस्ताँ करके छोड़ूँगा।
जलाना है मुझे हर शम-ए-दिल को सोजे-पिनहाँ से,
तेरी तारीक रातों को चिरागाँ करके छोड़ूँगा।
पिरोना एक ही तसबीह में इन बिखरे दानों को,
जो मुश्किल है तो इस मुश्किल को आसाँ करके छोड़ूँगा।

(बाँगे-दरा)

भाषा और भाव, जब दोनों एक-दूसरे से मिलने के लिए बेकरार होते हैं, तभी साहित्य में ऐसी अनमोल पंक्तियाँ लिखी जाती हैं। कलावादी की राय में यह कला

का चमत्कार समझा जाएगा और विषयवादी कहेंगे कि इसमें भाव की तीव्रता का चमत्कार है। परन्तु सच्चाई यह है कि जब तक भाव और भाषा का भली-भाँति मेल नहीं हो जाए, तब तक काव्य में वह चमत्कार नहीं आता जिसे खोकर रसिक मग्न और आलोचक मूक हो जाते हैं।

जिस प्रकर, रवीन्द्र का कला-सिद्धान्त उनके जीवन-दर्शन में गुँथा हुआ है, उसी प्रकार इकबाल के भी कला सम्बन्धी विचार उनके दर्शन से ही आए हैं। मगर दोनों महाकवियों के दृष्टिकोण में बड़ा ही भेद है। रवीन्द्र शान्ति के प्रेमी, सुन्दरता के पुजारी और भगवान के विनम्र भक्त हैं। उनकी अन्तिम कामना है, शान्ति के समुद्र में बहते हुए परमात्मा की श्राण में पहुँच जाना।

सम्मुखे शान्ति-पारावार,
भासाओ तरणी हे कर्णधार!

मगर इकबाल की कल्पना संघर्ष से तनी हुई उद्दाम पुरुष की कल्पना है, और आदि से अन्त तक अंगारों की तरह जीकर वे भगवान के पास भी इसी रूप में पहुँचना चाहते हैं, जिससे भगवान से उन्हें अपनी खता ही माफी करानी नहीं पड़े, उलटे भगवान ही उनसे पूछे कि बता, तुम्हारी क्या इच्छा है। और इकबाल की सौन्दर्य-भावना भी उनकी संघर्ष और शक्तिशाली भावना से अलग नहीं है। वे किसी भी ऐसे सौन्दर्य को स्वीकार नहीं करते जिसके भीतर सुन्दरता के साथ शक्ति का भी मेल नहीं हो, जिसके चारों ओर जिन्दगी की चिनगारियाँ नहीं छिटक रही हों।

न हो जलाल तो हुस्नो-जमाल बेतासीर,
निरा नफस है मगर नग्मा न हो आतिशनाक।

(बाले-जिबरील)

और तो और, इकबाल कहते हैं कि अगर मुझे नरक में जाना पड़ा तो वहाँ भी मैं उस आग को तो कभी बर्दाश्त नहीं करूँगा, जिसके शोले बेबाक और तेज नहीं हों।

मुझे सजा के लिए भी नहीं कबूल वह आग,
कि जिसका शोला न हो तुन्दो-सरकशो-बेबाक।

(बाले-जिबरील)

रवीन्द्र कण-कण में परमात्मा की विभूति का दर्शन करनेवाले रसस्निग्ध कवि हैं तथा वे आकाश के सन्देश को पृथ्वी की पहुँच में लाते हैं।

एई ये तोमार प्रेम ओ गो हृदयहरण,
एई ये पाताय आलो नाचे सोनार वरण।

× × ×

चित्त आमार हारालो आज मेघेर माझखाने,
कोथाय छूटे चलेछे से कोथाय के जाने?

(गीतांजलि)

प्रकृति में परमात्मा की विभूतियों के दर्शन इकबाल ने भी किए हैं और उनके चित्रण से इकबाल की सूफियाना मुद्रा काफी खुशनुमा और रंगीन भी हुई है। मगर उनके कला-सम्बन्धी सिद्धान्तों को समझने में वे कविताएँ सहायक नहीं होतीं जिनमें अनन्तता की झिलमिलाहट अथवा कल्पना की रंगीनी आशकार हुई है। इस प्रसंग में तो उनकी वे रचनाएँ ही उपयोगी और महत्त्वपूर्ण हैं जिनमें उनके व्यक्तित्व का तनाव झलकता है, जिनमें वे मिट्टी की आग को आकाश की ओर भेजते हैं और पुरुष को यह सन्देश देते हैं कि जहाँ भी कोई जोखिम और विरोध है, वहीं तुम्हारी क्रिया का भी क्षेत्र है।

मेरी नवाये-शौक से शोर हरीमे-जात में,
ग़ौग़ाये-हाये-अल्लमा बुतकदा-वो-सिफात में,
हूरो-फरिश्ते हैं असीर मेरे तखैयुलात में।
मेरी निगाह से खलल तेरी तजल्लियात में।

(बाले-जिबरील)

× × ×

खतर-पसन्द तबीयत को साजगार नहीं,
वो गुलिस्ताँ कि जहाँ घात में न हो सैयाद।

(बाले-जिबरील)

ऊपर के एक प्रसंग में कहा जा चुका है कि 19वीं सदी का मुस्लिम-समाज अपनी तमाम उलझनों के निदान के लिए एक कवि की राह देख रहा था और वह कवि इकबाल के व्यक्तित्व में आया। अतएव इकबाल को एक तरह से जिन्दगी की जरूरतों ने पैदा किया था। उनका दर्शन केवल पुस्तकीय दर्शन नहीं था। किताबों के साथ-साथ उन्होंने जिन्दगी का भी दूध पिया था और अपने जीवन-दर्शन का विधान करते हुए वे बराबर इस बात से अवगत रहे कि उन्हें, प्रधानतः, दुरवस्था में पड़े हुए मुस्लिम समाज का उद्धार करना है। अतएव इस राह में जो-जो बाधाएँ आईं, उन्हें उन्होंने बड़ी ही बेरहमी से कुचल डाला। प्लेटो का निवृत्ति-मार्ग, हिन्दुत्व का मायावाद, बौद्धमत का शून्यवाद और मुस्लिम कवियों का रहस्यवाद, ये सभी चीजें इकबाल को बाधक मालूम हुईं और उन्होंने इन सबके प्रभाव से इस्लाम को मुक्त करने का ध्येय अपने सामने रख लिया। 'असरारे खुदी' में प्लेटो के सिद्धान्तों का जो खंडन उन्होंने किया है वह अनुवाद में भी बड़ा ही तेजस्वी और बेधक दीखता है।[1] इसी प्रकार का प्रहार उन्होंने हाफिज पर भी किया, क्योंकि उनका विश्वास था कि हाफिज जैसे कवियों की गजलों के कारण भी इस्लाम के पौरुष का ह्रास हुआ है। जीवन की नश्वरता का चित्र खींचकर मनुष्य को अकर्मण्य अथवा विरक्त करनेवाला दर्शन

---

1. देखिए Secrets of the Self. Chapters VI & VII

इकबाल की दृष्टि में मृत्यु का दर्शन है। अपने इस पक्ष का समर्थन करते हुए उन्होंने लिखा है कि :

"प्लेटो का मैंने जो विरोध किया है वह, असल में, दर्शन के उन सभी सिद्धान्तों का विरोध है जो जीवन की जगह मृत्यु को अपना आदर्श मानते हैं। जीवन की सबसे बड़ी बाधा द्रव्य अथवा प्रकृति है। मगर ये दर्शन इस मूल बाधा से ही आँखें फेर लेते हैं और मनुष्य को उसे जीतकर आत्मसात् करने के बदले उससे पीठ फेरकर भाग खड़े होने की सलाह देते हैं।"[1]

इसी प्रकार, हाफिज जैसे मादक कवियों का अनुकरण करनेवाले कलाकारों के लिए भी उनके पास सिर्फ उपेक्षा, व्यंग्य और भर्त्सना के ही शब्द हैं :

इश्को-मस्ती का जनाज़ा है तखैयुल इनका,
इनके अन्देशये-तारीक में कौमों के मजार।
चश्मे-आदम से छिपाते हैं मोकामाते-बलन्द,
करते हैं रूह को खाबीदा बदन को बेदार।
हिन्द के शायरो? सूरतगरो? अफसाना नबीस?
आह! बेचारों के आसाब पै औरत है सवार।

(बाले-जिबरील)

संघर्ष और तनाव का कवि होने के कारण हम इकबाल को किसी असन्तोष की वृत्ति से बेचैन पाते हैं। कोई चीज है जिसकी जुस्तजू उन्हें सोने नहीं देती, कोई दृश्य है जिसे वे सबको दिखलाना चाहते हैं, उनके भीतर कोई आग है जिसे वे सबके दिलों में पहुँचाने को बेकरार हैं।

जवानों को सोजे-जिगर बख़्श दे,
मेरा इश्क, मेरी नजर बख़्श दे।
मेरी नाव गिरदाव से पार कर,
ये साबित है, तू इसको सैय्यार कर।
मेरे दीदये-तर की बेखाबियाँ,
मेरे दिल की पोशीदा बेताबियाँ,
मेरा दिल, मेरी रज्मगाहे-हयात,
गुमानों के लश्कर, यकीं का सबात;
यही कुछ है साकी, मताये-फकीर,
इससे फकीरी में हूँ मैं अमीर।

---

1. My Criticism of Plato is directed against those philosophical systems which hold up death rather than life as their ideal-systems which ignore the greatest obstruction to life, namely matter, and teach us to run away from it instead of absorbing it. **[Secrets of the Self : भूमिका-भाग]**

मेरे काफले में लुटा दे इसे
लुटा दे किनारे लगा दे इसे

(साकीनामा : बाले-जिबरील)

ऐसी पंक्तियाँ कारीगरी से नहीं गढ़ी जातीं, वे तभी लिखी जाती हैं जब कलाकार के दिल में प्रेरणा की लहर और बेचैनी की आग होती है। सच पूछिए तो यह निरी कारीगरी से बहुत ऊपर की चीज है। यह वह अवस्था है जब जिन्दगी की धारा को बदलनेवाले कवि के भीतर नबी या पैगम्बर की मुद्रा प्रकट होती है और वह तीर की तरह समाज के हृदय को चीर डालना चाहता है।

संघर्ष और निरन्तर संघर्ष, सफर और जिन्दगी भर का सफर, यह इकबाल की कविता से बार-बार ध्वनित होनेवाला एक सन्देश है। वे मनुष्य को कहीं भी बैठने की इजाजत दे नहीं देते। आदमी का काम चलना है, तब तक चलना जब तक आगे की राह शेष हो।

तू रह नवर्दे-शौक है, मंजिल न कर कबूल,
लैला भी हमनशीं हो तो महमिल न कर कबूल।

(टीपू की वसीयत : बाले-जिबरील)

तथा

सितारों से आगे जहाँ और भी हैं,
अभी इश्क के इम्तिहाँ और भी हैं।
तू शाहीं है, परवाज है काम तेरा,
तेरे सामने आसमाँ और भी हैं।

(बाले-जिबरील)

रवीन्द्र और इकबाल, दोनों दो शिखरों के वासी हैं। किसी ने खूब कहा है कि रवीन्द्र शान्तिनिकेतन में रहते थे, किन्तु इकबाल ने अपने रहने का घर ज्वालामुखी के मुख पर बनाया था। यह उक्ति और किसी की नहीं, सआदत अली खाँ नामक एक मुस्लिम आलोचक की है[1] जिन्हें, शायद, यह भय था कि जिस दिन यह ज्वालामुखी फटेगा; इकबाल हवा में उड़ जाएँगे। ज्वालामुखी को फटे कई साल हो गए, मगर यह विस्फोट इकबाल को हवा में नहीं उड़ा सका, वे तो अपने ही 'स्प्लिंटर्स' पर चढ़कर लोगों के दिलों में जा पहुँचे हैं और वहाँ उस रूप में पूजित हो रहे हैं जिस रूप में कवियों की पूजा तब होती थी जबकि दुनिया आज की तरह जवान नहीं थी। रवीन्द्र और इकबाल को लेकर शैली और द्रव्य का झगड़ा उठाना भी बेकार है, क्योंकि द्रव्य की समृद्धि रवीन्द्र में भी कम नहीं है और इकबाल की उक्तियाँ जो हम सबों को अभिभूत करती हैं, वह इस कारण नहीं कि हम उनके दार्शनिक दृष्टिकोण को

---

* Iqbal : the Poet and his message By Dr. S. Sinha, Page 239.

स्वीकार करते हैं, बल्कि इसलिए कि उनमें साहित्य का चमत्कार है। शायद रवीन्द्र और इकबाल से मिलनेवाले दो प्रकार के आनन्द दो रसों की भिन्नता का द्योतन करते हैं और, यद्यपि, विश्लेषण के समय इकबाल की कविताओं में रस-निष्पत्ति की सभी सामग्रियों को ढूँढ़ निकालना जरा कठिन काम होगा, लेकिन मैं मानता हूँ कि रवीन्द्र की रचनाओं में शृंगार का वातावरण है तथा उसका प्रधान फल चित्त की द्रुति और विकास है। इसके विपरीत, इकबाल की रचनाओं का वातावरण वीर रस का वातावरण है तथा हमारे चित्त पर उसका प्रभाव ओज और दीप्त के रूप में पड़ता है। मगर सच्ची बात यह है कि साहित्य में शृंगार का स्थान वीर रस से हमेशा ही ऊँचा रहा है। यह भी कि रवीन्द्र विश्वभर के कवि हैं और उनकी कविताओं से भारतवर्ष से बाहर के लोगों को भी उतना ही आनन्द मिल सकता है जितना भारतवासियों को। मगर इकबाल, प्रधानतः, अपने धर्म के कवि हैं और उनकी कविताओं का एक सन्देश तो सिर्फ उन्हीं के लिए है जो उनके धर्मबन्धु हैं। एक अन्य रूप में देखने पर रवीन्द्र और इकबाल के बीच वही भेद झलकता है जो तांडव और लास्य में है। तांडव की उत्पत्ति शिव से हुई थी जब वे सती की मृत्यु से क्षुब्ध थे। लास्य का जन्म पार्वती से हुआ, जब वे प्रेम के कारण प्रसन्न थीं। तांडव की उत्पत्ति पहले हुई, लेकिन, वह नीरस और शुष्क निकला, तभी पार्वती ने कृपा करके लास्य का आविष्कार किया। कहते हैं, पुरुष भी पहले बना था, किन्तु मानवता का पूरा चमत्कार उसमें नहीं निखर सका, तभी ब्रह्मा को लाचार होकर नारी-मूर्ति की रचना करनी पड़ी। तब से सभ्यता का रथ नारी और नर, दोनों के सन्तुलित योग से चलता रहा है। सत्य दोनों में से किसी एक के तिरस्कार में नहीं, प्रत्युत दोनों के समुचित सहयोग में है। जहाँ लास्य हो वहाँ तांडव भी रहेगा, जहाँ तांडव है वहाँ लास्य को भी स्थान मिलना चाहिए। क्योंकि :

विश्वे या किछु महान, सृष्टि-चिर-कल्याण-कर,
अर्धेक तार करियाछे नारी, अर्धेक तार नर।

—नजरुल

('अर्धनारीश्वर' पुस्तक से)

बहुत ही उपयुक्त है कि वे एक देश या एक काल के नहीं, बल्कि सम्पूर्ण मानवता के विकास के नेता हैं। उन्होंने अपने आश्रमवासी शिष्यों और प्रशिष्यों को क्या दिया है, इस पर बहस की गुंजाइश हो सकती है, किन्तु लिखित साहित्य के रूप में उन्होंने जो अवदान छोड़ा है, वह अद्भुत और अपार है। दुर्भाग्यवश, संसार में ऐसे लोग बहुत होते हैं जो उसी को सब कुछ मान लेते हैं जिसे उन्होंने प्राप्त कर लिया है और जो कुछ उनकी पहुँच से परे है, उसे वे कोरा धुआँ मानकर उसकी ओर से निश्चिन्त हो जाते हैं। किन्तु जो सत्य के पथ पर आरूढ़ हैं, उनमें दुराग्रह नहीं होता; जो भाविक और जिज्ञासु हैं, वे अपनी पहुँच से परे की भी तलाश में रहते हैं और मनुष्यता की प्रगति के ये ही लोग सच्चे वाहक होते हैं। अरविन्द का साहित्य इन्हीं वीर जिज्ञासुओं के निमित्त है, क्योंकि वे ही उस साहित्य के मर्म तक कभी पहुँच सकेंगे और प्रगतिमती मानवता की वह पदचाप जो अरविन्द-साहित्य में अंकित है, उन्हें ही सुनाई पड़ेगी। इसका अर्थ यह नहीं है कि श्री अरविन्द का साहित्य धर्म के ढोंग का परम्परागत चोंगा पहने हुए है और वह सिर्फ उन्हीं के लिए है जो समझने के पहले ही ईमान लाने को तैयार हैं, वरन् यह कि वह उन लोगों के लिए नहीं है जो कठिनाइयों से घबराते हैं, जो मनुष्यता की प्रगति की केवल एक ही राह को जानते हैं और जो मनुष्य के शरीर को छोड़कर उसके और किसी अवयव का अस्तित्व ही नहीं मानते। किन्तु, अरविन्द-साहित्य अभी तुरन्त की कृति है; तिस पर भी वह ऐसे पुरुष की कृति नहीं है जिसके कदम सिर्फ वर्तमान की छाती पर रहे हों। श्री अरविन्द ने मानवता के, अब तक के, सम्पूर्ण विकास की तात्त्विक परीक्षा तथा उसकी वर्तमानकालीन कठिनाइयों का विश्लेषण करके अपने ही ढंग पर उसके भविष्य का मार्ग निर्धारित किया है। और भविष्य का यह निर्धारण उनके आशीर्वाद अथवा उनकी शुभ कामना का ही द्योतक नहीं है, वरन् वह मानवता का इतिहास और तर्कसिद्ध मार्ग भी प्रमाणित हो सकता है।

एक सुधी ने लिखा है कि श्री अरविन्द के दिव्य जीवन अथवा Life Divine को पढ़ लेने के बाद और कुछ पढ़ने की आवश्यकता नहीं रह जाती। किन्तु मैंने देखा है कि इस अद्भुत ग्रन्थ को पढ़ने तथा समझने के लिए उन सभी विद्याओं का कुछ-न-कुछ परिचय आवश्यक है जो मनुष्य को अतीत से विरासत के रूप में मिली हैं अथवा जिनका वह शनैः-शनैः निर्माण कर रहा है। सोलह सौ पृष्ठों का यह विशाल ग्रन्थ ऐसा है जिसके भीतर उस पुरुष की चिन्ता विराजमान है जिसने पूर्व और पश्चिम की सभी विद्याओं को अपने भीतर आत्मसात कर लिया था तथा जिसने लोक और परलोक को एकाकार करने के लिए देवोपम प्रयास किए थे। 'लाइफ डिवाइन' उनके लिए भी कठिन है जो अपने को दर्शन का पंडित मानते हैं। इस ग्रन्थ का एक-एक वाक्य अपने भीतर निहित रहस्य के उद्घाटन के लिए हमारे मन की सम्पूर्ण एकाग्रता की अपेक्षा रखता है। यही वह ग्रन्थ है जिसमें श्री अरविन्द का समस्त

जीवन-दर्शन वर्णित है और जिसे अनेक वर्ष-व्यापी आयास के द्वारा समझनेवाले कुछ पंडितों का कहना है कि आदिकाल से लेकर आज तक संसार के पंडित, कवि, कोविद, दार्शनिक और रहस्यज्ञाता मनुष्यता को जहाँ तक पहुँचा सके थे, श्री अरविन्द 'लाइफ डिवाइन' के द्वारा उसे उससे आगे ले जा रहे हैं। 'लाइफ डिवाइन' का सारांश लिखने की क्षमता मुझमें तो नहीं है, फिर भी यह चर्चा यहाँ इसलिए उठानी पड़ रही है कि श्री अरविन्द की साहित्य-साधना को समझने में उनके जीवन-दर्शन का यत्किंचित् अधूरा ज्ञान भी कुछ सहायक होगा।

जीवन-दर्शन

श्री अरविन्द के सम्पादकत्व में निकलनेवाले 'आर्य'[1] नामक मासिक पत्र के मुख पृष्ठ पर एक विज्ञप्ति छपा करती थी जिससे इस बात पर अच्छा प्रकाश पड़ता है कि राजनीतिक क्षेत्र को छोड़कर वे आश्रम अथवा समाधि के जीवन की ओर क्यों आकृष्ट हुए थे। 'समस्त ज्ञान को एक विशाल मिश्रित रूप देना तथा पूर्व और पश्चिम में मनुष्यता की विभिन्न धार्मिक प्रवृत्तियों के बीच सामंजस्य और एकत्व लाना' यह 'आर्य' का उद्देश्य था तथा इस उद्देश्य की प्राप्ति के लिए जो साधन चुने गए थे उसके सम्बन्ध में घोषणा की गई थी कि ''यह साधन एक ऐसी वास्तविकता पर आधारित होगा जिसमें हेतुवाद (Rationalism) तथा गोतीतवाद (Transcendentalism) का सम्यक् समन्वय होगा एवं इस वास्तविकता में बौद्धिक एवं वैज्ञानिक अनुशासनों का सहजानुभूति (Intuitive Experience) से पूरा मेल रखा जाएगा।'' मैं ऐसे बहुत-से विद्वानों को जानता हूँ जो अध्यात्मवादियों से सिर्फ इसलिए बिदकते हैं, क्योंकि उन्होंने सुन रखा है कि महात्मा लोग बौद्धिकता एवं हेतुवादी तर्कों की सत्ता को नहीं मानते। श्री अरविन्द का जीवन-दर्शन ऐसे सभी लोगों की शंकाओं का समाधान है, क्योंकि वे भी उसी धरातल से उठकर ऊपर गए हैं जिस धरातल पर नवीन विद्याओं के संस्कार के कारण हम कौए के समान सदैव चौकन्ना एवं शंकाग्रस्त रहते हैं। उनकी साधना का लक्ष्य वैयक्तिक मुक्ति नहीं, प्रत्युत सारी मनुष्यता के निमित्त इसी भूमंडल पर दिव्य जीवन का उद्घाटन है। यह दिव्य जीवन संसार के लिए बिलकुल नई कल्पना नहीं है। ऋषि-महर्षि, कवि और दार्शनिक अनन्तकाल से जीवन के भीतर इसकी खोज करते रहे हैं। यद्यपि अनेक अन्वेषियों ने निराश होकर यह कह दिया कि अमृत-तत्त्व हमारी किस्मत में नहीं है, किन्तु अनेक अन्य रहस्यवादियों ने बराबर संकेत दिया है कि किसी-न-किसी मार्ग से भूतल पर अमृत-तत्त्व की उपलब्धि हो सकती है। किसी-न-किसी प्रकार हम इसी जीवन में

---

1. यह पत्र 1920 के पूर्व निकलता था।

दिव्यता लाभ कर सकते हैं। कबीर ने जल में मीन पियासी कहकर जिस सम्भावना की ओर संकेत किया है, उसी सम्भावना की झाँकी एलिजबेथ बैरेट ब्राउनिंग की इन पंक्तियों में भी मिलती है :

Earth is crammed with heaven
And every common bush afire with God.

दिव्य जीवन की ऐसी रहस्यात्मक झाँकियाँ साहित्य में बहुत बार प्रकट हुई हैं और उनकी संख्या वर्तमान युग में भी कम नहीं है।

आधुनिक युग की यह भी एक विशेषता है कि जहाँ हम भौतिकता को सत्य की आधारशिला मानकर चल रहे हैं, वहाँ हममें यह भी एहसास पैदा होता जा रहा है कि हम वस्तु की बाह्य परीक्षा से ही सन्तोष न करें। बल्कि उसके भीतर डूबकर उन तत्त्वों को भी पकड़ें जो साधारण तर्क और सामान्य बुद्धि की पकड़ में नहीं लाए जा सकते। यही कारण है कि आधुनिक साहित्य के उच्चतम शिखर पर रहस्यवाद की कुहेलिका मँडराने लगी है। यानी सामान्य बुद्धि पहले जहाँ थककर बैठ जाती थी, जब वह वहाँ से भी सहजानुभूति के सहारे आगे बढ़ने की चेष्टा कर रही है। और यह प्रवृत्ति सिर्फ उन्हीं कवियों में देखने को नहीं मिलती जो धार्मिक अथवा आस्तिक हैं। बल्कि यह उनका भी प्रमुख लक्षण है जो नास्तिक रहे हैं अथवा जिन्होंने खुलकर ईश्वरीय सत्ता में अविश्वास प्रकट किया है। फ्रांस के प्रसिद्ध कवि चार्ल्स बादेलेयर ने, जो एक प्रकार से आधुनिक अतिवादी चेतना का जन्मदाता कहा जाता है, स्थान-स्थान पर ऐसी प्रवृत्ति का परिचय दिया है। अपनी आत्मा को सम्बोधित करते हुए वह कहता है :

इस घृणित जहर से दूर भागो,
उच्चता पर बहनेवाली वायु में विचरण करके
अपने आपको पवित्र करो।
मेरे मन! इस ज्वाला का छक कर पान करो
जो शून्य में अलौकिक एवं पवित्र सुरा की तरह व्याप्त है।

मेलार्मे, समायं, हाउसमैन, बाल्ट व्हिटमैन, यीट्स और इलियट, प्रायः नवयुग के जो भी तगड़े कवि हुए हैं, उनका धार्मिक विश्वास चाहे जैसा भी रहा हो, किन्तु, द्रव्य के विश्लेषण में वे बुद्धि की रेखा से बहुत आगे जाते रहे हैं तथा उस सहजानुभूति से काम लेकर उन्होंने अगोचर को छूने का प्रयास किया है जिसकी सत्ता को स्वीकार करने में विज्ञान को बड़ी झिझक होती है और जिसे वह बुद्धि का ही एक रूप कहके बर्खास्त कर देना चाहता है। हाँ, यह दूसरी बात है कि अब विज्ञान भी एक सीमा पर पहुँचकर रहस्यात्मक संकेतों में अपना समाधान उपस्थित करने लगा है।[1]

---

1. जैसे, आइंस्टाइन का दिक्काल-सम्बन्धी सिद्धान्त।

मानव-मस्तिष्क के इस रहस्यवादी परिपाक को श्री अरविन्द भली-भाँति समझते थे और जिस स्तर के इस किनारे पर पहुँचकर विश्व के कवि और दार्शनिक वर्षों से उकता रहे थे, उस स्तर का भली-भाँति निरीक्षण करके उन्होंने विश्वासपूर्वक अपने दिव्य जीवन के सिद्धान्त की स्थापना की है। 'आय' के ही एक अंक में उन्होंने लिखा था कि ''जिन आध्यात्मिक अनुभूतियों एवं सामान्य सत्यों पर हमारा प्रयास आधारित है, वे हमारे सामने पहले से ही मौजूद थे। आवश्यकता इस बात की थी कि हम उन्हें बुद्धि की भाषा में पूर्ण रूप से व्यक्त कर सकें तथा उनके निष्कर्षों को शब्दों में बाँध सकें। इसके लिए लगातार सोचने की आवश्यकता थी, कई दिशाओं में सूक्ष्म एवं अत्यन्त कठिन चिन्तन अनिवार्य था। अतएव तथ्य तक पहुँचने में हमें ाजस कठिनाई का सामना करना पड़ा, उसमें हमारे पाठकों को भी भागीदार होना पड़ेगा।'' जिस भाव-धारा का परिपाक 'लाइफ डिवाइन' में हुआ है उसका आरम्भ 'आर्य' के ही अंकों में हुआ था। 'आर्य' के जुलाई, 1918 वाले अंक में अरविन्द ने लिखा था कि ''मनुष्य को अपनी मानवीय सीमाओं का अतिक्रमण करके ईश्वरीय दिव्यता को प्राप्त करना पड़ेगा, उसे एक प्रकार की पार्थिव अमरता की अपेक्षा है। उसके भौतिक जीवन को भी ईश्वरीय दिव्यता से संवलित होना पड़ेगा।''

किन्तु 'आर्य' के अंकों में जिन सिद्धान्तों का पूर्वाभास मिलता है, वे सिद्धान्त 'लाइफ डिवाइन' में आकर भली-भाँति निरूपित हो गए। सहजानुभूति जिसका संकेत देती थी, बुद्धि जिसे भली-भाँति ग्रहण नहीं कर पाती थी, अतिमानस के जोर से वह भाषा के कलेवर में आ गया। 'लाइफ डिवाइन' सृष्टि और उस सर्वव्यापी सत्ता के वर्णन का नवीनतम प्रयास है, जिसका वर्णन संसार में अनन्त काल से होता आया है। यह ग्रन्थ हमें यह बतलाता है कि विकास की प्रक्रिया में मनुष्य अभी किस स्तर तक पहुँच सका है, हमारा बाह्य रूप क्या है और आवरण के भीतर हम कैसे लगते हैं तथा जब विकास अपनी पूर्णता को प्राप्त होगा, उस समय हम कहाँ और किस रूप में होंगे। 'लाइफ डिवाइन' के आरम्भ में ही कहा गया है कि मनुष्य आनन्द की खोज में है, वह किसी पूर्णता की ओर गतिशील है, वह निर्मल सत्य एवं ऐसे आनन्द की तलाश में है जिसमें दुख की तनिक भी कालिमा नहीं हो। उसे एक प्रकार की गोपन अमरता की खोज हैरान कर रही है। किन्तु संसार में दुख-ही-दुख हैं और मनुष्य अशान्त है। दुखों से छुटकारा पाने के कौन से उपाय हैं?[1] जड़तावादियों का कहना है कि मनुष्य की यह गोपन तृषा ही मिथ्या है। इस जड़ संसार के आगे सब कुछ शून्य है। इसलिए हमें यहीं रमकर आराम करना चाहिए। इसके विपरीत, वैरागियों

* यह जिज्ञासा सभी दर्शनों का मूल है। सिद्धार्थ ने इसी जिज्ञासा से विचलित होकर संन्यास लिया था और इसी जिज्ञासा ने मानवता के सभी नेताओं को बराबर आन्दोलित रखा और आज भी रख रही है। आज यूरोपीय साहित्य में EXISTENCIALISM अथवा अस्तित्ववाद के नाम से जो नया दृष्टिकोण पनप रहा है, उसके मूल में भी जिज्ञासा काम कर रही है।

का दल है, जो यह कहता है कि यह गोचर विश्व, असल में, यात्रा है। इसमें उलझना जीवन के वास्तविक ध्येय से दूर पड़ जाना है। सत्य वह नहीं है जिसे हम देखते हैं, बल्कि वह जो हमारी आँखों से ओझल है। अतएव मनुष्य को चाहिए कि वह संसार का त्याग करके गोतीत तत्त्व की उपासना में लग जाए; द्रव्य को छोड़कर स्पिरिट की आराधना करे, रूप का तिरस्कार करके अरूप को भजे।

जड़तावादी कहता है कि दिव्य जीवन की कल्पना निरी कल्पना ही है। वह कभी पूरी नहीं होगी। अतएव जब तक जीवित हो, पृथ्वी को स्वर्ग मानकर जियो और इसके आनन्दों का उपभोग करो। वैरागी कहता है कि यह पृथ्वी स्वर्ग बन ही नहीं सकती। स्वर्ग तो तब मिलेगा, जब हम मिट्टी के घेरे से बाहर चले जाएँगे। मगर, इन दो विरोधी समाधानों के होते हुए भी जीवन के अन्तराल में एक अनवरत प्रवाह चल रहा है कि हमें इसी जीवन में स्वर्ग चाहिए जिसे पकड़कर हम अपने साथ रख सकें। हम आत्मा की सत्ता की उपेक्षा नहीं कर सकते, क्योंकि हमारे अस्तित्व की समस्त तिमिराच्छन्न धारा ही हमारी इस बात का खंडन करती है कि विश्व में अन्तर्हित किसी सर्वव्यापी सत्य की सत्ता नहीं है। दूसरी ओर, वैरागियों के आत्महनन की प्रक्रिया का भी हम समर्थन नहीं कर सकते, क्योंकि वह दुखदायी और अत्यन्त कठोर मार्ग है, साथ ही, सफलता के बदले उससे हमें भयंकर परिणाम भी भोगने पड़ सकते हैं। इनमें से दोनों ही मार्ग एकांगी पाए गए हैं और मानवता किसी ऐसे मार्ग के लिए तड़पती रही है जिसमें समन्वय का गहरा पुट हो, जिसमें भोग और वैराग्य, दोनों के लिए स्थान हो, जिसमें मिट्टी की गन्ध और आकाश की सुरभि का सन्तुलित योग हो तथा जो सत्य के किले तक खूब प्रशस्त होकर जा सके।

श्री अरविन्द ने मनुष्यता को व्यथित करनेवाली इस युगव्यापिनी पीड़ा का जो निदान और समाधान दिया है, वह बड़ा ही विलक्षण है। वे मानते हैं कि आधुनिक जड़तावादी दृष्टिकोण ने जिज्ञासा से पीड़ित मनुष्य की अनेक शंकाओं का समाधान करके उसके जीवन के निचले स्तर-सम्बन्धी ज्ञान का भंडार यथेष्ट रूप से बढ़ा दिया है। इसी प्रकार, वैरागियों की वृत्ति ने मनुष्य को संसार के मोह से मुक्त होकर अज्ञात की खोज में निकल पड़ने का साहस प्रदान किया एवं आत्मा की सतह की झाँकी लेने में उसकी सहायता की। किन्तु ये दोनों ही मार्ग सीमित और अपूर्ण हैं। सच तो यह है कि आत्मा का स्वतन्त्र होकर फैलने का दावा उतना ही उचित है, जितना द्रव्य का यह आग्रह कि वह इस प्रसार का साँचा और आधार बनेगा। आधिभौतिक दृष्टिकोण और वैराग्यसाधना, ये दोनों ही एक ही वास्तविकता के दो विरोधी पहलू हैं। किन्तु सर्वव्यापी सत्य तो वह है जो इन दोनों को अपने में समेटकर भी इन दोनों से बहुत आगे तक जाता है। फिर तो इन दोनों में से किसी का भी उसमें कोई अलग अस्तित्व नहीं रह जाता और वह सत्य अपने ही आलोक में अप्रतिम होकर चमकने लगता है। संक्षेप में, यही वह आधार है जिस पर दिव्य जीवन का

महल खड़ा हो सकता है, वह महल जिसमें सत्य, शिव और सुन्दर, तीनों ही अपने-अपने सन्तुलित भाग को पाकर सन्तुष्ट होंगे तथा इसी समन्वय के कारण श्री अरविन्द के पास जड़तावादी एवं वैरागी, दोनों ही प्रकार के लोगों के लिए कुछ देय सन्देश हैं।

इस प्रकार, सर्वव्यापी सत्य वह है जिसके एक छोर पर द्रव्य है और दूसरे छोर पर आत्मा। इस दूरी को श्री अरविन्द ने आठ सोपानों में विभक्त किया है। सबसे निचला सोपान द्रव्य (Matter) है; उसके ऊपर, क्रमानुसार, जीवन (Life), उपचेतन (Psyche), मानस (Mind), अतिमानस (Supermind), आनन्द (Bliss) चेतनाशक्ति (Consciousness-force) और अस्तित्व (Existence) का स्थान है। अस्तित्व का ही नाम सच्चिदानन्द अथवा शुद्ध अस्तित्व है। इस शुद्ध अस्तित्व में ही इच्छा और क्रिया शक्तियों का एकत्र वास है एवं यही आनन्द का चरम बिन्दु है।

महर्षि ने इनमें से प्रत्येक नाम के भीतर एक निश्चित अर्थ रखा है तथा यह बताया है कि मनोविज्ञान के लोक में चेतना इन सब स्तरों पर भ्रमण करती है। दिव्य-जीवन-सम्बन्धी उनके दर्शन का यह भाग अत्यन्त दुरूह है और उसकी गुत्थी, कदाचित्, गुरुमुख से ही सुलझाई जा सकती है। मनुष्य के अगले विकास का लक्ष्य इसी अतिमानस के स्तर तक पहुँचना है, क्योंकि यही मानस निर्मल ज्ञान के मूल-उत्स के आमने-सामने पड़ता है। यह मानस सामान्य मस्तिष्क एवं बौद्धिक विचिकित्सा के बिन्दु से बहुत ऊपर स्थिर है तथा सामान्य मस्तिष्क एवं अतिमानस के बीच अज्ञानता की जो दीवार खड़ी है, उसे तोड़ने के पश्चात् ही मनुष्य अपने अतिमानस के लोक में प्रवेश पा सकता है।

बुद्धिवादी होते हुए भी श्री अरविन्द सामान्य मस्तिष्क में विश्वस नहीं करते। 'लाइफ डिवाइन' में वे कहते हैं कि "मस्तिष्क उसका नाम है जो कुछ नहीं जानता है, जो जानने की कोशिश तो करता है, किन्तु असल में कुछ जान नहीं पाता। उसे जो कुछ दिखलाई पड़ता है वह धूमिल दर्पण में पड़नेवाली धुँधली छाया के समान है। तब भी इस शक्ति का एक उपयोग यह है कि वह सांसारिक व्यवहार के प्रसंग से सार्वभौम सत्य की एक प्रकार की सीमित व्याख्या कर सकती है। किन्तु सार्वभौमिक सत्य का न तो उसे परिचय प्राप्त है और न वह उसका पथ-प्रदर्शन ही कर सकती है।" 'थाट्स एंड ग्लिम्प्सेज' में भी उन्होंने, व्याजान्तर से इसी बात को यह कहके दुहराया है कि "तर्क सहायक था, किन्तु तर्क ही बाधक भी है।" किन्तु उनका विश्वास है कि सामान्य मस्तिष्क के स्तर पर मनुष्य अब अधिक काल तक टिकनेवाला नहीं है। विकास की अगली लहर पर चढ़कर मनुष्य अज्ञानता के प्राचीर को तोड़ डालेगा और सामान्य मस्तिष्क के स्तर से उछलकर वह अतिमानस के चेतना स्तर पर पहुँच जाएगा, जहाँ उसे आयासपूर्वक कुछ जानने की आवश्यकता नहीं रह जाएगी, जहाँ वह उस सर्वज्ञता का स्वामी हो जाएगा जो अतिमानस वाले स्तर से

निःसृत होती है। उस अवस्था के आते ही संसार से वैषम्य दूर हो जाएगा, द्वैत की भावना विनष्ट हो जाएगी और मनुष्य इस विधि-प्रपंच के वास्तविक रहस्य का ज्ञाता हो जाएगा। यही मनुष्य श्री अरविन्द की कल्पना का अतिमानस होगा जिसके अवतार के लिए उन्होंने चालीस वर्षों तक चिन्तन और समाधि की है।

काव्य-सम्बन्धी विचार

साहित्य के लिए यह अत्यन्त सौभाग्य की बात है कि महर्षि अरविन्द ने अपने सिद्धान्त को केवल दार्शनिक रूप में ही अभिव्यक्त नहीं किया, बल्कि उनका तत्त्व कविताओं में भी उपस्थित किया है। यही नहीं, डॉक्टर कजिंस की New ways in English literature नामक पुस्तक की आलोचना के बहाने 'आर्य' में उन्होंने जो लेखमाला शुरू की, वह बढ़ते-बढ़ते उनके काव्य-सम्बन्धी अनेक विचारों और उद्भावनाओं की अभिव्यक्ति हो गई। इस लेखमाला के बड़े-बड़े पैंतीस अध्याय हैं और, अनुमानतः, रॉयल साइज के तीन-चार सौ पृष्ठों से कम में वह नहीं समा सकती है। इस लेखमाला का शीर्षक 'कविता का भविष्य' नहीं होकर 'भविष्य की कविता' अर्थात् The Future Poetry है। यह लेखमाला एक तरह से अरविन्द की काव्य-सम्बन्धी धारणाओं का संक्षिप्त विश्वकोश है और उसमें अंग्रेजी कविता का इतिहास, कला की व्याख्या, अंग्रेजी के प्रख्यात कवियों की आलोचनाएँ, कविता के भविष्य के सम्बन्ध में विचार, लय और गति, शैली और विषय, काव्यात्मक सत्य का सूर्य, कविता का रूप और उसकी आत्मा, आदि विषयों का अत्यन्त मार्मिक और प्रेरक विवेचन किया गया है। इन निबन्धों की भाषा, उनकी शैली की गम्भीर भंगिमा और उनमें व्यक्त अतलस्पर्शी विचार ऐसे हैं, जिन्हें देखकर सहसा यह निर्णय करना कठिन हो जाता है कि अरविन्द विकास के नेता हैं अथवा साहित्य के। क्योंकि जहाँ तक मेरी पहुँच है, मैंने काव्यालोचना के इससे अधिक प्रकाशमान रूप और कहीं नहीं देखे और जब मैं यह कहता हूँ, तब उस उक्ति के घेरे में उन अनेक आलोचकों के नाम आ जाते हैं, जो प्राचीन अथवा नवीन आलोचनाओं के निर्माता कहे जाते हैं तथा जिनके विचारों के प्रकाश में कविता नई राह पकड़ती आई है और आलोचना के मानदंडों में परिवर्तन होता आया है। बड़े ही खेद का विषय है कि ये बहुमूल्य निबंध अभी तक पुस्तकाकार में प्रकाशित नहीं किए जा सके हैं। तब भी मेरा विश्वास है कि जिस दिन यह ग्रन्थ-रत्न प्रकाशित होगा उस दिन साहित्य में एक नई जागृति का आरम्भ होगा और उन लोगों को प्रकाश का एक अप्रतिम प्रस्रवण हाथ लग जाएगा जो साहित्य के नए मानदंडों की खोज के लिए पच्छिम के प्रकांड आलोचकों की रचना-वीथि में घूम रहे हैं।

ऊपर जीवन-दर्शन की व्याख्यावाले प्रसंग में यह संकेतित किया जा चुका है कि

अरविन्द मनुष्य के व्यक्तित्व में दिव्यता भरने की कल्पना किस विलक्षणता से करते हैं। जब यह दिव्य मनुष्य अवतरित होगा, तब उसके व्यक्तित्व की आभा उसके परिवेष्टन को भी प्रभावित करेगी तथा कला और काव्य भी उसके आलोक में नवीन रूप ग्रहण करेंगे। अतएव, जिस रूप में अरविन्द भावी मनुष्य की कल्पना करते हैं, उसी के अनुरूप कल्पना से उन्होंने भावी काव्य को भी मंडित किया है और जिस प्रकार, अरविन्द की कल्पना के अति-मानव की पृष्ठभूमि बहुत दिनों से प्रस्तुत होती आ रही है, उसी प्रकार, उनकी कल्पना की भावी कविता के चिह्न भी विश्व-साहित्य में यत्र-तत्र मिलने लगे हैं।

भावुकता की दूब से उठकर धर्म की डाल पर, और धर्म की डाल से उठकर विचार के शिखर पर कविता ने अब तक, क्रम-क्रम से, तीन नीड़ बसाए हैं; और प्रत्येक नीड़ में बैठकर उसने अपने समकालीन समाज पर अमृत उँड़ेला है। फिर भी यह मानना पड़ेगा कि ये तीनों ही नीड़ कविता की ऊर्ध्वमुखी यात्रा के तीन सोपान रहे हैं और प्रत्येक सोपान अपने समय में इसलिए बना चूँकि तत्कालीन मानवीय चेतना उसी सोपान पर कविता में निखार पा सकती थी।

बहुत काल से कवियों के सम्बन्ध में यह बात पूछी जाती रही है कि वे कविता रचते समय चैतन्य रहते हैं अथवा कोई अज्ञात शक्ति उनसे मनमाने ढंग पर काम लेती रहती है। कुछ लोगों का कहना है कि प्रतिभासम्पन्न लोगों की पहचान यह है कि वे जो कुछ करते हैं, उसका उन्हें सम्यक ज्ञान नहीं रहता। कुछ दूसरे लोग कहते हैं कि परिश्रम से कभी भी क्लान्त नहीं होनेवाला मनुष्य ही प्रतिभाशाली है। किन्तु, अगर विश्लेषणपूर्वक देखा जाए तो पता चलेगा कि प्रतिभाशाली व्यक्ति की विशेषता यह होती है कि वह एक ही समय में कई स्तरों पर जागरूक और चैतन्य रहता है। विशेषतः, कवि के सम्बन्ध में तो यह निश्चित रूप से कहा जा सकता है कि वह एक तो, उस स्तर पर जागरूक है जिससे उसकी प्रेरणा आ रही है और दूसरे, उस स्तर पर भी, जिस पर बैठकर वह उस प्रेरणा को लिपिबद्ध करता है। साहित्य में पूर्ण सफलता के लिए इन दोनों ही स्तरों पर जाग्रत रहना अनिवार्य है; क्योंकि प्रेरणा की धारा का कलकल सुने बिना हम कुछ लिख नहीं सकते और अगर उस ध्वनि को अंकित करनेवाला हमारा यन्त्र कुछ कम जागरूक अथवा अचैतन्य हो तो, स्पष्ट ही, हमारा अंकण असमर्थ होगा। कवि-कर्म की इसी कठिनाई को ध्यान में रखते हुए सुधी आलोचक श्री नलिनीकान्त गुप्त ने कहा है कि श्रेष्ठ कलाकार जागरूक और अजागरूक में से कुछ भी नहीं होकर एक शब्द में 'अतिजागरूक' होता है। किन्तु ऊपर के स्तर का यह जागरण जाग्रत, स्वप्न, सुषुप्ति और तुरीय, चारों अवस्थाओं में कायम रह सकता है। जो समाधि योगी की होती है, उसी प्रकार की समाधि कवि की भी होती है। क्योंकि रहस्यवादी कवि जिस मुद्रा में जाकर अगोचर को छूने का प्रयास करता है, वह बहुत कुछ वही मुद्रा है जिस मुद्रा में देर तक रहकर योगी चराचर

और चेतन-अचेतन, सभी जीवों और वस्तुओं के भीतर निहित चेतना के साथ एकता का अनुभव करता है। काव्य की सफलता के लिए यह आवश्यक है कि कवि ऊपर के स्तर पर प्रेरणा की कलकल ध्वनि से अत्यन्त एकाग्र होकर अपना कान लगाए रहे और निचले स्तर पर पूरी तटस्थता और ईमानदारी के साथ उस ध्वनि को सुयोग्य शब्दों में लिपिबद्ध करता जाए। यह कवि और कारीगर के अपने-अपने स्तर पर पूर्ण रूप से जागरूक रहने का सवाल है। मगर, इसमें बाधाएँ आ सकती हैं। कभी तो ऐसा होता है कि प्रेरणा के तूफान में कवि खुद पत्तों-सा उड़ने लगता है और उसकी कारीगरी ढीली पड़ जाती है। तथा कभी कारीगर ही अपने रंगों पर इतना आसक्त हो जाता है कि कवि की समाधि में शिथिलता आ जाती है। वस्तुतः, सच्चा कवि कोई योगी ही हो सकता है, जो दोनों धरातलों पर जागरूक एवं साथ ही तटस्थ रह सके। प्राचीन काव्य से जो शिक्षा मिलती है और मानवीय चेतना का जैसा विकास हो रहा है, उसे देखते हुए यह उचित दीखता है कि अभिनव कवि योगी की वृत्ति को अपनाए और दो धरातलों पर समान रूप से चैतन्य रहकर अपनी सामग्री और यन्त्र दोनों पर नियन्त्रण रखे; अपने पूर्वजों के समान काव्य-प्रेरणा की उद्दाम लहर में नहीं बहकर क्षण-क्षण यह ध्यान रखे कि जो कुछ वह लिख रहा है, वह ठीक वही चीज है या नहीं, जो उसकी प्रेरणा से आ रही है।

जिसे मैंने भावुकता का सोपान कहा है, वह अरविन्द के अनुसार कविता का आदि सोपान था, जबकि मनुष्य ने ज्ञान का मजा नहीं चखा था; जबकि कविगण यह नहीं जानते थे कि वे क्यों और कैसे लिखते हैं; जबकि वे सिर्फ वायु के स्पर्श का अनुभव करते थे, उसके उद्गम का उन्हें पता नहीं था। यह विश्वकाव्य के उस भाग का जिक्र है जो क्लासिक के पहले रचा गया था। क्लासिक का काल तब आया, जब मनुष्य इस कोरी भावुकता से आगे बढ़ा और संकल्प के द्वारा उसने केवल स्थूल वस्तु ही नहीं, सूक्ष्म मन को भी प्रभावित करना आरम्भ किया। इसी काल में धर्म काव्य का आधार हुआ और कविता उन अगणित सिद्धान्तों, आख्यायिकाओं और कथाओं का आश्रय लेकर आगे बढ़ी जो धर्म के किसी-न-किसी रूप की अभिव्यक्ति करती थीं। क्लासिक के बाद जो काल आया, उसमें कविता के मेरुदंड भी विचार और विज्ञान बन गए। यही हमारा आधुनिक काल है और जिस प्रकार, मानस के स्तर पर ठहरा हुआ मनुष्य अतिमानस में प्रवेश पाकर दिव्य बननेवाला है, उसी प्रकार, उसकी कविता भी विचार से ऊपर उठकर सहजानुभूति की प्रचुरता का उपयोग करके दिव्य और सूक्ष्म रूप धारण करनेवाली है।

यदि आदि काल का कवि केवल भावुक एवं क्लासिक युग का कवि संकल्प और ईषत् आत्म-चेतना से युक्त था, तो आज का कवि आत्म-चेतना के आधिक्य से पीड़ित है। उसकी बौद्धिकता इतनी बढ़ी हुई है कि वह दो स्तरों पर जागरूक रहकर केवल रचना ही करना नहीं चाहता, बल्कि, रचना करते समय वह उसके दोष और

गुण एवं समाज पर होनेवाली उसकी प्रतिक्रिया और प्रभाव का भी मूल्य आँकता जाता है। आज के युग में आदिकालीन, अचेतन कलाकार की कल्पना भी नहीं की जा सकती। आज कलाकार भी वैज्ञानिक हो रहा है। वह जब कोई रचना करता है, तब वह सिर्फ यही नहीं सोचता कि वह क्या रच रहा है, बल्कि उसकी दृष्टि इस बात पर भी रहती है कि वह रचना किस प्रकार से की जा रही है। स्पष्ट ही, इस परिवर्तन के कारण रचना की स्वाभाविकता में कमी आई है, उद्गारों की वह गरिमा क्षीण हो रही है जो पहले थी; किन्तु, इस बात को कोई रोक नहीं सकता। यह बौद्धिक युग का अनिवार्य धर्म है। हाँ, इसका समाधान खोजा जा सकता है और इस समाधान का स्पष्ट आभास हमें महर्षि अरविन्द के 'भावी कविता' नामक निबन्ध में मिलता है।

'भावी कविता' नामक निबन्धमाला में 'काव्यात्मक सत्य का सूर्य' शीर्षक अध्याय के अन्तर्गत महर्षि ने इस प्रश्न पर विचार किया है कि कविता की आत्मा से हम किस प्रकार के सत्य की अपेक्षा रखते हैं। सत्य के सम्बन्ध में हमारी धारणाएँ इतनी विभिन्न हैं कि इस शब्द का कोई निश्चित अर्थ करना अत्यन्त कठिन है। फिर अनन्त काल से यह प्रवाद भी चला आ रहा है कि कवि सत्य नहीं, सौन्दर्य का पुजारी होता है; वह कल्पना का प्रेमी होता है, जो कल्पना सत्य की ही उड्डीयमती दासी और सरस्वती की ज्योतिर्मयी दूतिका है। किन्तु तब भी यह तो नहीं ही कहा जा सकता कि कला प्रकृति की अनुकृति मात्र है। असल में, कला में जो प्रेषणीयता होती है, उसके सहारे कवि उस सत्य का हमें दर्शन कराता है, जो वस्तुओं के बाह्य रूप के भीतर प्रच्छन्न है। इसके ठीक विपरीत यह सिद्धान्त है जिसके आधार पर यह कहा जाता है कि जीवन की ठोस वास्तविकता ही कविता की सामग्री है। जीवन के प्रति पूरी वफादारी निभाने के लिए यह आवश्यक है कि कवि कविता में लय का ऐसा प्रवाह भरे, जो जीवन की वास्तविक मुद्राओं की सच्ची प्रतिध्वनि का प्रतिरूप हो; जीवन की पदचाप जिस रूप में ध्वनित होती है, कविता की लय को उसका पूरा जवाब होना चाहिए। ऐसी कविताओं में सौन्दर्य नहीं, शक्ति प्रधान होती है। ऐसी कविताएँ जीवन का चित्रण ही नहीं करतीं, बल्कि उसके प्रति हमारे हृदय के आवेगों को भी तीव्र कर देती हैं। और तब वह तर्कजनित धारणा आती है जिसके अधीन हम तर्कसम्मत किसी खास कल्पना अथवा रुचि के सत्य को कविता की सामग्री मान लेते हैं। इस धारणा के कितने ही पहलू हैं, जिन्हें हम कविता और दर्शन, कविता और जीवन, कविता और जीवन की आलोचना, आदि विभिन्न सम्बन्धों के नाम से अभिव्यक्त करते हैं।

किन्तु महर्षि कहते हैं कि इनमें से किसी भी सत्य के साथ कविता का कोई लगाव नहीं है। अपने अन्तिम विश्लेषण में, सत्य एक अनन्त शक्ति के रूप में सामने आता है। कल्पना का सत्य से कोई विरोध नहीं हो सकता; क्योंकि वह तो सत्य की

ही एक रंगीन झलक-भर है। कविता, असल में, वही सफल होती है जो सत्य की इस अनन्तता की झाँकी हमें सौन्दर्य में लपेटकर दिखला सके। कविता का सत्य दर्शन, विज्ञान अथवा धर्म का सत्य नहीं है। कवि जब अपने धार्मिक अथवा किसी प्रकार के विश्वास के लिए छन्दों में दलीलें गूँथने लगता है, तभी वह काव्य के अत्यन्त आवश्यक नियम को भंग करने का अपराधी हो जाता है। कविता स्वयं एक स्वतन्त्र धर्म और विश्वास है तथा कवि जब महासरस्वती के सम्मुख उपस्थित होता है, तब उसे अपनी अन्य सारी मानसिक पोशाकों को उतार देना चाहिए। और तब भी यह सत्य है कि दार्शनिक, धार्मिक और वैज्ञानिक की तरह कवि भी उसी वस्तु के सार को कविता के माध्यम से अभिव्यक्त कर सकता है, जिसे दार्शनिक और वैज्ञानिक अभिव्यक्त करते हैं, बशर्ते कि उसमें दार्शनिक, वैज्ञानिक एवं धार्मिक सत्यों को काव्य के सत्य में परिणत करने की क्षमता विद्यमान हो। काव्यात्मक सत्य को अन्य सत्यों से बिलकुल विभक्त करके देखनेवाली इस दृष्टि को महर्षि ने अत्यन्त प्रमुखता दी है, और यह उचित भी है; क्योंकि, यद्यपि, इस विभिन्नता के औचित्य को सब लोग स्वीकार करते हैं, किन्तु उसका पालन अब तक विरले ही लोगों ने किया है। आज की आलोचनाओं में इस विभिन्नता पर खूब जोर देने की आवश्यकता है; क्योंकि आगामी युगों की कविता दर्शन, धर्म और विज्ञान को मथे बिना अपना लक्ष्य सिद्ध नहीं कर पाएगी तथा इस मन्थन के बावजूद उसे इन् सबसे भिन्न अपनी अलग दृष्टि का विकास करना होगा और वस्तुओं के भीतर पैठकर मूल रहस्य को बेधनेवाली अपनी पतली निगाह को और भी तेज बनाना होगा। दार्शनिक शुष्क तर्कों के सूखे प्रकाश में काम करता है और सत्य के भीतर प्रच्छन्न बौद्धिक सामग्रियों का विश्लेषण उसका प्रधान कर्म है। वैज्ञानिक भी बौद्धिक तर्कों के सहारे चलता है तथा अपने गणित की नोंक से परदों को फाड़कर वह अपनी पैनी दृष्टि से तिमिराच्छन्न सत्य को ऊपर ले आता है। किन्तु कवि का मन गतिमान जीवन की पूर्णता का उसकी लय में दर्शन करता है; वह वस्तुओं के चमत्कारी यन्त्र का नहीं, उनमें छिपी हुई आत्मा का ग्राहक है।

It sees at once in a flood of coloured light, in a moved experience, in an ecstasy of the coming of the word, in splendours of forms, in a spontaneous leaping out of inspired idea upon idea.

कविता का उद्देश्य किसी भी प्रकार के सत्य की शिक्षा देना नहीं है; सच पूछिए तो शिक्षा देने का कोई भी कार्य कविता नहीं करती; ज्ञान की साधना, धर्म की सेवा अथवा बड़े-से-बड़े नैतिक उद्देश्य की आराधना में से कोई भी क्रिया कविता का उद्देश्य नहीं है। कवि का काम केवल शब्दों में सौन्दर्य को गूँथकर निर्मल आनन्द की सृष्टि करना है। कविता हमें प्रेरणाभरी दृष्टि देती है; वह गतिमान जीवन का हमें स्पर्श कराती है और अन्त में वह इस स्पर्श के द्वारा हम में कम्पन और उल्लास भरती

है, किन्तु, यह कम्पन और उल्लास केवल रोम-कूपों में ही नहीं, हमारी आत्मा के गुह्यतम स्तर पर होना चाहिए।

अंग्रेजी-कविता के ठीक पिछले युग पर दृष्टिपात करते हुए श्री अरविन्द ने कहा है कि कविता का यह युग बौद्धिकता के अतिसेवन का काल था। 19वीं शताब्दी के मध्य के अंग्रेजी-कवि विचारों के कवि थे तथा उनकी प्रेरणा समस्याओं पर चिन्तन करने से आती थी। इंग्लैंड और अमेरिका के तत्कालीन महाकवियों ने बड़ी ही आवेशमयी भाषा में जीवन की आलोचना की है; दर्शन की व्याख्या और नैतिक विश्लेषण के द्वारा उन्होंने मनुष्य को बड़े-बड़े उपदेश दिए हैं और इसमें कोई सन्देह नहीं कि उनकी रचनाएँ बड़ी ही सुन्दर एवं सुसंस्कृत उतरी हैं। ऐसा लगता है, मानो, ठोस जीवन को छोड़कर उनके सामने कोई और विषय ही नहीं था। किन्तु, यह सब होते हुए भी वे जीवन के सफल प्रतिनिधि नहीं बन सके और न उच्च काव्यात्मकता के साथ वे जीवन की आलोचना ही कर सके; उनमें वस्तुओं की तह में पैठकर देखनेवाली दिव्य दृष्टि नहीं मिलती; ऐसा भासित नहीं होता है कि वे सत्य के किसी गम्भीर एवं महान दृश्य से आन्दोलित होकर ऊपर उठ सके हैं। इन कवियों की कविताओं का वातावरण बोझिल दीखता है और ऐसा लगता है, मानो, कोई अधिक शक्तिशालिनी रचनात्मक प्रवृत्ति उसके भीतर से जन्म लेने की चेष्टा में बेचैन हो। आगे जो कवि आए उन्हें जीवन का कुछ अधिक सामीप्य प्राप्त था, किन्तु उन्हें भी इस वातावरण के भार के नीचे ही काम करना पड़ा और उनकी साँसों में भी जगह-जगह पर अप्रिय गाँठें नजर आती हैं। यह कविता विकास का गतिरोध है जिसके निराकरण की व्यवस्था अवश्य की जानी चाहिए। मानवीय आत्मा की पुकार है कि नई जमीन पर जो नया जमाना उतर रहा है, उसमें, केवल कविता में ही नहीं, बल्कि, विचार और आत्मा में भी तर्क और आलोचनात्मक बुद्धि के अत्याचार में कमी की जानी चाहिए। इस अत्याचार को हटाए बिना हम जीवन की शक्ति और जिन्दगी की वफादारी के पास फिर से लौट नहीं सकेंगे।

'विजन' अथवा अदृश्य को देखने की क्षमता कवि की मुख्य-शक्ति है। प्राचीन काल में कवि का अर्थ ही द्रष्टा एवं सत्य को प्रत्यक्ष करके दिखलानेवाला समझा जाता था। कवि हमारे भीतर एक आन्तरिक लोचन का उद्घाटन करता है। किन्तु इसके लिए यह आवश्यक है कि उसकी अपनी आन्तरिक दृष्टि भली-भाँति पुष्ट और विशाल हो। बड़े-से-बड़े कवियों में पारस्परिक भेद चाहे जो भी रहे हों, किन्तु एक बात में वे सब समान थे कि उनमें से प्रत्येक में किसी-न-किसी मात्रा में सहज ज्ञान (Intuition) के बल पर उस दृश्य को देखने की क्षमता विद्यमान थी जो न तो चर्मचक्षुओं से देखा जा सकता है और न जिसकी तर्क की भाषा में व्याख्या ही की जा सकती है। किन्तु आज के युग में काव्य में विचारशीलता का मूल्य अत्यधिक वृद्धि पर है। हम जिस युग में जी रहे हैं वह बौद्धिकता से पीड़ित युग है। उसकी प्रजाएँ

जीवन और विश्व को लेकर अनेक विचारों में उलझी हुई हैं और यह भी सच है कि इस उलझन से मनुष्य जो संघर्ष कर रहा है, उसे परिणामस्वरूप उसकी बुद्धि का भंडार दिनोदिन विशाल होता जा रहा है। यह इस बौद्धिकता का ही प्रभाव है कि हम अपने कवियों से भी यही अपेक्षा रखने लगे हैं कि उनके पास हमारी जिज्ञासा-पीड़ित बुद्धि के लिए कोई सन्देश है या नहीं। यही कारण है कि आलोचनाओं में 'कवि का दर्शन' जैसी चर्चा दिन-प्रतिदिन बढ़ती जा रही है। यह ठीक है कि एक अर्थ में कवि भी द्रष्टा और दार्शनिक होता है। किन्तु, यह आवश्यक नहीं कि उसका दर्शन बौद्धिक हो अथवा उसके पास मानवता के लिए कोई बुद्धिगम्य सन्देश हो।

सन्देश या उपदेश देने की प्रवृत्ति संसार में नई नहीं है। और पिछले युगों में तो सत्काव्य एवं उपदेशवृत्ति के बीच का भेद लोगों पर भली-भाँति प्रकट भी नहीं हुआ था। परिणाम यह हुआ कि अत्यन्त शक्तिशाली कवियों ने भी कभी-कभी दर्शन की सरणी को संगीत में बाँधना शुरू किया; यही नहीं, बल्कि, हेसोड और वर्जिल जैसे महाकवियों ने भी कृषि के नियमों को पद्यों में लिखने में कोई हिचकिचाहट नहीं दिखलाई। लेकिन, इसका जो नतीजा निकला वह बाद की पीढ़ियों के लिए एक चेतावनी है। शायद, भारत ही एक ऐसा देश है, जहाँ ऐसे प्रयास, गीता और उपनिषद् के रूप में एक-दो बार सफल हो सके। किन्तु इसे तो हम एक प्रकार के घुणाक्षर न्याय का ही परिणाम कहेंगे, अन्यथा विचारों और उपदेशों के लिए कविता का उपयोग करना एक भयंकर प्रयोग है। उपदेश की प्रवृत्ति बाद के साहित्य में भी बढ़ी है और आज भी वह न्यून नहीं हो पाई है। सच पूछिए तो आर्नाल्ड ने कविता को जो जीवन की व्याख्या कहा, श्री अरविन्द के अनुसार, कविता की उससे अधिक भयानक परिभाषा हो नहीं सकती। काव्य में बौद्धिक पीड़ा के और भी कितने ही लक्षण वर्तमान हैं, जिन्हें हम लोग भली-भाँति देख रहे हैं। इसलिए इस बात पर बार-बार जोर देना आवश्यक है कि कविता की अपनी शक्ति का निवास उसकी अदृश्य को दृश्य बनानेवाली क्षमता में है, बुद्धि के कौशल अथवा प्राचुर्य में नहीं। कविता की खैरियत इसी में है कि वह विजन (Vision) पर अड़ी रहे। कविता के भाव, आवेग और विचार तथा उसके चित्रण और निर्माण की समस्त प्रक्रिया को कल्पना के भीतर से उठना चाहिए अथवा यदि उसका आरम्भ बाहर होता हो तब भी उसकी परिणति कल्पना में ही की जानी चाहिए। कवि को बहुत-से उपदेश दिए जाते हैं और इन उपदेशों से, अकसर, उसकी उलझन ही बढ़ती है। किन्तु, तब भी एक बात है जिससे कवि को कभी भी विचलित नहीं होना है और वह यह कि उसे इसका व्रत ले लेना चाहिए कि वह उन शब्दों के परे पहुँचेगा, जो उसकी कविता में आते हैं। वह उन चित्रों का अतिक्रमण करेगा, जो उसकी उक्ति को सजीव बनाते हैं। वस्तु के जिस रूप की झाँकी वह अपनी कविता में अंकित करता है, वह रूप कवि के लिए सीमा या बन्धन का निर्माण नहीं करे, प्रत्युत कवि को अपनी दृष्टि

बराबर उस रूप के परे रखनी चाहिए।

किन्तु जीवन का हर एक पहलू युग के अनुसार बदला करता है तथा ऊपर जिस 'विजन' या कल्पना की चर्चा की गई है वह भी युग के अनुरूप ही रूप ग्रहण करती है। आदियुगीन मानव की दृष्टि आधिभौतिक दृश्यों पर थी, उसकी दिलचस्पी उसी दुनिया से थी जो उसके आसपास फैली हुई थी एवं जीवन की जो स्पष्ट कथा थी; मनुष्यों में जो प्राथमिक आवेग और विचार थे, उन्हीं में उसे रस भी मिलता था। बाद को चलकर, वह अपनी भावनाओं को बौद्धिक रूप देने लगा, किन्तु उसके विषयों का स्तर वही रहा, जो पहले था। गोचरमन और भीतर से कल्पना को अपील करनेवाली सबल कविता और बुद्धि के समीप जीवन की व्याख्या करनेवाले अनेक सुन्दर काव्य इन्हीं युगों की रचनाएँ हैं। इससे ऊँचा स्तर तब आता है, जब मनुष्य जीवन के पीछे काम करनेवाली प्रच्छन्न शक्तियों का परिचय कुछ अधिक सामीप्य के साथ पाने लगता है। सभी मनुष्यों की तरह कवि का चर्मचक्षु भी इन रहस्यों को देख नहीं पाता। किन्तु सहज ज्ञान के सहारे वह उसका जिस रूप में अनुभव करता है, उसे संकेत की भाषा में वह इस ढंग से व्यक्त करता है, मानो यह दृश्यजगत किसी बड़े विश्व का खंड हो, मानो, हम छोटे-छोटे मनुष्य किसी महान वास्तविकता के अंश हों। इससे भी कहीं ऊँचा स्तर वह है जहाँ वस्तुओं के भीतर छिपी हुई रूह मनुष्य के पास चली आती है तथा इस दृश्यजगत के परे वाला विश्व उसकी आँखों के सामने निरावृत होने लगता है। किन्तु कविता के भीतर बसनेवाली सारी शक्तियाँ तो उस दिन उन्मुक्त होंगी जब समग्र आध्यात्मिक जगत ही कवि के अधिकार में होगा और वह उस युग और जाति का प्रतिनिधि होकर गाएगा, जो युग विराट के रहस्योद्‌घाटन के किनारे पर खड़ा होगा।

शब्द और लय में आवेश की तीव्रता भरने से ही कवि के कर्तव्य की इतिश्री नहीं हो जाती, उनमें उसे अपनी कल्पना की सजीवता और सघनता को भी स्थान देना चाहिए। किन्तु, इसके लिए यही काफी नहीं है कि कोई कवि असाधारण रूप से दिव्य दृष्टिवाला हो, प्रत्युत काव्य की इस सफलता का जिम्मा युग और जाति के मानसिक विकास पर भी है। इस कोटि की कविता उसी परिमाण अथवा अनुपात में लिखी जाएगी, जिस अनुपात में समाज के विचार और अनुभूति का विकास होगा; जिस अनुपात में समाज में संकेतों और प्रतीकों की संख्या एवं अर्थगर्भता की वृद्धि होगी तथा जिस अनुपात में समाज के हृदय में आध्यात्मिक अनुभूतियों की पूँजी एकत्र होगी। केवल सामाजिक ही नहीं, आध्यात्मिक कवि भी अपने ही समय की उपज होता है।

जीवन जिस अविश्लिष्ट लय की लपेट में चल रहा है, कविता उसी लय की श्रव्य स्वर-लहरी है; वह जीवन के भीतर प्रच्छन्न संगीत का बाहरी नाद है; किन्तु, सदैव स्मरण रखना चाहिए कि यह नाद जीवन के अन्तराल से आता है, उसकी ऊपरी सतह

से नहीं। कवि जब अपने-आपके अत्यन्त समीप होता है, तब निश्चित रूप से वह दृश्य को छोड़कर अदृश्य में उतर जाता है और यहीं से वह जो कुछ बोलता है, वह सार्वभौम सत्य का गुंजार बन ज़ाता है। मनुष्य-जाति अपनी यात्रा सदैव सतह पर शुरू करती है और वह बराबर वस्तुओं की तह को अपना निशाना बनाए उनके भीतर धँसती जाती है और इसी क्रम से मनुष्यता आध्यात्मिक जीवन की ऊँचाई की ओर बढ़ती रहती है।

अरविन्द के मतानुसार कविता में वस्तुवाद अथवा जीवन के स्पष्ट और सीधे चित्रण की माँग करना अत्यन्त अनुचित कार्य है। वे कविता को इस योग्य नहीं मानते। उनका विश्वास है कि मानव-मस्तिष्क की कोई भी बड़ी शक्ति इस कार्य को सम्पन्न करके अपने-आपसे प्रसन्न नहीं हो सकती। विशेषतः आगामी युग की कविता तो वस्तुओं के बाह्याकार तक रुकनेवाली ही नहीं है; और वह इसलिए कि बाहर जो कुछ दीखता है, वही जीवन की सम्पूर्णता का प्रतिमान नहीं है। यह सच है कि प्राचीन काव्य में भी वस्तु के भीतर निहित अज्ञात रहस्यों की व्याख्या की गई है, किन्तु इस व्याख्या के साधन, प्रधानतः कथा-कहानी और कृत्रिम प्रतीक रहे हैं। किन्तु अब दिव्य सत्यों की बड़ी-से-बड़ी गहराइयाँ भी मानव मन के सामने निरावृत्त होनेवाली हैं। अतएव कविता में कथा-कहानी के प्रतीकों का महत्त्व दिनोदिन कम होता जाएगा और जिस विश्व के सम्बन्ध में पहले संकेत किए जाते थे, उसका अब आँखोंदेखा वर्णन काव्य में उपस्थित करना होगा। महर्षि कहते हैं कि सभी जीवन, असल में, एक है और एक नया मानव-मन इस एकता की अनुभूति के लिए आगे बढ़ रहा है। हमारे वैयक्तिक अस्तित्व, सारी प्रकृति, समग्र सृष्टि और स्वयं परमात्मा के बीच जो एकत्व का सूत्र परिव्याप्त है, उस सूत्र की अनुभूति ही अगले युग की वास्तविक अनुभूति होगी और जो कविता इस एकत्व को ध्वनित करेगी वह हमारे पार्थिव जीवन की वास्तविकता को न्यून करने के बदले उसे कुछ और प्रखर ही बनाएगी। उस कविता के द्वारा आनन्द और भी समृद्ध होगा, जीवन की व्यापकता और भी वृद्धि और प्रसार पाएगी तथा मनुष्य का व्यक्तित्व और भी प्राणपूर्ण एवं गतिमान हो जाएगा।

The future poetry will be the voice and rhythmic utterance of our greater, our total, our infinite existence and will give us the strong and infinite sense, the spiritual and vital joy, the exalting power of a greater breath of life.

कविता को श्री अरविन्द मनोवैज्ञानिक प्रक्रिया मानते हैं तथा उनका विचार है कि काव्य के विकास अथवा उसकी प्रगति का मूल्य आँकने में यह जिज्ञासा प्रधान नहीं है कि उसकी टेकनिक किस रूप में बदल रही है, बल्कि, यह कि उसके भीतर किस धरातल की चेतना अपना बिम्ब फेंक रही है। मनुष्य का मानसिक धरातल,

उसके मन की दिशा, उसकी आत्मा की जागृति, ये ही चीजें प्रधान हैं; क्योंकि इन्हीं की अभिव्यक्ति के लिए भाषा, छन्द और शैलियाँ अभिनव रूप धारण करती हैं। इसलिए, यह आवश्यक है कि कविता मानवात्मा के उत्तरोत्तर होनेवाले विकास का साथ दे और चित्रण की सामग्रियों के मोह में पड़कर वह आत्मा की सहज अभिव्यक्ति के मार्ग में कोई रुकावट नहीं डाले।

श्री अरविन्द मानते हैं कि भावी कविता कल्पना और पांडित्य से नहीं प्रत्युत, सीधे सुसंस्कृत कवि की आत्मा से जन्म लेगी। ह्विटमैन, कारपेंटर, ए.ई. और रवीन्द्र की कविताओं में अभिव्यक्ति की जो वेदना है, वह इसी आगामी कविता की जन्म-पीड़ा की सूचना देती है।[1] कविता की प्रगति का इतिहास, वस्तुतः, मनुष्य के सांस्कृतिक मानस के विकास का इतिहास है। बहुत नीचे से बढ़ता-बढ़ता मनुष्य का यह मस्तिष्क अब बौद्धिक स्तर तक पहुँच गया है। प्रश्न यह है कि इस प्रगति के क्रम में मानव-मन और आगे बढ़ेगा अथवा वह मनोविज्ञान की किसी अदृष्ट झुरमुट की ओर भटककर कहीं खो जाएगा। श्री अरविन्द के मतानुसार मनुष्य का अगला कदम आध्यात्मिकता की ओर होना चाहिए; क्योंकि बुद्धि के ठीक आगे वाला स्तर अतिमानस और आध्यात्मिकता का ही स्तर है। जिस धार्मिक युग को हम पीछे छोड़ आए हैं, उसे श्री अरविन्द निचले स्तर की चीज मानते हैं और उनका कहना है कि वह धार्मिकता आगामी आध्यात्मिकता का पर्याय नहीं होगी। असल में, वह धार्मिकता बौद्धिक जिज्ञासाओं और अनुसन्धानों के नीचे ध्वस्त हो चुकी है। आगे की आध्यात्मिकता उसकी उपेक्षा सर्वथा भिन्न, नवीन और सूक्ष्म वस्तु होगी; प्रायः, वह उस बौद्धिकता से ही नवनीत के रूप में निकलेगी, जिसके प्रकाश में मानवता अब तक चलती रही है तथा जिसके भार के नीचे वह अब कुछ छटपटाने भी लगी है। अगर मनुष्य ने अपने सामने के आध्यात्मिक लक्ष्य को स्वीकार नहीं किया तो वह बौद्धिकता के चरखे से निकलनेवाले सूत के आवर्तों में पड़कर रह जाएगा; क्योंकि इस सूत्र का अब कोई और अगला छोर नहीं है। अथवा यह भी हो सकता है कि सभ्यता पीछे की ओर खिसककर बुद्धि के उस गर्त में गिर जाए, जिसे हम बौद्धिक बर्बरता की खाई कह सकते हैं।

बौद्धिकता के स्तर से निकलकर आध्यात्मिकता के शिखर तक पहुँचने में कविता मनुष्य की असीम सहायता कर सकती है, श्री अरविन्द का यह विश्वास उनके सभी निबन्धों से सहज ही फूटा पड़ता है। किन्तु इस कविता को अत्यन्त सूक्ष्म और बेधक रूप लेना पड़ेगा। वह बहुत कुछ मन्त्रों के समान सुगठित और ज्योतिपूर्ण होगी। उन्होंने एक स्थान पर यह कहा भी है कि काव्यात्मक विचार और अभिव्यक्ति के

---

1. श्री अरविन्द ने इलियट और एजरा पौंड की रचनाओं का विश्लेषण नहीं किया है तथा आलोचना के सिलसिले में वे उन कवियों का उल्लेख अधिक करते रहे हैं जो रोमांटिक मनोदशा से पीड़ित थे। श्री अरविन्द की अपनी रचनाओं में भी रोमांटिक भावुकता का दोष बहुत है।

सर्वोच्च एवं सर्वाधिक सघन (Intense) माध्यम मन्त्र ही हैं। मन्त्रों की रचना वह करता है जिसके देखने का अर्थ प्रच्छन्न भेदों का देखना, जिसके सोचने का तात्पर्य अदृश्य और अगोचर का साक्षात्कार एवं जिसकी अनुभूति का अभिप्राय आत्मा, परमात्मा, मनुष्य, प्रकृति, विचार, अनुभूति और कार्य के बीच एकत्व की अनुभूति होती है। देखने और सुनने में भेद नहीं है; सार्वभौम सत्य की अनुभूति में एक इन्द्रिय जाग्रत और अन्य इन्द्रियाँ सुप्त नहीं रहतीं। सार्वभौम सत्य की अनुभूति एक साथ सभी इन्द्रियों से की जाती है। कानों के लिए जो लय है, आँखों के लिए वही रूप बन जाता है। इसीलिए मन्त्रों के द्वारा हमारा मन जिस रूप का दर्शन करता है, वही रूप संगीत बनकर हमारी सम्पूर्ण आत्मा में व्याप्त हो जाता है। किन्तु कविता मन्त्र-पद को तभी प्राप्त करती है, जब वह अत्यन्त निगूढ़ सत्य के अन्तराल से प्रकट होती है और उस सत्य के भीतर संगीतमयता की जो अपार शक्ति है, उससे भली-भाँति संवलित होती है।

श्री अरविन्द की दृष्टि में भावी कविता का अत्यन्त परिष्कृत रूप मन्त्र ही होगा। किन्तु, वे यह नहीं मानते कि इस प्रकार की कविता दूर से आनेवाली अस्फुट तान के समान अस्पष्ट अथवा नीचे से बहुत ऊँचाई पर दीखनेवाली ज्योति के समान धूमिल होगी। इसके विपरीत, उनका कहना है कि यह कविता दूरस्थ को भी समीप लाकर दिखलाएगा, अतीत में जो कुछ कहा जा चुका है, उसे भी अपूर्व सौन्दर्य और चमत्कार से कहेगी तथा क्षणिक और शाश्वत का भेद नहीं मानकर वह सभी प्रकार के विषयों को एक नई विभा में नहलाकर मनुष्य के जीवन को समृद्ध करेगी। उड़कर वह बहुत ऊँचा भी जाएगी। किन्तु, मिट्टी का वह तनिक भी अनादर नहीं करेगी। वह पृथ्वी को अपना वास-स्थान मानते हुए भी उन अनेक अन्य वास्तविकताओं को भी अपना विषय बनाएगी जो मनुष्य के जीवन और व्यक्तित्व पर प्रभाव डालनेवाली हैं। संक्षेप में, सांत और अनन्त, विश्व के दोनों ही रूप उसके साम्राज्य के अन्तर्गत होंगे।

काव्य-कृतियाँ

सामान्य मानसिक स्तर से मनुष्य का अतिमानस की भूमि पर सम्भावित प्रवेश श्री अरविन्द के दर्शन का निचोड़ मालूम होता है। और इसी के अनुरूप वे भावी कविता की भी अतिमानस के क्षरण के रूप में ही कल्पना करते हैं। सम्भवतः, अपनी साधनाओं के द्वारा वे उस धरातल पर पहुँचकर विराजमान हो चुके थे जो मानव-जाति का अगला निर्दिष्ट स्थान है और उस स्तर से उन्होंने काव्य की जो किरणें फेंकी हैं, वे सचमुच ही, अद्भुत और महान हैं तथा यद्यपि उस काव्य का सम्पूर्ण अर्थ सब पर नहीं खुलता, तथापि उनमें अभिव्यक्ति के लिए जो बेचैनी और उनके कथन की

भंगी में जो चमत्कार है, वही उस बात का प्रमाण बन जाता है कि श्री अरविन्द किसी ऐसी अनुभूति को रूप देना चाहते हैं जो अब तक अछूती और अव्यक्त रही है।

श्री अरविन्द की कविताएँ उस अर्थ में धार्मिक नहीं हैं जिस अर्थ में हम धार्मिक कविताओं को पहचानने के आदी रहे हैं। ये कविताएँ दार्शनिक भी नहीं कही जा सकतीं; क्योंकि श्री अरविन्द भी अन्य कितने ही सुधी आलोचकों के समान दर्शन को काव्य का पर्याय नहीं मानते। वे सामान्य अर्थ में बौद्धिक भी नहीं हैं; क्योंकि उनके भीतर ऐसे अनेक सम्बन्धों की ओर निर्देश है जिन्हें सामान्य बुद्धि ग्रहण नहीं कर सकती। और सबसे विस्मय की बात तो यह है कि इन कविताओं को हम रहस्यवाद की कोटि में भी नहीं रख सकते; क्योंकि रहस्यवादी कवियों में मस्ती, अक्खड़पन और सांकेतिकता चाहे जितनी भी मिले, उनकी वाणी किसी अधूरी अनुभूति का उद्घोष मालूम होती है। उनकी कविताओं को पढ़कर मन पर कुछ ऐसा प्रभाव पड़ता है, जैसे वे जो कुछ देखते हैं, उसे भली-भाँति समझ नहीं पाते; जैसे उनके विजन (Vision) की झाँकी खुद उनके लिए भी धुँधली रह गई हो; जैसे वे जो कुछ कहना चाहते हैं, उसके उपयुक्त भाषा का उनके पास अभाव हो। इसके विपरीत, श्री अरविन्द की वाणी के पीछे विश्वास की प्रबलता के दर्शन होते हैं। अपनी आध्यात्मिक अनुभूतियों का चित्र उपस्थित करने का उनका ढंग सर्वथा विलक्षण और नवीन है। इन अनुभूतियों के ऊपर मानवीय संकेतों, प्रतीकों और रूपकों का परिधान नहीं है। वे दैनिक जीवन के चित्रों और अलंकरणों से काम नहीं लेते। ऐसा मालूम होता है, मानो, वे अपनी निगूढ़ अनुभूतियों को बिलकुल नग्न रूप में ही उपस्थित कर रहे हों। सत्य में जो एक प्रकार की रुखाई और तिग्मता होती है, उसे वे कम करने की कोशिश नहीं करते; आदमी साहित्य में आकर जिस मिठास के लिए जीभ फैलाने का आदी हो गया है, उस मिठास का एक कण भी श्री अरविन्द की उक्ति में नहीं मिलता। वे पाठकों को प्रसन्न करने की इच्छा से, उनके दिलों को गुदगुदाकर जगाने के अभिप्राय से अथवा रंगीनी दिखाकर उन्हें अपनी ओर आमन्त्रित करने के विचार से अपनी कविताओं में कभी भी किसी प्रकार के मिश्रण (adulteration) को स्थान नहीं देते। अनुभूति वे वही लिखते हैं जो सोलह आने उनकी अपनी है और उनकी शैली को भी केवल इसी का ध्यान है कि जो कुछ वह लिखना चाहती है, वह ठीक-ठीक लिखा जा रहा है या नहीं। उनके विचार अत्यन्त सुघर, उनकी भावना पूरी तरह तराश खाई हुई और उनकी शैली शक्ति और प्रकाश से पूर्ण होती है। इसमें कोई सन्देह नहीं कि 'भावी कविता' नामक निबन्ध में उन्होंने कवि-कर्म की जाँच जिस धरातल पर की है, उस धरातल पर उनकी कविता बहुत दूर तक खरी उतरती है।

यह कविता का सौभाग्य है कि श्री अरविन्द ने उसे अपनी अनुभूतियों का वाहन चुना और चूँकि मानव के अगले विकास की प्रक्रिया को तेज करने में उन्होंने काव्य की सत्ता को स्वीकार किया है, इसलिए, आशा की जानी चाहिए कि अगले युग में

कविता एक बार फिर मानवात्मा की सबसे अधिक शक्तिशालिनी अभिव्यक्ति के रूप में प्रतिष्ठित होगी। किन्तु क्या श्री अरविन्द उसी अर्थ में कवि हैं जिस अर्थ में संसार के कोने-कोने में कवि रोज ही पैदा होते और रोज ही मरते रहते हैं? ऐसा मान लेना तो सभी मनुष्यों को ठीक उसी अर्थ में मनुष्य मान लेना है, जिस अर्थ में गांधीजी अथवा श्री अरविन्द भी मनुष्य थे। श्री अरविन्द के काव्य और काव्य-सम्बन्धी निबन्धों से कवि का जो रूप प्रकट होता है, वैसा कवि आज कहाँ है और सम्पूर्ण विश्व के सारे इतिहास में कितने ऐसे कवि हुए हैं, जो श्री अरविन्द के मापदंड पर खरे उतर सकते हैं? कल्पना और उपकल्पना के सहारे, स्मृति के कोष में से फूलों और कलियों, तरुणों और तरुणियों, खद्योतों और सितारों तथा इन्द्रधनुष और बादलों को चुन-चुनकर कविता के घेरे को सौन्दर्य से खचाखच भरकर बहुत से लोग कवि कहला गए; मगर, यह तो बाजार से दो-चार हीरे, मोती और ज्यादातर रंगबिरंगे काँच के टुकड़े खरीदकर शीशमहल तैयार करने के समान है। और क्या इस महल में जीवन का वह देवता वास करेगा, जिसे बसाने के लिए साधना का सारा प्रयास है? संसार में ऐसे कवि कम हुए हैं, जिन्हें अपनी अनुभूति की सच्चाई पर पूरा विश्वास था और जो संसार को अमिश्रित रूप में केवल अपनी अनुभूति ही देना चाहते थे। अधिक तो ऐसे ही हुए हैं, जिनमें अनुभूति कम, रंगों का मोह और गाने की फिक्र अधिक थी; जो अपनी प्रज्वलित अनुभूति से छूकर दूसरों के हृदय को दीप्त करने से अधिक सुननेवालों को प्रसन्न करने के लिए ही आतुर थे। जो कवि हमें अपनी तसवीरों की रंगीनी दिखाकर तथा अपनी मीठी तान सुनाकर हमसे वाहवाही लेने आता है, वह भला यह कैसे समझ पाएगा कि कवि का कर्म कविता दिखाना नहीं, प्रत्युत कविता के भीतर से कुछ और दिखाना होता है?

नारियों के कुन्तल-जाल और उनकी आँखों की मदिरा की अपेक्षा मनुष्य की सामाजिक मुक्ति की समस्या कहीं श्रेष्ठ और महान विषय है; किन्तु, सबसे महान विषय तो, शायद, यही हो सकता है कि हम कौन हैं? कहाँ से आए हैं? जन्म के पूर्व हम कहाँ थे और मृत्यु के पश्चात् हम कहाँ जाएँगे? तथा यह नाना नामरूपमय विश्व कहाँ से उछलकर हमारे सामने आ गया है? किन्तु, सदियों से मनुष्य को सरसता और माधुर्य के सेवन की बान पड़ गई है। पीढ़ी के बाद पीढ़ी के कवियों और आलोचकों ने मनुष्य को यही शिक्षा दी है कि कविता नर-नारी के सामान्य प्रेम में है, कविता कामना की ज्वाला और वेदना के अश्रु में वास करती है तथा कविता के मानी फूल और चाँदनी है।

Poetry has been treated as the expression of human joys and sorrows—the tears of mortal things of which Virgil spoke. The savour of Earth, the thrill of the flesh has been too sweet for us and we have forgotten other sweetnesses.

—N.L. Gupta

फूल और चाँदनी, नर और नारी, कामना और वेदना, कविता में इनमें से किसी के भी आगमन का निषेध नहीं है। किन्तु इंसानियत के निचले तबके की सनसनाहट और सतह पर के बुलबुलों से खेलनेवाला कवि अगले युग में नहीं ठहरेगा। यह तो बौद्धिकता से भी निचले स्तर की क्रीड़ा है। श्री अरविन्द के मतानुसार तो अतिमानस की भूमि पर पहुँचकर दिव्यता का गान गानेवाला कवि ही अगले युग का प्रतिनिधि होगा।

'उत्तरा' की भूमिका में पं. सुमित्रानन्दन पन्त ने संसार के अन्य चिन्तकों और दार्शनिकों को ऊँट तथा श्री अरविन्द को पहाड़ कहा है। इस उक्ति से साधारणतया लोग घबराते हैं और उन्हें यह भ्रम सताने लगता है कि हो-न-हो, यह सम्पूर्ण सत्य नहीं, प्रत्युत, वैयक्तिक श्रद्धा की अभिव्यक्ति है। किन्तु एक बार श्री अरविन्द के साहित्य-शिखर के पास पहुँचने पर बड़े-बड़े दिग्गजों का धीरज डोलने लगता है और ज्यों-ज्यों वे अरविन्द-साहित्य के ऊपर चढ़ने का प्रयास करते हैं, त्यों-त्यों उन्हें यह आप-ही-आप विदित होने लगता है कि अरविन्द सचमुच पहाड़ हैं—एक ऐसा ऊँचा पहाड़ जिस पर स्वर्ग से उतरनेवाली किरण सबसे पहले आती है तथा जिसकी गुफाओं एवं दरारों में जीवन के अनेकानेक भेद छिपे हुए हैं। और, जैसा कि श्री सेठना ने कहा है, "इस पर्वत की सबसे बड़ी चोटी कविता की ही चोटी है।" श्री अरविन्द जन्मजात कवि थे तथा अपनी जवानी के दिनों में भी उन्होंने जो कविताएँ लिखीं, वे परम्परा से सर्वथा भिन्न और किसी नवीन सन्देश की आभा से आभासित थीं। एक मान्यता रही है कि मनुष्य कविता के माध्यम से अपना विकास कर सकता है; किन्तु, कविता को अरविन्द ने अपने विकास नहीं, प्रत्युत, आध्यात्मिक अनुभूतियों के दान का माध्यम बनाया। शायद, इकबाल ने कहा था कि कविता जीवन तक पहुँचने का सबसे सीधा और कम दूरीवाला मार्ग है; मगर अरविन्द जीवन तक कदाचित् योग के द्वारा पहुँचे। फिर भी, अन्य असंख्य मानवों को जीवन तक पहुँचाने के लिए वे कविता का अधिक-से-अधिक आश्रय लेते गए। सर्वव्यापी सत्य का उद्गार सूर्यमंडल से आने पर भी धुँधला होता है; जीवन के भीतर जो सबसे बड़ी शक्तियाँ प्रच्छन्न हैं, वे संकेतों की भाषा में अभिव्यक्त होती हैं। यह सबके अनुभव की बात है कि जिस उद्गार से हमारे प्राणों में आलोक का ज्वार-सा उठने लगता है, उसमें स्वयं एक प्रकार की धूमिलता होती है। इसलिए, ऐसी अभिव्यक्तियों का सहज माध्यम कविता ही हो सकती है और जिस कवि में योग की जितनी ही सघन मुद्रा का विकास होता है, उसकी वाणी उतनी ही अधिक धूमिल और धूमिल होते हुए भी आत्मा में उतना ही अधिक प्राणवान आलोड़न मचानेवाली होती है।

श्री अरविन्द को कविता, कदाचित्, पारिवारिक विरासत के रूप में मिली थी, क्योंकि उनके भाई श्री मनमोहन घोष भी अच्छे कवि थे। और, दोनों भाइयों पर यूनान के आचार्य कवियों का पूरा प्रभाव था। यूनानी काव्य का प्रभाव तो श्री अरविन्द की कविता पर इतना अधिक पड़ा है कि कितने ही आलोचकों का विचार है कि कारीगरी

और मनोदशा की दृढ़ता में वे बड़े-से-बड़े यूनानी कवियों की पंक्ति में रखे जा सकते हैं। उनकी कविताओं में आनेवाले चित्रों में जो संगतराशी मिलती है, वह, प्रायः, यूनानी संगतराशों की कला का ही पर्याय है। ढाँचे की खूबसूरती, समृद्धि की प्रचुरता में, कल्पना जहाँ क्षणभर विलास करने की ओर प्रेरित हो वहाँ भी तटस्थता एवं संयम का भाव तथा अलंकरण और रीति का सहारा लेकर काव्य में कृत्रिम सजावट लाने की प्रवृत्ति का सर्वथा अभाव, ये श्री अरविन्द की कविता के कुछ विशिष्ट गुण हैं। भारतीय साहित्य का भी वही भाग उन पर प्रभाव डाल सका है, जो रीतिवाद के आरम्भ के पूर्व रचा गया था। यों गीता और उपनिषदों में काव्य की जो गम्भीरता मिलती है, वह श्री अरविन्द की अपनी विशेषता है। किन्तु, इससे यह नहीं समझना चाहिए कि श्री अरविन्द मृतकों के साथी एवं अतीत की गुहा में बैठे हुए पंडित कलाकार हैं। असल में, गुजरे हुए जमाने के साथ मानवता की जो दृष्टि विलुप्त हो गई है, उसे श्री अरविन्द ने आज के जीवन और विचारों के साथ एकाकार कर दिया है और वे जो कुछ भी बोलते हैं, उसमें विचारों, भावनाओं एवं कल्पनाओं की वे सभी अच्छाइयाँ प्रतिध्वनित होती हैं जो अतीत या वर्तमान में काव्य और साहित्य का शृंगार कर चुकी हैं। ऐसा कहने का कारण यह है कि जिस प्रकार की कविता श्री अरविन्द ने की है, उसकी परम्परा का विश्व में सर्वथा अभाव नहीं रहा है। किन्तु बात यह है कि श्री अरविन्द का कवि जिस धरातल पर बसता है, उस धरातल की झाँकी पहले के कवियों को कभी-कभी ही मिलती थी और इसी झाँकी की अनुभूति उनकी कविताओं में सर्वोच्च शिखर बनकर चमकने लगती थी। मगर जो चीज इतनी अलभ्य थी, उसका सम्पूर्ण भंडार ही श्री अरविन्द ने मनुष्यता को उठाकर दे दिया है और यह दान, यद्यपि पांडिचेरी की साधना के दिनों में पूर्णता पर पहुँचा, किन्तु, उसकी दिशा का संकेत उनकी आरम्भिक कविताओं में भी मिलने लगा था।

अरविन्द-काव्य को एक आलोचिका ने छह भागों में विभक्त किया है, जिसका आधार, गुण नहीं, प्रत्युत काल है। कवि की प्रगति को आँकने का यह भी एक मार्ग है, किन्तु, इसे हम सच्चा मार्ग नहीं मानते; क्योंकि जिस प्रकार सम्पूर्ण विश्व की कविता एक ही काव्य है तथा भिन्न-भिन्न युगों में, भिन्न-भिन्न कवियों के द्वारा विरचित सारी कविताएँ उसी एक महाकाव्य के अनेक सर्ग और कड़ियाँ हैं, उसी प्रकार, प्रत्येक कवि भी जीवनभर में केवल एक ही कविता लिखता है एवं उसकी सारी कविताएँ उसी एक काव्य की विभिन्न कड़ियाँ होती हैं। जीवनभर की सारी अनुभूतियों को अगर हम एक तार में गूँथना चाहें, तो इसमें कोई कठिनाई नहीं होगी। फर्क सिर्फ यह होगा कि अनुभूतियाँ नीचे-ऊपर गूँथी जाएँगी, अर्थात् उनके स्तरों में भेद होगा। और, यह भी नहीं कहा जा सकता कि कविता केवल एक ही स्तर पर पहुँचकर पूर्ण होती है; असल में अनुभूतियाँ जिस स्तर पर जन्म लेती हैं, उनकी अभिव्यक्ति उस स्तर पर भी उतनी ही पूर्ण हो सकती है, जितनी किसी अन्य स्तर

पर। काव्य की उच्चता की पहचान उसमें प्रतिफलित होनेवाली चेतना की ऊँचाई पर निर्भर करती है। किन्तु अभिव्यक्ति की पूर्णता का दारोमदार कारीगरी की खूबी पर है। यह ठीक है कि ऊँची चेतना को अभिव्यक्त करने के लिए कारीगरी को भी ऊँचा जाना पड़ता है और जहाँ चेतना के अनुरूप टेकनिक का विकास नहीं हो पाता, वहाँ हमें काव्य में विशृंखलता और असमानता के दर्शन होते हैं। किन्तु, जिसे साधना का बल है, जो टेकनिक की कमजोरी को अटल मानकर बैठ नहीं जाता, उस कवि की रचनाओं में इस वैषम्य की कोई भी सम्भावना नहीं रहती। लेकिन, ऐसी बातें तो श्री अरविन्द के प्रसंग में चलाई भी नहीं जा सकतीं; क्योंकि उनके दोनों पक्ष समान रूप से बलवान हैं तथा वे जब जिस स्तर पर रहे, वहाँ की अनुभूतियों को उन्होंने बड़ी हो सफलता के साथ अंकित किया है तथा जीवन के सामान्य सम्बन्धों के चित्रण में भी उन्होंने एक अद्‌भुत दिव्यता भर दी है।

कालक्रम के अनुसार उनका सबसे प्रथम काव्य-संग्रह Songs to Myrtilla है जिसमें संगृहीत कविताओं की रचना उस समय हुई थी जब श्री अरविन्द अठारह-बीस के रहे होंगे। इन कविताओं के सम्बन्ध में आलोचकों का मत है कि वे अतिबौद्धिकता के रोग से पीड़ित हैं और उनके भीतर हम उस अभिव्यक्ति तक पहुँचने का आभास-भर देखते हैं जो आगे चलकर अरविन्द-काव्य की विशेषता बननेवाली थी। इसके सिवा, उनमें हम यदा-कदा स्पेंसर और एलिजाबेथ-युगीन कवियों एवं केवेलियर और रेस्टोरेशन काल के कवियों की भी प्रतिध्वनियाँ सुनते हैं। इस संग्रह में कुछ राजनीतिक कविताएँ भी हैं जिन पर ड्रायडन और स्काट की शैली की छाप है। हाँ, आयरलैंड को लक्ष्य करके रचित कविता में हम उस सूक्ष्म एवं गम्भीर लोच का आभास पाते हैं जो आगे चलकर उनकी 'बाजी प्रभु' नाम्नी कविता में चरम विकास पानेवाली थी।

Men are fathers of their fate;
They dig the prison, they the crown command.

इन पंक्तियों में भी, यद्यपि, अरविन्द की अपनी विशिष्टता खुलकर प्रकट नहीं हुई है, फिर भी हम निश्चयपूर्वक कह सकते हैं कि इनके भीतर वह शैली अपना जन्म ले रही थी जिसका पूरा चमत्कार हम उनकी बाद की कविताओं में देखते हैं।

इसके बाद, दो विवरणात्मक कविताओं का समय आता है जिनके नाम 'उर्वशी' (Urvasie) तथा 'प्रेम और मृत्यु' (Love and Death) हैं। ये दोनों ही रचनाएँ खंड काव्य हैं। इनमें से एक का नायक पुरुरवा और नायिका उर्वशी तथा दूसरे का नायक रुरु और नायिका प्रियंवदा है। महाभारत की कथा में कहा गया है कि पुरुरवा और उर्वशी का वियोग इसलिए हुआ चूँकि पुरुरवा ने उर्वशी से उत्पन्न अपने पुत्र का मुख देख लिया था। इस शापजनित कारण के बदले श्री अरविन्द ने एक अधिक काव्यात्मक कल्पना से काम लिया है कि स्वर्ग की विभूति का भोग मनुष्य तभी तक

कर सकता है जब तक वह अपनी नग्नता पर आवरण दिए रहे। उर्वशी ने पुरुरवा का त्याग इसलिए किया कि असावधानता के कारण पुरुरवा के निर्वसन अंग पर उसकी दृष्टि पड़ गई थी। दोनों कविताएँ एक प्रकार से दुखान्त भी हैं; क्योंकि उर्वशी की खोज में पुरुरवा आकाश को चला जाता है और प्रियंवदा (जो यौवन-प्राप्ति के पूर्व ही मार डाली जाती है) को पाने के लिए रुरु पाताल में प्रवेश करता है। इन कविताओं के सम्बन्ध में बहुधा यह प्रश्न उठाया जाता है कि आशा और उल्लास से पूर्व एक युवक कवि ने इन्हें दुख में क्यों समाप्त किया? इस प्रश्न का सहज उत्तर यह है कि जिन दिनों इन कविताओं की रचना हुई, उन दिनों अरविन्द भारतीय राजनीति के ध्यान में मग्न थे और वे, कदाचित्, इस प्रश्न पर चिन्ता कर रहे थे कि इतने बड़े आध्यात्मिक देश का ऐसा भयंकर पतन क्यों हुआ। पुरुरवा के रूप में उन्होंने भारत के छात्रधर्म और रुरु के रूप में यहाँ की ब्राह्म-शक्ति को रखा है और यह दिखलाने की चेष्टा की है कि भोग और विलास की अतिकामना से दोनों का विनाश हुआ है।

...at last
Their power by excess of beauty falls.
Thy sin, Pururavas—of beuaty and love:
And this the land divine to impure grasp
Yeilds of barbarians from the outer shores.

श्री अरविन्द का काव्य-साहित्य काफी विस्तृत है, किन्तु, सामान्य पाठक उनकी सावित्री-काल के पूर्व की रचनाओं में ही विशेष रस लेते हैं। विशेषतः, 'उर्वशी' शृंगार रस का विलक्षण काव्य है। इसकी अनेक पंक्तियाँ 'सावित्री' की पंक्तियों से होड़ लेती हैं, किन्तु बुद्धिगम्य कथाप्रसंग के भीतर रहने के कारण उनका चमत्कार हमारे सामने आसानी से खुल जाता है। 'प्रेम और मृत्यु' के चित्र भी, इसी प्रकार, हमें आनन्द के सूत्र में बाँधकर बहुत ऊँचा ले जाते हैं। केवल छन्द की गति ही नहीं, काम-चेतना की दिव्यता ने भी इन दोनों कविताओं में अप्रतिम चमत्कार उत्पन्न किया है। उदाहरण के लिए, 'Love and Death' में से रुरु के प्रति काम की इन उक्तियों को देखिए :

I am that Madan who informs the stars
With lustre and on life's wide Canvas fills
Pictures of light and shades, of joys and tears,

× × ×

Makes ordinary moments wonderful
And Common speech a charm,

× × ×

And driye her to the one face never seen,
The one breast meant eternally for her.

× × ×

And soft glads things cluster around my name,

× × ×

But fiercer shafts I can wild storms blown down
Shaking fixed minds and melting marble natures.

× × ×

They who abandon me, shall to all time
Clasp and possess; they who pursue, shall lose.

न जाने, किस पुरुष की कल्पना करते हुए मैंने एक बार चन्द्रमा को 'विरागलोक का रसिक' और 'मधुवन का संन्यासी' कहा था। किन्तु वह रसिक संन्यासी कहाँ है, इसका मुझे तब तक पता नहीं था। और तब, एक दिन 'उर्वशी' और 'प्रेम तथा मृत्यु' नामक कविताओं के भीतर मैंने उसकी पदचाप सुनी। अरविन्द सांसारिक सौन्दर्य से पूर्ण रूप से परिचित हैं, किन्तु उस सौन्दर्य के परे जो एक और भी विलक्षण सौन्दर्य है, अपने हृदय का प्रेम उन्होंने उसी महत्तर सौन्दर्य को अर्पित किया है। कामदेव के नाम में जो मादकता है, वह साधारण कवियों को ही तृप्त कर सकती है। अपनी माधुरी से मोहकर मदन केवल सामान्य जीवों से ही अपने जहरवाले बाण छिपा सकता है। किन्तु योगी अन्तर्दर्शी होते हैं; उनसे छल-प्रपंच का खेल नहीं चल सकता; उनके सामने कामदेव को लज्जा के साथ स्वीकार करना ही पड़ा कि :

They who abandon me, shall to all time
Clasp and possess; they who pursue, shall lose.

'उर्वशी' में भी इसी प्रकार की निर्मल मादकता की धारा प्रवाहित हुई है। बल्कि इस काव्य में प्रेम की विभिन्न मुद्राओं का जैसा सजीव चित्रण हुआ है, उससे तो श्री अरविन्द प्रेम के इतने सफल कवि जान पड़ते हैं कि उन्हें कालिदास को छोड़कर और किसी के पार्श्व में बिठाया ही नहीं जा सकता। हाँ, प्रेम के आन्तरिक हृदय को वे जिस कोमलता से पकड़ते हैं, स्वप्न की तृषा को वे जिस सजगता से तृप्त करते हैं, प्रेम की चेतना के भीतर वे जिस सूक्ष्मता से प्रवेश करके उसे एक नई विभा से आर्द्र बनाते हैं तथा प्रेमी और प्रेमिका की आँखों में वे जिस दिव्यता का जादू उत्पन्न कर देते हैं, वह सब-का-सब नवयुग की सुविकसित शृंगार-भावना की देन है। जिस समय उर्वशी और पुरुरवा का पहले पहल साक्षात्कार होता है, उस समय का चित्र ऐन्द्रिय होते हुए भी, दिव्य और पार्थिव होते हुए भी अलौकिकता से पूर्ण है तथा उसमें कारीगरी की भी अपूर्व छटा निखरी हुई मिलती है।

He moved, he came towards her. She, a leaf

Before a gust among the nearing trees.
Covwred. But all a sea of mighty joy
Rushing and swallowing up the golden sand
With a great cry and glad, Pururavas
Seized her and caught her to his bosom thrilled
Clinging and shuddering All her wonderful hair
Loosened and the wind seized and bore it streaming
Over the shoulder of Pururavas
And on his cheek a softness.

और उर्वशी

And she received him in her eyes, as earth
Receives the rain.

× × ×

Her naked arms clasping his neck, her cheek
And golden throat averted, and wide trouble
In her large eyes bewildered with their bliss.

यह प्रेम की पहली लहर का परम्परागत वर्णन है, किन्तु परम्परागत होते हुए भी इस वर्णन में एक आर्द्रता है जो केवल चोटी के कलाकारों में ही मिल सकती है। दो शरीरों के आलिंगन में आत्मा के आलिंगन के रूपक की कल्पना बहुत दिनों से की जाती रही है किन्तु शरीर के मिलन के भीतर आत्मा के मिलन की झाँकी काव्य में थोड़े ही लोग दिखला सके हैं। श्री अरविन्द अपने युग के निर्धारित और पूर्व-निर्दिष्ट पुरुष थे, अतएव चढ़ती जवानी में भी उनकी दृष्टि मांस के ताप को पार करके आत्मा की शीतलता तक पहुँच रही थी और वे प्रेम की पार्थिव मुद्रा में भी दिव्यता का प्रसार देख रहे थे।

Amid her wind-blown hair their faces met,
With her sweet limbs all his, feeling her breast
Tumultuous up against his beating heart,
He kissed the glorious mouth of heaven's desire.

तथा

So clung they as two ship-wrecked in a surge.

'उर्वशी' का प्रत्येक चरण प्रेम के आवर्तशील एवं सबको प्लावित करनेवाले महानन्द की धारा से परिपूर्ण है। उसमें एक ओर जहाँ रक्त और मांस की पुकार दिव्यता के स्तर पर चढ़कर गूँजती हुई मिलती है, वहाँ दूसरी ओर उसमें ऐसे दृश्य भी अनेक हैं जहाँ प्रेम ईश्वरत्व का प्रतिरूप बन जाता है, जहाँ प्रेम मनुष्य की स्थूलता

को बहाकर उसके चारों ओर ईश्वरता की जाली बुन देता है तथा जहाँ प्रेम की अनुभूति की चोट से द्रव्य की कठोरता गलकर सोने का पानी बन जाती है। विरही पुरुरवा जहाँ उर्वशी की खोज करता हुआ हिमालय के शिखरों पर घूम रहा है, वहाँ श्री अरविन्द कहते हैं :

He ceased and Himalay bent towards him, while.,
The mountains seemed to recognise a soul.
Immense as they, reaching as they to heaven,
And Capable of Infinite solisude.

यहाँ पुरुरवा की वेदना में स्वयं सर्वात्मा की गूँज सुनाई पड़ती है और अपने उच्च सपनों की भाषा में कवि पर्वतों को भी प्रमुख और चैतन्य किए हुए है। 'उर्वशी' एवं 'प्रेम और मृत्यु' में ऐन्द्रियता की आर्द्रता के साथ आदर्शवाद का जो आलोक आलिंगन में लिपटा हुआ है, उसे देखते हुए श्री सेठना की यह उक्ति अत्यन्त समीचीन मालूम होती है कि :

Urvaise and Love and Death are created out of mind vibrant with an idealistic sensuousness in which body and soul mingle their fervours, a high-toned passion based on the urgent tangibilities of the flesh without the crude and the cramped which ordinarily go with the fleshimpulses.

'उर्वशी' एवं 'प्रेम और मृत्यु' के बाद, रचना-क्रम की दृष्टि से 'Poems' का स्थान आता है। इस संग्रह की कविताओं में पूर्ववर्ती कविताओं की आवेशमयता नहीं मिलती और न उनमें रक्त और मांस का ही प्रभाती राग है। उनके भीतर हम बौद्धिकता के स्वर को प्रमुख होते देखते हैं और बौद्धिक द्रव्य से युक्त होने के कारण, बहुधा, उनकी तुलना ब्राउनिंग, टेनिसन (अंशतः), वड्‌र्सवर्थ और अंग्रेजी के अठारहवीं सदी के कवियों की कविताओं के साथ की गई है। कुछ लोगों का कहना है कि 'Poems' के जमाने में कवि का काव्यावेग शायद शिथिल पड़ गया था किन्तु यह भी सम्भव है कि कवि ने जान-बूझकर ही अपना स्तर बदल दिया हो और कविता की सेवा में बुद्धि को जोतने के उद्‌देश्य से ही वे बौद्धिक स्तर पर चले गए हों। जो भी हो, किन्तु इस संग्रह में भी हम कवि के उस प्रयास का चमत्कार अवश्य देखते हैं जिसका उद्‌देश्य मनुष्य को यह बतलाना है कि वह छोटा और तुच्छ नहीं, प्रत्युत एक परम विशाल सत्ता का अपना अंश है तथा उसके भीतर आकाश की उच्चता और व्यापकता, दोनों का प्रच्छन्न निवास है।

But the third Angel came and touched my eyes :
I saw the morning of the future rise,
I heard the voices of an age unborn.
And from the heart of an approaching light.

One said to man, "know thyself infinite,
Who shalt do mightier miracles than these,
Infinite, moving mid infinities.

[A vision of Science]

'Baji prabhu and Perseus' नामक संग्रह की कविताओं की मूल प्रेरणा राजनीति से आई है। और इन कविताओं में श्री अरविन्द की कवि-प्रतिभा बिलकुल परिपक्व रूप में सामने आती है। 'उर्वशी-काल' की रचनाओं में फिर भी भावुकता के प्रति एक प्रकार का मोह था जो यौवन का स्वाभाविक लक्षण है : 'उर्वशी' एवं 'प्रेम और मृत्यु', इन दोनों कविताओं में हम अलंकरण की पटुता का भी प्रयोग देखते हैं। किन्तु बाजीप्रभु में काव्य के, अपेक्षाकृत इन हीन, कौशलों का प्रयोग नहीं हुआ है। यह कविता कटु नहीं, प्रत्युत शक्तिशाली और कठोर शब्दों के ढाँचे में उतरी है तथा उसके सारे बन्द अपनी-अपनी जगह पर वज्र की खूँटियों में ठुके हुए जान पड़ते हैं। अगर उर्वशी के प्रतीक ऊषा और फूल हैं, तो बाजीप्रभु का प्रतीक दोपहरी का ताप समझा जा सकता है। इस कविता में जो दृढ़ता और तेजस्विता धूप में खड़ी ताम्र प्रतिमा की तरह जगमगा रही है, उसे देखते हुए यही कहना चाहिए कि श्री अरविन्द के प्रचंड राजनीतिक संकल्प ने ही इसमें आकर मूर्त आकार ग्रहण कर लिया था।

By men is mightiness achieved; Baji
Or Malsure is but a name, a robe,
And covers one alone. We but employ
Bhavani's strength, who in arms of flesh
Is mighty as in the thunder and the strom.

काव्यात्मक सत्य की जो कठोरता और सुस्पष्टता हम ऊपर की पंक्तियों में देखते हैं उसका और भी निखरा हुआ रूप 'Ahana and other poems' में प्रकट हुआ। इस संग्रह की कविताओं में हम उस मेनिफेस्टो का काव्यगत उदाहरण देखते हैं जिसकी ओर श्री अरविन्द ने अपनी 'भावी कविता' नामक निबन्धमाला में संकेत किया है। इस संग्रह में रहस्यवादी संकेत और रूपक का सहारा बहुत कम लिया गया है। उसके वातावरण में विश्वास की स्वाभाविक ज्योति है तथा उसकी कविताओं को देखते हुए ऐसा लगता है, मानो सत्य अपने घर में आकर विराजमान हो गया हो। जिस प्रकार हम पृथ्वी की ओर बड़े ही राग से प्रेरित हैं, उसी प्रकार इन कविताओं में श्री अरविन्द अध्यात्म की भूमि की ओर प्रेरित दीखते हैं और जिस प्रकार हमारे लिए धरती के आनन्द सहज और स्वाभाविक लगते हैं, उसी प्रकार इन कविताओं में अध्यात्म का विश्व श्री अरविन्द के लिए बिलकुल स्वाभाविक हो गया है। मैं जिन कविताओं के सम्बन्ध में ऐसे अतिवादी उद्गार प्रकट कर रहा हूँ उनमें सांसारिक जीवन की मधुरिमा और तारल्य का सर्वथा अभाव है; फिर भी क्या कारण है कि

मुझे उनकी प्रशंसा करनी पड़ रही है? कविता, कदाचित्, केवल वही वस्तु नहीं है जो हमें प्रसन्न करती है, जो हमारे रक्त में सनसनाहट और मांस में एक गुदगुदी का संचार करती है। उसकी सीमा, शायद, वहाँ भी नहीं है जहाँ हम कवि के स्पर्श से भीतर-ही-भीतर आलोड़ित होने लगते हैं। प्रत्युत, कविता मनुष्य को आविष्ट भी करती है; वह हमें समाधि में ले जाकर संसार से ऊपर भी उठाती है—एक ऐसी सहज समाधि जिसमें विचार जब बहुत शान्त रहते हैं तभी उनमें आलोड़न भी अत्यधिक होता है—एक ऐसी समाधि जिसमें बाहर की ओर खुली रहने पर भी हमारी आँखें बाहर की अपेक्षा भीतर की ओर अधिक देख पाती हैं।

Through endless space and on time's iron wing
A rhythm runs.

× × ×

He made an eager death and called it life,
He stung himself with bliss and called it pain.

× × ×

O Flowers, o delight on the tree tops burning.

× × ×

Cold are your rivers of peace and their banks are leafless and lonely.

× × ×

Skies of monotonous clam and his stillness slaying the ages.

× × ×

O thou golden image.
Miniature of bliss,
Speaking sweetly, speaking meekly!
Every word deserves a kiss.

ये कुछ स्फुट पंक्तियाँ हैं जो प्रसंग से छिन्न हो जाने पर भी हममें समाधि की तन्मयता को जाग्रत करने में समर्थ हैं; प्रसंग में पढ़ने पर तो पुस्तक बन्द करके मानसिक पारावार के किनारे खड़ा होकर पाठक को अपने भीतर आप ही निमग्न हो जाना पड़ता है। ऐसी अनुभूतियों के अलावे भी, इस संग्रह में अनेक ऐसे चरण और पद हैं जिनमें किसी अदृश्य लोक की रहस्यात्मक अनुभूतियों के चित्र हैं, जिनमें न जाने किस पृथ्वी और किस आकाश के बिम्ब झिलमिलाते नजर आते हैं।

Through glimmering veils of wonder and delight,
World after world bursts on the awakened sight,

[The other Earths]

अब अरविन्द की उस कृति की चर्चा बच जाती है जो उनके अनेक शिखरों के बीच गौरीशंकर की तरह सबसे ऊपर विद्यमान है और जिसमें उस कवि की अदृश्य-दर्शिनी कल्पना का चमत्कार है जिसने चालीस वर्षों की गहरी और लम्बी

समाधि में काव्य-कला के एक-एक रेशे की परीक्षा की और इस बात का पूरा ध्यान रखकर अपनी सबसे बड़ी कृति का निर्माण किया कि किस स्तर की अनुभूति किस प्रकार की शैली में व्यक्त की जा सकती है तथा रचना की प्रक्रिया के समय जब कवि का मन खूबसूरती, मिठास और पच्चीकारी के मोह में पड़कर मूल लक्ष्य से भटकने लगता है तब कवि को योग की किस मुद्रा का सहारा लेना चाहिए। मैंने 'सावित्री' के कई भागों को पढ़ा है और कुछ भागों को एक से अधिक बार भी पढ़ा है। किन्तु, 'सावित्री' के सारे अर्थ मुझ जैसों के हाथ नहीं लगते। तब भी जितना कुछ हाथ आता है वह तन्मयता की स्थिति को उत्पन्न करने में पूर्ण रूप से समर्थ है तथा उन धुँधली पंक्तियों के भीतर से एक नई दुनिया भी दिखलाई पड़ने लगती है। सावित्री-काव्य समय से पूर्व अवतीर्ण हुआ है अथवा सम्भव है कि उसका समय आसन्न हो। अपने निबन्ध में श्री अरविन्द ने कहा है कि उनकी कल्पना का भावी काव्य तभी लिखा जाएगा, जब युग और जातियाँ उसके लिए प्रस्तुत हो गई होंगी। किन्तु विकास के नेता-कवि की हैसियत से उन्होंने उस कविता का आरम्भ, कदाचित्, समय से कुछ पूर्व ही कर दिया। फिर भी ऐसा नहीं है कि 'सावित्री' का सारा कवित्व हमसे दूर रह जाता हो। उसके भीतर एक पौराणिक कथा का सूत्र है तथा जो लोग श्री अरविन्द की विचारधारा से परिचित हैं वे अपनी सामर्थ्य के अनुसार उससे आनन्द और आलोक अवश्य ग्रहण कर सकते हैं।

कहते हैं, 'सावित्री' की रचना में पैंतीस वर्ष लगे हैं और यह लगभग छह बार आदि से अन्त तक फिर से लिखी गई है। इन संशोधनों का लक्ष्य काव्यात्मक दुर्बलताओं का अपहरण नहीं था, बल्कि इस दीर्घ अवधि में श्री अरविन्द ज्यों-ज्यों विकास के पथ पर ऊपर उठते गए, त्यों-त्यों 'सावित्री' में और भी उन्नत स्तर की चेतना भरने के निमित्त उन्हें उसे फिर से लिखना पड़ा। 'सावित्री' काव्य का आरम्भ 'उर्वशी' एवं 'प्रेम और मृत्यु' नामक कविताओं के बाद ही और, प्रायः, उसी मनःस्थिति में हुआ था जिसका प्रमाण अब भी कहीं-कहीं वर्तमान है।

Measuring vast pain in his immortal mind.

[Love and Death]

Time like a snake coiling among the stars.

[Urvasie]

इन पंक्तियों में चेतना की जो धारा विलास करती हुई मिलती है उसकी छाया 'सावित्री' में भी जहाँ-जहाँ विद्यमान है। किन्तु श्री अरविन्द जब चेतना के इस स्तर से ऊपर चढ़ गए, 'सावित्री' का आमूल संशोधन अनिवार्य हो गया। जिस स्तर पर पहले वे केवल समाधि के क्षणों में पहुँचते थे, वह स्तर जब उनके लिए स्वाभाविक हो उठा, तब यह उचित ही था कि अपने सर्वश्रेष्ठ काव्य को वे अपनी आध्यात्मिक उपलब्धि के अनुरूप बना दें। इस व्याख्या से यह निष्कर्ष ध्वनित होता है कि यदि

'सावित्री' का वह संस्करण प्रकाश में आ जाए, जिसे महर्षि ने पहले-पहल लिखा था तो, कदाचित् अरविन्द की कारयित्री प्रतिभा के विकास की रेखाएँ अधिक स्पष्ट हो जाएँ। किन्तु यहाँ यह खतरा है कि तब, शायद, 'सावित्री' उस ध्येय को चरितार्थ नहीं कर सकेगी जिसके लिए महर्षि ने उसे विश्व के हाथों में अपने अन्तिम दान के रूप में छोड़ा है। और, शायद, यह इसलिए भी ठीक नहीं होगा कि 'सावित्री' जिस रूप में मनुष्य को उपलब्ध हुई है, उस रूप में वह श्री अरविन्द के सहस्रार की रचना है, उसमें चेतना के उस स्तर का सौरभ लिपटा हुआ है जिस स्तर पर पहुँचकर उसका नेता-कवि निर्वाण को प्राप्त हुआ है।

जो सुधी 'सावित्री' की गहराइयों में काफी नीचे उतर चुके हैं, उनका कहना है कि यद्यपि 'सावित्री' की कविता मन्त्र-काव्य है और यद्यपि उसका वातावरण वेदों और उपनिषदों का वातावरण है, तथापि यह निश्चित रूप से कहा जा सकता है कि 'सावित्री'-काव्य की आत्मा जिस स्तर पर भ्रमण करती है उस पर वेदों और उपनिषदों के रचयिताओं के चरण नहीं पड़े थे। जिस स्तर पर चढ़कर ऋषियों ने उपनिषदों का गान किया था, उसी स्तर पर महर्षि अरविन्द भी थे। किन्तु इस स्तर से श्री अरविन्द ने जो कुछ देखा, वह प्राचीन काल के ऋषियों को दिखलाई नहीं पड़ा था।[1]

अतीत को पुकारकर भविष्य की ओर चलने का 'सावित्री' में स्पष्ट संकेत है और यह संकेत उसके संक्षिप्त कथानक में ही परिव्याप्त मिलता है। सावित्री और सत्यवान की कथा महाभारत में आई है जिसके माध्यम से वेदव्यास ने प्रेम और मृत्यु के संघर्ष की भीषणता चित्रित की है। सावित्री ने यह जानते हुए भी सत्यवान का वरण किया था कि वह शीघ्र ही काल के कवल में पड़नेवाला है, अतएव श्री अरविन्द ने सावित्री को जीवन-शक्ति के संकल्प की मूर्ति मानकर उसे अपने काव्य की नायिका चुना। सावित्री शब्द का आदिम अर्थ भी सूर्यवाचक है, अतएव महर्षि ने सावित्री के रूप में जीवन की अपराजेय ज्योति देखी जो मृत्यु के अन्धकार को भेदने के लिए कृतसंकल्प है। सावित्री ने अपने संकल्प के जोर से अपने पति को मृत्यु के मुख में से निकाल लिया, जिसका सीधा अर्थ यह होना चाहिए कि मनुष्य चाहे तो स्वयं भी मृत्यु से बच सकता है तथा अपने प्रिय पात्रों को भी बचा सकता है; किन्तु प्राचीन ऋषि इस सिद्धान्त में, सचमुच, विश्वास करते थे या नहीं, इसका कोई प्रमाण नहीं है। कदाचित् इस कथा के भीतर एक कल्पना का आभास मात्र है जिसे ऋषियों ने अपनी सहज ज्ञानशक्ति (Intuition) के बल पर प्राप्त किया था, किन्तु जिसे वे व्यावहारिक रूप नहीं दे सके। वही कल्पना श्री अरविन्द के मन में भी थी और वे विश्वास करने लगे थे कि मनुष्य के आधिभौतिक ढाँचे को विध्वस्त कर देना मृत्यु

1. ऐसे मत शुद्ध श्रद्धा की अभिव्यक्ति हैं अथवा उनका साहित्यिक महत्त्व भी है। इसकी परीक्षा में अभी कुछ विलम्ब है, क्योंकि जो लोग संसार के विभिन्न देशों में आज साहित्य का नयन कर रहे हैं, उनका ध्यान अभी सावित्री की ओर नहीं गया है।

के साथ समझने लगे हैं।

पुस्तकों और महात्माओं के मुख से हमने योग की बड़ी महिमा सुन रखी है तथा हममें से अनेक ने अध्यात्म के उन्मेष में आकर उसकी थोड़ी-बहुत साधना भी की होगी। किन्तु यह विषय अपनी दुरूहता तथा असुलभता के कारण उपेक्षित कर दिया गया और मानवता के जो भी नेता इस नवीन युग में उत्पन्न हुए, उन्होंने इसे कोई भी महत्त्व नहीं दिया। निदान, श्री अरविन्द का, योगेश्वर के रूप में, सुयश सुनकर हमने उन्हें मस्तक तो जरूर नवाया, किन्तु अपनी गम्भीर भक्ति हम उन्हें अर्पित नहीं कर सके, क्योंकि हमारे हृदयों में कहीं-न-कहीं यह भाव छिपा रहा है कि योग व्यर्थ है। यदि वह सार्थक है भी तो उन दो-चार विशिष्ट लोगों के लिए जो जीवन के कोलाहल से बहुत दूर, किसी कन्दरा या कुंज में छिपकर, अपनी वैयक्तिक मुक्ति के लिए प्रयास करना चाहते हैं। किन्तु जिस युग में वैयक्तिक मुक्ति की जगह सामाजिक मोक्ष ने ले ली हो, उस युग में वैयक्तिक मुक्ति दिलानेवाले साधन का ही क्या महत्त्व रह जाता है? इसके सिवा, मनुष्य ने जिस विज्ञान की सृष्टि की है, उस विज्ञान ने उसे यह सिखलाया है कि ''सत्य वह है जिसे हम काठ की उँगलियों से छू सकते हैं। सत्य वह है, जिसे हम सहज स्थिति में देख सकते हैं; विकृति के माध्यम से जो चमत्कार देखने में आता है, वह सत्य नहीं हो सकता।'' विज्ञान ने उदाहरण दिया, ''तुम जब आँख के कोने को दबाते दो तब सूर्य दो, चन्द्रमा दो और संसार की प्रत्येक वस्तु दो दीखने लगती है। किन्तु असल में वह एक ही है। उसका दूसरा रूप तो सिर्फ प्रतिबिम्ब है जिसे तुम सहजता से नहीं, प्रत्युत विकार की अवस्था में देख सकते हो।'' मनुष्य ने इस गूढ़ विश्लेषण पर विज्ञान की दी हुई बुद्धि से विचार किया और कहा कि ''विज्ञान ठीक कहता है। विश्वसनीय अवस्था तो सहजावस्था ही है। अपने को विकृत करके हम सत्य के समीप कैसे जा सकते हैं?''

लगभग चालीस वर्षों की साधना के बाद श्री अरविन्द का जो रूप कुहासे से ऊपर आ रहा है, वह इन सभी 'प्रीजुडिसेज' या रूढ़ धारणाओं को चुनौती देनेवाला है। कुहेलिका के घेरे में से वे एक प्रकाशमान सूर्य के समान उठते हुए ऊपर आ रहे हैं, एक अनिर्वचनीय प्रसन्नता की दीप्ति लिए हुए, एक अकथनीय करुणा की लाली से सराबोर। उनका व्यक्तित्व पहले के सभी कवियों, ऋषियों और नेताओं के व्यक्तित्व से भिन्न है; क्योंकि उनकी विशेषता केवल योग ही नहीं है जिसे लोग गुप्त रखने के आदी हैं; प्रत्युत वे एक दार्शनिक काव्य अथवा काव्यात्मक बौद्धिकता के भी आगार मालूम होते हैं, जिसकी व्याख्या आगामी युगों को अपने तेज से भर दे तो इसमें कोई आश्चर्य नहीं करना चाहिए। अपनी रिक्त गुफाओं को भरने के लिए, अपनी शून्य कन्दराओं को आबाद करने के लिए मनुष्य को जिन किरणों की आवश्यकता है, वे सभी किरणें श्री अरविन्द के मुख से निःसृत वाणी तथा उनके अलौकिक व्यक्तित्व में लिपटी हुई आ रही हैं। और विस्मय की बात तो यह है कि

उनका आविर्भाव एक ऐसे युग में हो रहा है जो युग शंका, अविश्वास, श्रद्धाहीनता और नास्तिकता के कोलाहल से एकदम आक्रान्त है।

कहते हैं, विश्व की उपेक्षित आत्मा को सम्यक् आवास देने का दायित्व भारत का है। भारत इस व्रत के साथ आविर्भूत हुआ है कि वह मनुष्य के भीतर मरनेवाले मनुष्य को पुनरुज्जीवित करेगा; वह उन कोमल किरणों को फिर से अधिष्ठित करने के लिए संघर्ष करेगा जो अन्धकार से पराजित होकर निर्जन स्थानों में अनाथ और विधवा के समान निस्सहाय-सी घूम रही हैं। गांधीजी ने भारत को स्वाधीन किया। क्या अन्धकार और प्रकाश की नूतन समरभूमि में आलोक के नेता श्री अरविन्द होंगे?

मगर, योग को तो जनता ग्रहण नहीं करेगी और कोरे अध्यात्म की ओर भी समूह की अनुरक्ति को प्रेरित करना कठिन है। हाँ, जड़ता और आध्यात्मिक चेतना के बीच काव्य एक ऐसा माध्यम है, जिससे मनुष्य का हृदय पकड़ में लाया जा सकता है। योग-साधना से मनुष्य में और जो भी शक्तियाँ उत्पन्न होती हों या नहीं, किन्तु एकाग्रता तो आती ही है और एकाग्रता तथा एकान्त चिन्तन से मनुष्य के भीतर नई-नई अनुभूतियों के द्वार खुलते हैं, उसके मन में नए-नए रूप-रंगों के फूलों का प्रस्फुटन होता है। मनुष्य के अभाव को भरनेवाली जो भी अनुभूतियाँ श्री अरविन्द की चालीस वर्ष की साधना से उत्पन्न हुई हैं, उन्हें मनुष्य उनकी कविता के द्वारा अपने लिए शक्य मात्रा में अवश्य ग्रहण कर सकता है। कविता और योग की साधना में एक प्रकार का साम्य है। कवि और योगी एकाग्रता तथा समाधि के माध्यम से सत्य के पास पहुँचते हैं। यह बहुत अच्छा हुआ कि योगेश्वर अरविन्द ने अपनी समाधिजन्य किरणों को काव्य बनाकर उन लोगों के लिए यत्किंचित् उपलब्ध कर दिया है, जो योग और कविता, दोनों के विश्वासी हैं।

जब से श्री अरविन्द के 'सावित्री' नामक महाकाव्य का प्रकाशन हुआ और देश में यह चर्चा चलने लगी कि उन्हें नोबल-पुरस्कार मिलना चाहिए, तब से उनके सम्बन्ध में जिज्ञासा करनेवालों की संख्या बढ़ गई है। किन्तु सच तो यह है कि अरविन्द आज कोई नए-नए कवि नहीं हुए हैं; प्रत्युत काव्य, समाधि और चिन्तन आरम्भ से ही उनके प्रधान साधन रहे हैं। राजनीति में उनका पदार्पण ऐश्वर्य-भोग के लिए नहीं, प्रत्युत अन्याय का प्रतिरोध करने के लिए हुआ था। आँखों के सामने घटित होनेवाले अनीति के कार्यों को सहने से केवल गृहस्थ ही अपने धर्म से पतित नहीं होता, बल्कि कायरतापूर्ण तटस्थता की नीति को अपनाने से संन्यासी, कवि, ऋषि, चिन्तक, ज्ञानी और सन्त, सब-के-सब अपनी मर्यादा से गिर जाते हैं। ऐसा लगता है कि अरविन्द का राजनीतिक अभियान भी उनकी ऊँची साधना का ही एक अंग था और जब वे अपने देशवासियों के हृदय में निर्भयता की वह्नि प्रज्वलित कर रहे थे, तब भी उनके भीतर योग और काव्य-साधना की ज्वाला एकाकार होकर अलक्षित रूप से जल रही थी। और उस समय भी देश में ऐसे लोग थे, जो श्री अरविन्द की इस विशिष्टता

को समझते थे, जो उन्हें केवल आन्दोलनकारी ही नहीं, बल्कि एक ऐसा पुरुष समझते थे, जिसकी वाणी देश और काल की सीमाओं को भेदकर अनन्त काल तक गूँजती रहती है। उदाहरणार्थ, अलीपुर बम-केस में अरविन्द की ओर से बहस करते हुए स्वर्गीय चित्तरंजन दास ने कहा था कि "इस विवाद के बन्द हो जाने के बाद, इस उपद्रव और हलचल के शान्त हो जाने के बाद, इस आन्दोलन के खत्म हो जाने पर और श्री अरविन्द के अन्तर्हित हो जाने के बहुत दिनों बाद भी वे देशभक्ति के ज्वलन्त कवि, राष्ट्रीयता के सन्देशवाहक और मानवता के प्रेमी के रूप में पूजित होंगे। मृत्यु के बहुत बाद, अरविन्द की आवाज सिर्फ भारतवर्ष में ही नहीं, बल्कि समुद्रों के आर-पार सारे संसार में गूँजेगी। इसलिए मैं कहता हूँ कि जिसे आप अपनी अदालत में खड़ा किए हुए हैं, वह सिर्फ आपके सामने ही नहीं, प्रत्युत इतिहास की बहुत बड़ी अदालत के सामने खड़ा है।"

जिन दिनों यह मुकदमा चल रहा था, उन दिनों अरविन्द का कवि अध्यात्म के किस स्तर तक पहुँच चुका था, यह बात उन कविताओं से प्रत्यक्ष होती है, जिनकी रचना उन्होंने अलीपुर जेल में की थी। समूह और व्यक्ति, दोनों ही के उद्धार का मार्ग वे उसकी आत्मा में देखते थे। राष्ट्र का उद्धार बाह्य सहायताओं से नहीं, प्रत्युत आभ्यन्तर साहस के विकास से होता है। गिरफ्तार तो वे बम के सिलसिले में ही हुए थे, किन्तु उनकी दृष्टि में देशोद्धार का साधन बम नहीं, बल्कि वेदना, बलिदान और अधिकाधिक तपस्या थी। इस प्रकार, वे व्यक्ति के उद्धार के लिए भी सहिष्णुता, तपस्या और बलिदान को आवश्यक समझने लगे थे। भगवान अपने भक्तों को जिस मार्ग पर चलाना चाहते हैं, वह मार्ग फूलों से सुसज्जित राजपथ नहीं है। उस पर बदन को फाड़ देनेवाले काँटे और नुकीले पत्थर बिछे हैं; उस पर हृदय को दहला देनेवाली घटनाओं का अम्बार लगा है। कबीर ने कहा था :

कबिरा खड़ा बजार में; लिए लुकाठी हाथ,
जो घर जारै आपना, चलै हमारे साथ।

श्री अरविन्द के मुख से यह अनुभूति निम्नलिखित रूप में निःसृत हुई :

With wind and the weather beating around me
Up the hill and the moorland I go;
Who will come with me? who will climb with me?
Wade through the brook and tramp though the snow.
Not in the petty circle of cities
Cramped by your doors and walls I dwell.
Over me God is blue in the welkin,
Against me the wind and the storm rebel.

"वायु के झकोरों और मौसम के थपेड़ों को सहता हुआ मैं पहाड़ों और चट्टानों पर चढ़कर आगे जा रहा हूँ। जो भी मेरे साथ आना चाहे, जो भी मेरे साथ ऊपर

उठना चाहे, वह नालों को चीरकर आए, वह बर्फों को कुचलकर आगे बढ़े।

दीवारों और दरवाजों से सीमित नगरों के क्षुद्र वृत्त में मैं नहीं बसता। मैं तो वहाँ हूँ, जहाँ ऊपर के सुनील व्योम में भगवान हैं और नीचे मेरी छाती से विद्रोही तूफान टकरा रहे हैं।"

इसी से मिलती-जुलती अनुभूति की चोट खाकर इकबाल ने कहा था :

ओकाबीं रूह जब बेदार होती है जवानों में,
नज़र आती है उसको अपनी मंज़िल आसमानों में।
नहीं तेरा नशेमन कस्रे-सुलतानी की गुम्बद पर,
तू शाहीं है, बसेरा कर पहाड़ों की चटानों में।

कबीर के दोहे में संन्यास का साहस है। इकबाल की रुबाई संसार में फैलकर बसने के लिए बाज बनकर जीने का सन्देश देती है। किन्तु श्री अरविन्द की इस कविता में वैराग्य और वीरता की समन्वित दीप्ति झलक रही है। आज हम अरविन्द-आश्रम से जिस महामानव की, अस्पष्ट कल्पना का संवाद सुन रहे हैं, उसकी एक धुँधली झाँकी श्री अरविन्द को, शायद, अलीपुर जेल में ही मिली थी। महामानव की कल्पना, मनुष्य के, कदाचित्, उस व्यक्तित्व की कल्पना है, जिसमें अध्यात्म और आधिभौतिकता, दोनों ही अपने-अपने उचित भाग लेकर सन्तुलन में रहेंगे। उसमें मनुष्य का वह रूप है, जो तूफानों पर शासन करेगा, पहाड़ों की चोटियों पर अपनी पद-रेणु का तिलक लगाएगा, खतरों को अपना मित्र समझकर हमेशा निर्भीक रहेगा और उन किरणों के उद्गम को अपने हृदय में बसाए रहेगा जिनकी विभा ज्ञात और अज्ञात विश्व में एक-सी फैली हुई है :

I am the lord of tempest and mountain,
I am the spirit of freedom and pride,
Stark must he be and a kinsman to danger,
Who shares my kingdom and walks at my side.

उन्हीं दिनों कवि ने 'सपनों की माता' नामक एक दूसरी कविता भी लिखी थी, जिसमें उनकी तत्कालीन विकास की रेखाएँ और भी दीप्तिमयी मालूम होती हैं। बाहर से जो पुरुष हिंसात्मक आन्दोलन का नेता बना हुआ था, भीतर-ही-भीतर वह किस अज्ञात देश की सीमा पर पहुँच गया था, यह बात इस कविता से प्रत्यक्ष हो जाती है। यह कल्पना है या दृश्य, स्वर है या चित्र जो हमें आनन्द की लहर में डुबोए जा रहा है? समाधि ने श्री अरविन्द को जो झाँकियाँ दिखलाई थीं, उनकी शक्तिशालिनी कवि-प्रतिभा ने उन झाँकियों को शब्दों के सुनहरे और रुपहले तारों तथा रहस्यमयी वाणी के रेशमी धागों में बड़ी ही कुशलता से बाँधकर रख दिया है :

Open the gate where thy children wait
In thy world of beauty undarkened.
High throned on a cloud, victorious and proud

I have espied Maghavan ride
When the armies of wind are behind him.

× × ×

Thine is the shade from which visions are made :
Sped by thy hands from celestial lands,
Came the souls that rejoice for ever.
In to thy dream-worlds we pass or look in thy image glass.
Then beyond thee we climb out of space and
Time to the peak of the divine endeavour.

ऐसी स्वपूर्ण कविता पर शंका करना व्यर्थ है। यह तो इस बात का ज्वलन्त प्रमाण है कि कवि अनन्तता के किनारे खड़ा होकर उसके भेदों की झाँकी ले रहा है तथा उसमें शक्ति भी आ गई है कि इस अदृश्य जगत के अप्रेषणीय चमत्कारों को गीतों की नादवती धारा में उँडेल दे।

गीता की ज्ञानेश्वरी-टीका अथवा तिलक के गीता-रहस्य के पूर्व की अन्य कितनी ही टीकाओं में संन्यास का जो अर्थ निरूपित किया गया है, उस अर्थ में संन्यास श्री अरविन्द के योग का अंग नहीं है। योग की उपादेयता मानस जगत पर से विचारों के बोझ को दूर करने में है और उसकी सिद्धि इस बात में कि मन के आकाश में बादलों की तरह मँडरानेवाले क्षणिक विचारों की छाया भी नहीं पड़े। किन्तु मन की इस निर्मलता से जो शक्ति उत्पन्न होती है, उसे किसी लोकोपकारी कार्य में लगाना ही चाहिए। श्री अरविन्द की आरम्भिक कविताओं में (जिनसे किसी भी महाकवि की गौरव-वृद्धि हो सकती है) मानवात्मा का यह प्रयास अपनी असंख्य ज्योतियों के साथ देदीप्यमान है। 'ए गाड्स लेबर' नाम्नी उनकी एक प्राचीन रचना से नीचे जो उद्धरण दिए जा रहे हैं, उनसे श्री अरविन्द के महान पुरुषार्थ का पता चलता है :

I had hoped to build a rainbow-bridge
Marrying the soil to the sky,
And sow in this dancing planet midge
The moods of Infinity.
But too bright were the heavens, too far away,
Too frail their Ethereal stuff;
Too splendid and sudden, our light could not stay,
The roots were not deep enough.

"मेरी आशा थी कि किसी दिन मैं इन्द्रधनुष का सेतु बनाकर मिट्टी को आकाश से ब्याह दूँगा तथा इस क्षुद्र ग्रह पर अनन्तता की मुद्राएँ बोऊँगा। किन्तु स्वर्ग बड़ा ही जाज्वल्यमान और बहुत दूर था तथा वियंमंडल के उपकरण भी बहुत ही कोमल थे। आकाश की आभा इतनी प्रबल और आकस्मिक थी कि मेरी आँखें वहाँ ठहर नहीं सकीं। और मूल की गहराई भी इतनी बड़ी नहीं थी कि उसमें अनन्तता के बीज

समा सकें।"

He who would bring the heavens here.
Must descend himself into clay;
And the burden of eanthly nature bear
And tread the dolorous way.

"जो स्वर्ग को पृथ्वी पर उतारना चाहता है, उसे पहले स्वयं को मिट्टी पर उतार लेना चाहिए। पृथ्वी का जो स्वभाव है, उसके भार का वहन पहले उसे स्वयं करना चाहिए; पृथ्वी के पथ में जो वेदनाएँ हैं, उन्हें भोगते हुए पहले उसे स्वयं अग्रसर होना चाहिए।"

I hage been digging deep and long
Mid a horror of filth and mire,
A bed for the golden river's song.
A home for the deathless fire.

"मलिनता और भयानकता से भरी भूमि पर मैं एक गहरी खाई खोद रहा हूँ, जिसमें सुनहरी नदी का संगीत निवास कर सके तथा अमरता की वह्नि प्रज्वलित रह सके।"

ऊपर के पदों में कर्मन्यासवाले संन्यास का स्पष्ट परिहार है। श्री अरविन्द अपनी समस्त साधनाओं के बाद इस योग्य बनना चाहते हैं कि वे मिट्टी और आकाश के बीच एक इन्द्रधनुष का निर्माण कर सकें, धरती की मलिन कुक्षि में सुनहरी नदी का संगीत बो सकें और मर्त्सलोक में अमरता की आभा बिखेर सकें। किन्तु इन महान उद्देश्यों की प्राप्ति केवल कल्पना से सम्भव नहीं है। उसके लिए तो अनवरत अध्यवसाय की आवश्यकता है। अदृष्ट की ओर से श्री अरविन्द को अध्यवसाय का जो संकेत मिला है, उसकी ओर इंगित करते हुए वे कहते हैं :

A voice cried, "Go where none have gone.
Dig deeper, deeper yet,
Till thou reach the grim foundation stone
And Knock at the keyless gate."

"एक आवाज आई, तुम्हें वहाँ पहुँचना है जहाँ अब तक कोई भी नहीं पहुँच सका है। नीचे की ओर खोदते हुए दूर, बहुत दूर तक चले जाओ और नींव के पत्थर पर पहुँचकर दम लो, जहाँ पहुँचकर तुम्हें उस दरवाजे पर दस्तक देनी है, जिसकी कुंजी किसी के पास नहीं है।"

इसी कविता में योगी-कवि ने उन मार्गों का वर्णन किया है, जिनसे होकर वे सत्य की उपलब्धि के लिए प्रयास करते रहे हैं। कहते हैं, "मैंने मन के ऊपरी धरातल पर बसने वाले देवताओं को छोड़कर तथा जीवन की अतृप्त कामनाओं के अम्बुधि से अलग हटकर शरीर के अन्ध-मार्ग में डुबकी लगाई और नीचे के रहस्यपूर्ण देश में जा पहुँचा। मेरे ऊपर नाग फुँकार रहा था और दैत्य की आवाजें मँडरा रही थीं, किन्तु

मैं नीचे उतरता ही चला गया और उस शून्य में प्रविष्ट हुआ, जहाँ से विचारों का जन्म होता है। जिस खाई के पेंदी नहीं है, उसमें भी जाकर मैं विचरण कर चुका हूँ। अलोक का अभियान बहुत दूर तक गूँज चुका है। सुनहरे सोपान के नीचे से प्रकाश के शिशु अन्धकार के अवसान का संवाद सुनाने ही वाले हैं। थोड़ी ही दूर के बाद, नए जीवन का द्वार रजत-प्रकाश से विभासित होगा। ज्योति के उस जगमगाते हुए विश्व में पहुँचकर मैं वहाँ की रुपहरी वायु में अपने स्वप्नों को विसर्जित कर दूँगा और तब तुम्हारे अस्तित्व का जीवित सत्य, रूप धरकर, पृथ्वी पर विचरण करेगा।''

I shall Ieave my dreams in their argent air,
For in a raiment of gold and blue,
There shall move on the Earth embodied and fair
The living truth of you.

किन्तु, ये रचनाएँ श्री अरविन्द की साधना के दिनों की हैं। उनकी सिद्धि का महाकाव्य तो, सचमुच 'सावित्री' ही है, जिसके कितने ही खंड प्रकाश में आ चुके हैं; यद्यपि इसकी आशा कम दीखती है कि इस समय उस काव्य का सम्यक् अध्ययन आरम्भ हो सकेगा। श्री अरविन्द एक काल, एक देश अथवा एक समाज के महापुरुष नहीं, प्रत्युत; वे मानवता के विकास के नेता हैं। श्री अरविन्दाश्रम के साधकों का विश्वास है कि जिस प्रकार के मनुष्य पृथ्वी पर विद्यमान हैं, उनसे मानवता की सभी समस्याओं का निराकरण नहीं हो सकेगा। मानव जाति की सभी समस्याओं का मूल कारण यह है कि मनुष्य अभी छोटा है, पशुता से अभी वह पूर्ण रूप से मुक्त नहीं हुआ है। कविवर जोश ने हँसी-हँसी में आदमी को लक्ष्य करके कहा है कि ''अभी तो इसकी फकत पूँछ झड़ी है।'' श्री अरविन्द जिस महामानव को पृथ्वी पर लाना चाहते हैं, उसके लक्षण पहले भी कितने ही महापुरुषों में व्यक्त हो चुके हैं और आज उसकी आहट श्री अरविन्द की कविता में स्पष्ट रूप से मिल रही है। मुझ-जैसे सामान्य मनुष्य की कल्पना में वह ठीक से नहीं समा सकता। किन्तु सोचता हूँ कि वह ऐसा मनुष्य होगा जिसमें आज के मनुष्यों की क्षुद्रता नहीं होगी, जो भीतर और बाहर सर्वत्र ज्योतिष्मान तथा पवित्र और शक्तिशाली होगा एवं जिसके लिए एकमात्र वे ही सत्य ग्राह्य नहीं होंगे जिनकी स्थापना विज्ञान कर रहा है। सम्भव है, वह अदृश्य को भी ग्राह्य बनाने के लिए विज्ञान-जैसी ही किसी अन्य विधि का आविष्कार करे! सम्भव है, वह मिट्टी और आकाश के बीच इन्द्रधनुष के सेतु पर विचरे और धरती के वक्ष में सचमुच ही किसी सुनहरी नदी का संगीत भर दे! वह कब आएगा, इसका संकेत नहीं है। किन्तु, जब सपने आ गए हैं, तब उनका सत्य रूप कभी-न-कभी आएगा ही। अभी तो हम समाधि में ही उसकी झाँकी ले सकते हैं।

He knew things by their soul and not their shape,
As those who had lived long made one in love,
Need word nor sign for heart's reply to heart,

He met and communed without bar of speech
Cith beings unveiled by a material frame.
All objects were like bodies of the God.
A spirit symbol environing a soul,
For world and soul were one reality.

(सावित्री : द्वितीय भाग : 14वाँ सर्ग)

"वह चीजों को उनकी आत्मा से पहचानता था, स्वरूप से नहीं; ठीक वैसे ही, जैसे दो प्रेमी बहुत दिनों तक प्रेम में निवास करते-करते एकाकार हो जाते हैं, तब वे दिल-से-दिल को जवाब देने के लिए शब्दों और संकेतों की आवश्यकता नहीं समझते। आधिभौतिकता के ढाँचे से अनावृत्त जीवों के साथ जब उसकी भेंट होती, वह उनसे भाषा की दीवार के बिना ही बातें करता था। संसार में जितने भी पदार्थ हैं, वे उसे ईश्वर के स्वरूप मालूम होते थे। स्पिरिट (रूह) उसकी दृष्टि में एक प्रतीक थी जो प्रत्येक आत्मा को अपने आवेष्टन में लिए हुए थी, क्योंकि उसकी दृष्टि में विश्व और आत्मा में कोई भेद नहीं था।"

महामानव के जो लक्षण ऊपर दिए गए हैं, वे शब्दों में पूरी तरह नहीं समा सकते। भाषा प्रत्येक स्वप्न को साकार कर दे, यह असम्भव है। ऊपर के सन्दर्भ से यह स्पष्ट झलकता है कि कवि अरविन्द के ध्यान में महामानव का जो स्वरूप आया है, उसका चित्रण उन्होंने भी केवल संकेतों से किया है। महामानव की आत्मा शरीर का बन्धन नहीं मानती, वह मूकता में ही अन्य आत्माओं तक अपने भावों का प्रसार करती है, रक्त और मांस का बन्धन नहीं; स्पिरिट और मैटर में भेद नहीं; जन-जन के भीतर जो एक आत्मिक एकता है, बाहर की विभिन्नताएँ उसके सामने परास्त हो जाएँगी। तो क्या महामानवता में पहुँचकर मनुष्य की स्थूलता लुप्त हो जाएगी? मगर यह कैसे होगा? वर्तमान स्पेसीज (Species) के संस्कार से अथवा एक नई स्पेसीज के आविर्भाव से? अरविन्द की कविता ने एक महान जिज्ञासा को जन्म दिया है। किन्तु समाधान के लिए हमें कब तक प्रतीक्षा करनी पड़ेगी?

('अर्धनारीश्वर' पुस्तक से)

मराठी के कवि केशवसुत और समकालीन हिन्दी कविता

मराठी के कवि केशवसुत का जन्म सन् 1866 ई. में तथा देहान्त सन् 1905 ई. में हुआ। कहते हैं, उनकी पहली कविता सन् 1885 ई. में छपी थी, जिस साल भारतेन्दु हरिश्चन्द्र का देहान्त हुआ। इस प्रकार हिन्दी में केशवसुत के समकालीन कवि राजा लक्ष्मण सिंह चौहान (मृत्यु सन् 1896 ई.), जगन्नाथ दास रत्नाकर (जन्म सन् 1866 ई.), देवीप्रसाद पूर्ण (जन्म सन् 1873 ई.), नाथूराम शंकर (जन्म सन् 1859 ई.), बालमुकुन्द गुप्त (जन्म 1865 ई.), अयोध्यासिंह उपाध्याय 'हरिऔध' (जन्म सन्! 1865 ई.), महावीर प्रसाद द्विवेदी (जन्म सन् 1863 ई.) तथा प्रतापनारायण मिश्र, बदरीनारायण चौधरी, प्रेमघन, ठाकुर जगमोहन सिंह, पं. अम्बिकादत्त व्यास, श्रीधर पाठक (जन्म 1880) तथा स्वयं भारतेन्दुजी माने जाएँगे।

उन्नीसवीं सदी के पूर्वार्द्ध तक हिन्दी कविता की भाषा ब्रजभाषा रही थी। कविता के अच्छे-से-अच्छे मुहावरे, अभिव्यक्ति की खूबियों की कुंजी और कवि-कल्पना को आकार देनेवाली मँजी हुई पद्धतियाँ उसी भाषा में थीं, लेकिन जब कविता की भाषा बदलकर खड़ी बोली हो गई, ब्रजभाषा में संचित युगों के अनुभव और मुहावरों की पूँजी कवियों के लिए त्याज्य हो गई, उन्हें सब कुछ नए ढंग से शुरू करना पड़ा।

खड़ी बोली में लिखना कोई आसान काम नहीं था। खड़ी बोली का प्रयोग हिन्दी के मध्यकालीन कवियों ने भी किया था। नामदेव, कबीर, दादू, सीतल, ग्वाल और कहीं-कहीं भूषण में हम खड़ी बोली का काफी पुट देखते हैं, लेकिन हिन्दी कवियों के मन में कहीं यह चोर समाया हुआ था कि खड़ी बोली मुसलमानों की भाषा है। अतएव, जब वे खड़ी बोली लिखने लगते थे, तब उनकी प्रवृत्ति अरबी-फारसी शब्दों से कुछ अधिक प्रयोग की हो जाती थी। भारतेन्दुजी ने अपनी सारी कविताएँ ब्रजभाषा में लिखी थीं। उसके बाद दूसरे नम्बर पर उनका प्रेम उर्दू की गजलों पर था। भारतेन्दु का एक उपनाम 'रसा' भी था। उन्होंने 'रसा' नाम से अनेक गजलें लिखी थीं। खड़ी बोली में हिन्दी कविता रचने की कुछ थोड़ी कोशिश उन्होंने जरूर की, मगर अपनी ही लिखी हुई खड़ी बोली की कविताएँ उन्हें पसन्द नहीं आईं। कविता की स्वाभाविक भाषा वे ब्रजभाषा को मानते थे, फिर भी हिन्दी में खड़ी बोली काव्य का आरम्भ उन्हीं से माना जाता है।

केशवसुत के समय हिन्दी में जो कवि काम कर रहे थे, उनके सामने यह बहुत बड़ी बाधा थी। हिन्दी कविता के योग्य खड़ी बोली भाषा पहले से तैयार नहीं थी। और उर्दूवालों ने अपने उपयोग के लिए खड़ी बोली का जो रूप तैयार कर लिया था, वह हिन्दीवालों की रुचि से मेल नहीं खाता था। उर्दू में तब तक बहुत बड़े-बड़े शायर हो चुके थे, जो उर्दू-भाषी समाज के लाड़ले थे, बादशाहों और नवाबों के प्यारे तथा हिन्दू श्रोताओं को भी प्रिय थे, किन्तु उनका सारा-का-सारा साहित्य गजल का साहित्य था और ये गजलें भारतीय संस्कृति की धारा से हटते-हटते बहुत दूर चली गई थी। अगर उर्दू के कवियों ने खड़ी बोली के भीतर से भारत की सामासिक संस्कृति को अभिव्यक्ति दी होती, अगर उर्दू कविता को घसीटकर ईरान की ओर ले जाने के बदले कवियों ने उसे भारतीयता से संलग्न रखा होता, तो सम्भव है, जब हिन्दी कवि खड़ी बोली की ओर बढ़ रहे थे, उस समय उन्हें उर्दू के प्रयोग से लाभ उठाने में झिझक नहीं होती, किन्तु उर्दू तब तक अभारतीयता से ओत-प्रोत हो चुकी थी। अतएव उसके प्रयोगों से लाभ उठाने का लोभ किसी भी हिन्दी कवि को नहीं हुआ। गद्य में उर्दू के मुहावरों को अपनाने का लोभ शिवप्रसाद सितारे-हिन्द को अवश्य हुआ था, किन्तु जनता ने सितारे-हिन्द का साथ न देकर साथ हरिश्चन्द्र का दिया। शिवप्रसादजी को सरकार की ओर से सितारे-हिन्द का खिताब मिला था। जनता सरकार की इस चालाकी को समझ गई और उसने हरिश्चन्द्र को अपनी ओर से भारतेन्दु की उपाधि दे डाली।

केशवसुत के समकालीन हिन्दी कवियों की भाषा असमर्थ है। उनका सारा श्रम खड़ी बोली की आत्मा को भारत की आत्मा के साथ जोड़ने पर लगा हुआ है। वे भाषा को सँवारना चाहते हैं, मगर भाषा ठीक से सँवर नहीं पाती है। कवियों के दिमाग में ब्रजभाषा के मुहावरे भरे हुए हैं, शब्दों को तोड़ने-मरोड़ने की वे पद्धतियाँ भरी हुई हैं, जिनका ब्रजभाषा में चलन था। इसलिए खड़ी बोली का शुद्ध रूप उनकी भाषा में नहीं उतर पाता है। मगर यह स्पष्ट है कि भारत की जो संस्कृति ब्रजभाषा में पली थी, इन कवियों की कविताओं में वह खड़ी बोली की नई पोशाक धारण कर लेती है।

लोग हिन्दी में भी पूछते हैं कि भारतेन्दु की ठीक पीठ पर आनेवाली पीढ़ी ने अच्छी कविताएँ क्यों नहीं लिखीं। घनानन्द (मृत्यु 1739 ई.), बोधा (मृत्यु लगभग 1800 ई.) तथा पद्माकर (मृत्यु 1833 ई.) हिन्दी कविता की बहुत अच्छी विरासत छोड़कर मरे थे। बोधा और घनानन्द में कुछ रोमांटिक प्रवृत्ति का भी झीना आभास दिखाई पड़ा था। भारतेन्दु के बाद यह विरासत पनपी क्यों नहीं? इसका एक ही उत्तर है कि भाषा का माध्यम बदलने के कारण कविता की आत्मा ठिठुर गई, किन्तु एकाध पीढ़ी तक कविता ने जो क्षति सही, वह इस लाभ के सामने बिलकुल नगण्य है कि हिन्दी कवियों ने अपने सांस्कृतिक उत्तराधिकार को, ज्यों-का-त्यों, खड़ी बोली में उतार

दिया। ध्यान देने की बात यह है कि यह कार्य उन्होंने साम्प्रदायिक जोश में आकर नहीं किया, हिन्दुत्व की रक्षा का आन्दोलन उठाकर नहीं किया। भारतीय संस्कृति नवीन कलेवर धारण करना चाहती थी, अतएव खड़ी बोली अत्यन्त स्वाभाविक ढंग से हिन्दी कविता की भाषा बन गई।

खड़ी बोली की लँगड़ाहट और तुतलाहट, दोनों का परिष्कार उस पीढ़ी ने किया, जो पं. महावीर प्रसादजी द्विवेदी के पीछे-पीछे मैदान में आई। ये कवि थे पं. रामचरित उपाध्याय (जन्म 1872 ई.) श्री गयाप्रसादजी शुक्ल 'सनेही' (जन्म 1883 ई.), श्री मैथिलीशरणजी गुप्त (जन्म 1886 ई.), पं. माखनलाल चतुर्वेदी (जन्म 1888 ई.) और पं. रामनरेश त्रिपाठी (जन्म 1889 ई.), किन्तु ये लोग उस समय बालक या किशोर रहे होंगे, जब केशवसुत मराठी में जमकर लिख रहे थे।

नवीनता की दृष्टि से तुलना करने पर केशवसुत आगे और उनके समकालीन हिन्दी कवि बहुत पीछे दिखाई देते हैं। हाँ, यदि केवल कवित्व की दृष्टि से देखें तो बाबू जगन्नाथदास रत्नाकर ऐसे कवि हैं, जिनकी गिनती पद्‌माकर, बिहारीलाल, देव या मतिराम, किसी भी बड़े कवि के साथ मजे में की जा सकती है। वे एक तरह से ब्रजभाषा के अन्तिम कवि हैं, किन्तु ब्रजभाषा ने अपना अन्तिम कवि भी ऐसा उत्पन्न किया, जो उसके बड़े-से-बड़े कवियों के जोड़ का था। साहित्य का कोई भी नियम सर्वत्र एक समान काम नहीं करता। जिन प्रवृत्तियों का समय खत्म हो चुका है, समर्थ कवियों में प्रकट होकर वे प्रवृत्तियाँ भी अद्‌भुत चमत्कार दिखा सकती हैं। रत्नाकरजी ने उद्धव-शतक की रचना प्रायः छायावाद युग में आकर की थी, जब ब्रजभाषा का उस युग के साथ कोई भी तालमेल नहीं रह गया था।[1] किन्तु समय से बेमेल होने पर भी उद्धव-शतक अत्यन्त उच्च कोटि का काव्य निकला। शायद नए कवियों का यह कहना ठीक है कि कवि के लिए काल का बन्धन नहीं होता है। शायद शुद्ध कविता अपने समय से निरपेक्ष होकर भी विलक्षण हो सकती है। शायद कला का कारीगरी वाला गुण उसके अन्य सभी गुणों की अपेक्षा सचमुच ही अधिक शक्तिशाली होता है।

लेकिन अपने युग में केवल कारीगरी को लेकर चमकनेवाले कवि केवल रत्नाकरजी ही हुए। वे अपने समय के एकमात्र शुद्ध कवि थे, बाकी उनके सभी समकालीन कवि सोद्‌देश्य थे। वैसे हिन्दी का रीतिकाल मुख्यतः शुद्ध कविता का ही काल रहा था, जब कविगण केवल सौन्दर्य का चित्रण करना अधिक पसन्द करते थे, किन्तु उस काल में सोद्‌देश्य कविताएँ भी लिखी जाती थीं, जो अकसर नीति की कविताएँ होती थीं, किन्तु खड़ी बोली में नवयुग का आरम्भ सोद्‌देश्यता की प्रधानता

---

1. श्री रुद्र काशिकेय ने एक लेख में यह दिखलाया है कि रत्नाकरजी उद्धव-शतक के छन्दों की रचना 1893 ई. से करते आ रहे थे।

के साथ हुआ। यूरोप के साथ सम्पर्क से देश में जो सांस्कृतिक जागरण उत्पन्न हुआ, उससे प्रेरित कवि पराधीनता की पीड़ा महसूस करने लगे, अकाल और दुर्भिक्ष की बातें करने लगे, नारियों की दुरवस्था की अनुभूति से पीड़ित होने लगे तथा समाज-सुधार की बीसियों बातें उनकी दृष्टि में प्रमुख हो उठीं।

यह परिवर्तन दृष्टिबोध का परिवर्तन था। नवयुग से पूर्व के कवि मुख्यतः शृंगार और भक्ति के कवि रहे थे। कविता या तो वे अपने आराध्य का गुणगान करने को रचते थे अथवा नारी-सौन्दर्य का चित्रण करने को या प्रेम की लीलाओं के आख्यान के लिए। जहाँ तक वीर रस की कविताओं का सम्बन्ध था, ये कविताएँ अकसर आश्रयदाता राजाओं की प्रशंसा में लिखी जाती थीं अथवा वे अतिरंजित और अवास्तविक होती थीं। नवयुग के प्रवेश के साथ कवियों का ध्यान समाज की ओर चला गया और उनकी कविताएँ कुछ अनगढ़ होती हुई भी अधिक वास्तविक हो उठीं।

भावों के क्षेत्र में परिवर्तन के साथ इस समय कुछ परिवर्तन हम शैली के भी क्षेत्र में देखते हैं। पुरानी हिन्दी कविता में प्रबन्ध और मुक्तक ही लिखे जाते थे, किन्तु अब एक नई विधा का प्रचार बढ़ने लगा। वह विधा किसी खास विषय पर स्वतन्त्र पद्य-निबन्ध की विधा थी। प्रेमघनजी ने दादा भाई नौरोजी के ब्रिटिश पार्लियामेंट के सदस्य होने पर कविता लिखी थी, महारानी विक्टोरिया की हीरक-जयंती पर कविता लिखी थी। प्रतापनारायणजी की कविता बुढ़ापे पर मिलती है। इसी प्रकार बालमुकुन्द गुप्त की 'भैंस का स्वर्ग' कविता उन दिनों काफी चाव से पढ़ी गई थी।

जिन कवियों का ध्यान कवित्व की ओर अधिक, उपदेश की ओर कम था, उनमें से पं. श्रीधर पाठक और रायदेवी प्रसादजी पूर्ण के नाम विशेष रूप से उल्लेखनीय हैं। साहित्य में जब नया स्वप्न मँडराने लगता है, तब उसे भाषा में उतारने के लिए केवल मौलिक रचनाएँ ही नहीं की जातीं, कुछ ऐसे अनुवाद भी किए जाते हैं, जो उस स्वप्न तक जाने में साहित्य की सहायता करें। यह प्रवृत्ति इस समय दो रूपों में प्रत्यक्ष हुई। राजा लक्ष्मणसिंह चौहान तथा लाला सीताराम ने अनेक संस्कृत ग्रन्थों में अनुवाद किए। लक्ष्मणसिंह का शकुंतला का अनुवाद लगभग कालजयी अनुवाद है, जिससे अच्छा अनुवाद आज तक प्रकाश में नहीं आया है। आगे चलकर इसी कोटि का श्रेष्ठ अनुवाद सत्यनारायण कविरत्न ने भवभूति का भी किया। स्वयं पं. श्रीधर पाठकजी की भी सबसे बड़ी सेवा अनुवादों के ही क्षेत्र में हुई। उन्होंने गोल्डस्मिथ की दो प्रबन्ध-कविताओं के बड़े ही श्रेष्ठ अनुवाद खड़ी बोली में प्रकाशित किए, जो आज तक सुपाठ्य समझे जाते हैं।

उन्नीसवीं शताब्दी के अन्तिम चरण की हिन्दी कविताएँ नवीन तो हैं, किन्तु उनमें कवित्व की मात्रा किंचित् हीन है और कवित्व का जिस कवि में अद्वितीय उभार है, उसमें नवीनता है ही नहीं। यदि नवीनता की अनुभूति रत्नाकरजी को हुई होती, तो सम्भव है रोमांटिक धारा का प्रारम्भ हिन्दी में उसी समय हो गया होता और हिन्दी

में नवीनता के वे दिग्गज कवि हुए होते, क्योंकि अपने समय के वे सबसे प्रतिभाशाली कवि थे, किन्तु जो स्थिति है, उसे देखते हुए यही कहना पड़ता है कि केशवसुत के साथ मराठी कविता में जिस नवीनता का उभार आया, उस कोटि की नवीनता तत्कालीन हिन्दी कविता में नहीं थी।

केशवसुत को मैं रोमांटिक कवि मानता हूँ। रोमांटिक कविता सभी देशों में विद्रोह के प्रति सहानुभूतिशील रही है। केशवसुत भी विद्रोहप्रिय कवि थे। रोमांटिक कविता रूढ़ियों की विरोधिनी होती है। केशवसुत भी रूढ़ियों के विरुद्ध थे। रोमांटिक कवि सौन्दर्य और प्रेम के पुजारी होते हैं। केशवसुत भी सौन्दर्यसृष्टा और प्रेम के कवि थे। रोमांटिक कविता कवि के व्यक्तित्व को अनूठा समझती है। केशवसुत भी कवि के व्यक्तित्व को विलक्षण समझते थे और सबसे बढ़कर रोमांटिक कविता भाव-विह्वलता की कविता होती है और केशवसुत सच्चे अर्थों में भाव-विह्वल कवि थे। यही वह गुण है, जिसके अभाव की पीड़ा हिन्दी कविता सन् 1885 ई. से लेकर 1915 ई. तक बर्दाश्त करती रही, जिसके कारण इन तीस वर्षों की कविता को हम इतिवृत्तात्मक कहते हैं। केशवसुत जिस भाव-विह्वलता के कवि थे, उस भाव-विह्वलता का हिन्दी में प्रवेश सन् 1915 ई. के बाद सम्भव हुआ।

किन्तु यह क्यों हुआ कि जिस समय बंगला में रवीन्द्रनाथ और मराठी में केशवसुत का जन्म हुआ, उस समय हिन्दी में निराला और पन्त नहीं जनमे, बल्कि जन्म पं. नाथूराम शर्मा शंकर तथा श्री मैथिलीशरणजी गुप्त का हुआ? ऐसा क्यों हुआ कि जब बंगला और मराठी में भाव-विह्वल कविताएँ लिखी जाने लगीं, तब भी हिन्दी के कवि भावाकुलता से दूर रहे, सौन्दर्य के मुक्त चित्रण में उन्हें संकोच होता रहा तथा उनकी प्रेम की वाणी रससिक्त नहीं हो सकी? ऐसा क्यों हुआ कि जब केशवसुत यह लिख रहे थे कि 'मैं ब्राह्मण नहीं हूँ, हिन्दू नहीं हूँ, मेरा कोई पन्थ नहीं है। वे लोग पतित हैं, जो देश की एकात्मकता को खंडित कर रहे हैं :

ब्राह्मण नाही, हिन्दु हि नाही, न मी एक पन्था चा,
ते पतित की जे आंखंडती प्रदेश साकल्य चा।

और जब रवीन्द्रनाथ यह लिख रहे थे कि 'यहाँ आर्य हैं, अनार्य हैं, द्रविड़ और मंगोल वंश के लोग हैं; शक और हूण, पठान और मोगल, सभी लोग यहाँ एक ही शरीर में समाये हुए हैं :

हेथाय आर्य हेथा अनार्य, हेथाय द्राविड़, चीन,
शक-हूण-दल, पठान मोगल एकदेहे होलो लीन;

तब हिन्दी में पं. प्रतापनारायण मिश्र 'हिन्दी, हिन्दू, हिन्दुस्तान' का नारा लगा रहे थे। यह नारा पहले-पहल बंगाल में उठा था और उसके जनक स्वयं बंकिमचन्द्र थे। कुछ यह कारण भी था कि ईसाइयत और यूरोपीय बुद्धिवाद ने भारत में जब हिन्दुत्व और इस्लाम पर आक्रमण किया, तब हिन्दुत्व और इस्लाम एक होकर यूरोप

के खिलाफ नहीं उठे। हिन्दू अपनी रक्षा के लिए वेद की ओर दौड़े और मुसलमान कुरान की ओर। अतएव, हिन्दू हिन्दुत्व की रक्षा चाहने लगे और मुसलमान इस्लाम की। इस मुस्लिम-राष्ट्रीयता की गूँज हम हाली के मुसद्दम में भी पाते हैं।

वो दीने-हेजाजी का बेबाक बेड़ा
निशां जिसका अक्साए-आलम में पहुँचा,
किये पै सिपर जिसने सातों समुन्दर,
वो डूबा दहाने में गंगा के आ कर।

और हिन्दू-राष्ट्रीयता की गूँज भारत-भारती में भी है, जहाँ कवि ने मुस्लिम शासन के अन्त पर हर्ष प्रकट किया है :

अन्यायियों का राज्य भी क्या अचल रह सकता कभी?
आखिर हुए अंगरेज शासक, राज्य है जिनका अभी।

मगर हिन्दू-राष्ट्रीयता और मुस्लिम-राष्ट्रीयता से ऊपर उठकर एकमात्र भारतीय राष्ट्रीयता को विकसित करने का भाव भी उन्नीसवीं सदी से ही पनपता चला आ रहा था। इस राष्ट्रीयता के समर्थक परमहंस रामकृष्ण, बंगाल के ब्रह्म समाज और बम्बई के प्रार्थना-समाजी रहे थे। केशवसुत की प्रशंसा इसलिए भी की जानी चाहिए कि उन्होंने बृहत् मानवता की इस कल्पना को पहचान लिया और उसे अपनी हार्दिक भक्ति अर्पित की। एक-राष्ट्र की कल्पना का प्रवेश हिन्दी-साहित्य में भी हुआ, किन्तु वह तब हुआ, जब प्रथम विश्वयुद्ध के आस-पास नवयुग की चेतना हिन्दी प्रान्तों में भी फैलने लगी।

इसके कारण मुख्यतः सांस्कृतिक थे। यूरोप से आनेवाले झकोरे जिस वेग से भारत के समुद्री तटों पर बहे, उस वेग के साथ वे उन क्षेत्रों में नहीं पहुँचे, जो देश के भीतरी भाग थे। भारत और यूरोप का सम्पर्क उन्नीसवीं सदी में दो दौरों से गुजरा था। पहले दौर में भारतवासी यूरोप से घबराए हुए थे और इसी घबराहट में उन्होंने यूरोप की नजर में ऊँचा उठने को ब्रह्म समाज और प्रार्थना समाज की स्थापना की थी, किन्तु शीघ्र ही भारत का आत्मविश्वास जाग्रत हो उठा और ऐसे नेता उत्पन्न हो गए, जिन्होंने यह कहना आरम्भ किया कि भारत यूरोप से हीन नहीं, श्रेष्ठ है। यूरोपवाले अपने जिन गुणों पर नाज़ करते हैं, वे सारे-के-सारे गुण भारत में पहले से ही मौजूद हैं। संस्कृति के पहले दौर के नेता राममोहन राय, केशवचन्द्र सेन, महादेव गोविन्द राणाडे और आगरकर थे। उसके दूसरे दौर के नेता स्वामी दयानन्द, लोकमान्य तिलक और स्वामी विवेकानन्द हुए। महाराष्ट्र और बंगाल की जनता ने संस्कृति के दोनों ही दौरों से प्रभाव ग्रहण किया, किन्तु हिन्दीभाषी क्षेत्रों में सांस्कृतिक जागरण का प्रभाव केवल आर्य समाज के द्वारा पहुँचा।

स्वामी दयानन्द सांस्कृतिक जागरण के बड़े ही निर्भीक नेता थे। एक तरह से वे जाग्रत हिन्दुत्व की वीर भुजा थे और जहाँ केशवचन्द्र और राणाडे पाश्चात्य सभ्यता

के साथ थोड़ा समझौता करके चलने को तैयार थे, वहाँ स्वामी दयानन्द तनिक भी झुकने को तैयार नहीं थे। उन्होंने आर्य समाज की स्थापना बम्बई में ही की थी और इस सम्भावना पर भी कुछ विचार किया था कि आर्य समाज का प्रार्थना समाज के साथ मिलकर चलना सम्भव है या नहीं, किन्तु प्रार्थना समाज ईसाइयत और यूरोपीय बुद्धिवाद का सामना ब्रह्म समाज की ही नीति से करना चाहता था। अतएव स्वामीजी उसके विरुद्ध हो गए।

स्वामीजी वीरता और ब्रह्मचर्य के बहुत बड़े हामी थे। चरित्रबल के निर्माण पर उनका बहुत ज़ोर था। उन्होंने ऐसे सभी साहित्य को वर्जित बताया, जिसमें पौराणिक बातें होती हैं अथवा जो साहित्य शृंगार-भाव का प्रचार करता है। वे तपे-तपाए, संयमी और चरित्रवान युवक तैयार करना चाहते थे और उन भावों तथा विचारों को बिलकुल ही प्रश्रय देने को तैयार नहीं थे, जिनसे रसिकता को प्रेरणा मिलती है अथवा भक्ति और पौराणिकता को प्रोत्साहन प्राप्त होता है। यह अंशतः उन्हीं के पवित्रतावादी उपदेशों का प्रभाव था कि द्विवेदी-युग में हिन्दी के कवि नारी के कामिनी-रूप की ओर कटाक्ष से भी देखने का साहस नहीं कर सके। स्वामीजी वीर पुरुष और वीर रमणी के समर्थक थे। अतएव इस काल के साहित्य में या तो हम वीर क्षत्राणियों का यशोगान सुनते हैं अथवा सती, साध्वी रमणियों का आख्यान। इस समय के काव्य में जो नीरसता दिखाई देती है, वह अंशतः इस कारण कि कविगण सिद्ध भाषा को छोड़कर एक नई भाषा का प्रयोग कर रहे थे और विशेषतः इस कारण कि आर्य समाज के प्रचारों के कारण हिन्दी-क्षेत्र में सर्वत्र पवित्रतावादी संस्कार छा गया था। साहित्य का प्रयोजन आनन्द नहीं, उपदेश हो गया। अतएव इस समय जो साहित्य तैयार हुआ, वह सुन्दर बहुत कम, स्वस्थ अधिक था। सन् 1885 से लेकर सन् 1915 ई. तक की हिन्दी कविता रसिक नहीं, कतर्व्यनिष्ठ सद्गृहस्थ की कविता है।

('साहित्यमुखी' पुस्तक से)

शेक्सपियर

शेक्सपियर का युग साहित्य के विशेष नक्षत्रों का युग था। जिस साल शेक्सपियर का जन्म हुआ, उसी साल माइकेल एंजेलो का देहान्त हुआ था। इधर भारत की ओर देखें, तो शेक्सपियर गोस्वामी तुलसीदासजी के समकालीन थे। शेक्सपियर की मृत्यु सन् 1616 में हुई, जब वे 52 साल के थे। अजब संयोग की बात कि उसी साल 'डान कियोटी' के लेखक सर्वांतीस का भी देहान्त हुआ। तुलसीदासजी सौ-सवा साल जीकर सन् 1623 ई. में स्वर्ग सिधारे। और इन सभी कलाकारों के विषय में यह बात मजे में कही जा सकती है कि वे किसी एक युग के कलाकार नहीं थे। जब वे जीवित थे, तब अपने समकालीनों के साथ उनका कोई साम्य नहीं था। जब वे मरे, तब उनका उत्तराधिकार किसी को भी प्राप्त नहीं हुआ।

शेक्सपियर की जीवनी के बारे में हमें ज़्यादा जानकारी नहीं है, जैसे हम तुलसीदासजी के भी विषय में कोई बात निश्चय के साथ नहीं जानते। तब भी जो बातें अनुमान के साथ जानी जा सकी हैं, वे ये हैं कि शेक्सपियर का जन्म स्टेटफोर्ड-आन-एवोन में हुआ था। कुछ दिनों तक उन्होंने गाँव के ही ग्रामर स्कूल में शिक्षा पाई थी और आरम्भ या बाद में उन्होंने किसी स्कूल में पढ़ाया भी था। एक बार उन्होंने किसी नवाब का एक हिरण चुरा लिया था, जिससे यह अनुमान लगाया जाता है कि उनकी संगति अच्छे लोगों के साथ नहीं थी। विवाह उन्होंने एक ऐसी महिला से किया, जिसकी उम्र शेक्सपियर की उम्र से आठ साल अधिक थी। कहा यह भी जाता है कि उन्हें दुनियादारी का भी अच्छा तजुर्बा था और अपनी कमाई से उन्होंने एक अच्छी कोठी और कुछ जायदाद भी खरीदी थी।

जिन दिनों शेक्सपियर का जन्म हुआ, उन दिनों इंग्लैंड में काव्यात्मक नाटकों की धूम मची हुई थी। उनसे पहले अंग्रेजी में मार्लो-जैसे नाटककार हो चुके थे, जिन्होंने फाउस्ट की कथा पर एक नाटक की रचना की थी। लंदन में उस समय 20 नाट्यशालाएँ थीं और नाटक की कम्पनियाँ गाँवों में भी काम करती थीं। ऐसी ही किसी कम्पनी में शेक्सपियर ने पहले अन्य लेखकों के नाटकों के संशोधन का काम शुरू किया; फिर वे धीरे-धीरे खुद मौलिक नाटक लिखने लगे। वे नाटक केवल लिखते ही नहीं, कुछ अभिनय भी करते थे, गरचे अभिनय वे साधारण पात्रों का ही करते थे। लिखने का काम उन्होंने केवल 20 वर्ष किया। उसके बाद अवकाश ग्रहण करके

वे अपने घर में रहने लगे और वहीं उनका देहान्त हुआ।

यूरोप में आधुनिक युग का आरम्भ उस समय से माना जाता है, जब अमरीका का पता चला। इसलिए शेक्सपियर का आविर्भाव आधुनिक युग की आरम्भिक घटनाओं में से एक महत्त्वपूर्ण घटना है। शेक्सपियर के जन्म के पूर्व ही बारूद की ईजाद हो चुकी थी, बेधशालाएँ कायम होने लगी थीं, अक्षरों के टाइप ढलने लगे थे और आदमी ने ग्लोब बना लिया था। कोलम्बस, वास्कोडिगामा और ड्रेक के अनुसन्धानों से मनुष्य के मस्तिष्क में एक प्रकार का बौद्धिक कोलाहल आरम्भ हो गया था और आदमी की कल्पना पुराने क्षितिजों को पार करके एक नए आकाश में विहार करने लगी थी।

कवि लेखन का कार्य अपनी आत्मा को देखकर नहीं करता, अपने काल को देखकर करता है; वह अपनी ही प्रसन्नता के लिए नहीं लिखता, अपने युग के सन्तोष के लिए लिखता है। कवि के भाव उसके युग की हवा में उड़ते रहते हैं, उसके समकालीन समाज के हृदय में गूँजते रहते हैं, मगर सभी लोग इन भावों के गुंजन को नहीं सुन सकते। जो उन्हें सुन सकता है, समझ सकता है और ठीक से पहचानकर उन्हें समुचित भाषा का लिबास पहना सकता है, वही अपने काल का गायक, अपने युग का कवि कहलाता है। शेक्सपियर के नाटकों में से सबसे अधिक धूम 'मैकबेथ' की रही है। यह मत ठीक है कि 'मैकबेथ' के समान तूफानी नाटक इस भूमंडल पर कोई और नहीं है, किन्तु वैयक्तिक चरित्र के रूप में शेक्सपियर का सबसे विलक्षण निर्माण 'मैकबेथ' नहीं, 'हैमलेट' है। 'हैमलेट' की कल्पना प्राचीन काल के लेखक नहीं कर सकते थे। प्राचीनों का खयाल था कि आदमी या तो धार्मिक होता है या अधार्मिक, वह अच्छा होता है या बुरा, किन्तु रिनासांस के प्रकाश में जब आदमी के भीतरी रूपों का अध्ययन आरम्भ हुआ, तब पता यह चला कि आदमी न तो अच्छा होता है, न बुरा। अच्छा और बुरा उसे परिस्थितियाँ बनाती हैं और रिनासांस के प्रकाश में ही मनुष्य ने यह भी समझा कि वह बुद्धिमान कम, भावनाशील अधिक है। वह जिन प्रवृत्तियों से चालित होता है, उनका न तो उसे सम्यक् ज्ञान है, न उन प्रवृत्तियों पर वह अपना नियन्त्रण रख सकता है। इसीलिए वह शक्तिशाली होता हुआ भी बेबस और बुद्धिमत्ता के रहते हुए भी बुद्धिहीन है।

जिस दृष्टि से आदमी को देखते-देखते शेक्सपियर ने 'हैमलेट' की सृष्टि की, लगभग उसी दृष्टि से आदमी को समझकर मार्लो ने 'फाउस्ट' लिखा था, सर्वांतीस ने 'डान कियोटी' की कल्पना की थी और टर्सो डी मोलिना ने 'डान जुआन' लिखा था और उसी दृष्टि से सृष्टि को समझकर मोनतेन ने फ्रांस में अपना संदेहवादी दर्शन गढ़ा था। यह कोई आकस्मिक बात नहीं है कि ये सभी लेखक घट-बढ़कर आपस में समकालीन थे। 'डान कियोटी' के लेखक ठीक उसी साल मरे, जिस साल शेक्सपियर का देहान्त हुआ तथा मार्लो की मृत्यु 1593 ई. में और मोनतेन की मृत्यु

1592 ई. में हुई। टर्सो डी मोलिना भी इसी के आसपास स्वर्गीय हुए होंगे।

मार्लो के फाउस्ट की मानसिक उड़ान अगर कुछ कम हुई होती तो आदमी वह अच्छा हुआ होता। अगर उसकी कल्पना-शक्ति कुछ शिथिल हुई होती, अगर साहस और जोश उसमें कम रहा होता, तो पुण्य के भाव उसमें अधिक सुदृढ़ हुए होते, किन्तु सद्गुणों के एकांगी विकास के कारण 'फाउस्ट' दुखान्त नाटक का नायक बन गया। और टर्सो का 'डान जुआन' फाउस्ट के ही प्रेम-पक्ष का अतिरंजित आख्यान है। जहाँ तक डान कियोटी के व्यक्तित्व का सवाल है, डान कियोटी उस सनातन कवि का प्रतीक है, जो प्रत्येक मनुष्य के भीतर छिपा रहता है। डान कियोटी की रचना लेखक ने अपने समय के नाइटों पर व्यंग्य कसने को की होगी, किन्तु यह कृति एक विचित्र प्रकार की ट्रैजी-कामेटी बन गई। डान कियोटी ने जो कुछ भी किया, अच्छे भावों से प्रेरित होकर किया, किन्तु, वास्तविकता हमेशा उसे धोखा देती रही। नतीजा यह हुआ कि डान कियोटी ने वास्तविकता को आदर नहीं, उपेक्षा की वस्तु समझ लिया और यही चीज उसकी बर्बादी का कारण हुई। दुनिया के बारे में जो विचार मार्लो, टर्सो और सर्वांतीस के हैं, लगभग वैसे ही विचार फ्रांसीसी दार्शनिक मोनतेन के भी हैं। उनका विश्वास न तो कल्पना में है, न वास्तविकता में। वे संसार की हर चीज को देखते हैं, हर चीज को समझते हैं और सब पर हँसते हुए आगे निकल जाते हैं। मोनतेन उस गमगीन दार्शनिक के प्रतीक हैं, जिसकी सारी पूँजी उसकी निरपेक्ष हँसी होती है, जिसके बल पर वह सारी वेदनाओं को झेलकर आगे निकल जाता है।

यही वह पृष्ठभूमि है, जिस पर शेक्सपियर के 'हैमलेट' को कुछ दूर तक समझा जा सकता है। जो आदमी अपने पुण्य के कारण बर्बाद होता है, दुखान्त नाटक का असली पात्र वही है। हैमलेट जवान है, सुशील है, तेजस्वी और पुण्यवान है। मगर उसके भीतर कोई चीज है, जो उसे निर्णय नहीं लेने देती, जो उसे यह बताती है कि कर्म स्थूल वस्तु है, मनुष्य को केवल चिन्तन करना चाहिए। हैमलेट सर्वोत्तम मनुष्य भी है और सबसे बुरा आदमी भी। उसका निर्माण पारे से हुआ है, अतएव उसकी कोई भी अदा स्थिर नहीं रहती।

फिर भी, हैमलेट अनोखा हमें जितना भी लगे वह बिलकुल अपरिचित व्यक्ति नहीं है। प्राचीन काल में हैमलेट की कल्पना नहीं की जा सकती थी, क्योंकि उस समय आदमी की जानकारी कम, मगर उसके मिजाज में स्थिरता अधिक थी। हैमलेट का असली समय वह है, जिसमें हम जी रहे हैं। ज्यों-ज्यों आदमी के ज्ञान में वृद्धि होती है, त्यों-त्यों चिन्तक-वर्ग का हाल बुरा होता जाता है। यह युग उन मनीषियों का है, जो या तो फाउस्ट के सगोत्री होने के कारण मिट रहे हैं अथवा मिजाज से हैमलेट होने के कारण विनाश को प्राप्त हो रहे हैं; या तो उच्चाभिलाषाओं के कारण टूट रहे हैं या इस कारण बर्बाद हो रहे हैं कि जो बातें उन्हें पसन्द नहीं हैं, उनसे वे समझौता नहीं कर सकते। वे संसार को केवल भावना से जीतना चाहते हैं, केवल

विचारों से बदलना चाहते हैं, लेकिन दुनिया केवल कर्मवादियों को पूजती है। केवल चिन्तन मे बसने वाला आदमी धरती को अपने अधिकार में नहीं ला सकता। उलटे वह धोखा खाता है।

क्रिया को छोड़ चिन्तन में फँसेगा,
उलट कर काल तुझको ही ग्रसेगा।

फिर भी, हैमलेट की रचना करके शेक्सपियर ने अपना जो सन्देश दिया है, वह अद्भुत है। लोग जिसे कोरा भावनाशील समझते हैं, उसकी निन्दा करने को उसे हैमलेट कह देते हैं। मगर वे यह बात भूल जाते हैं कि हैमलेट अगर नहीं लिखा गया होता, तो शेक्सपियर की गैलरी प्रभावहीन रह गई होती। हैमलेट उस व्यक्ति का प्रतीक है, जो संसार पर आधिपत्य जमाकर उसे दबाना या बर्बाद करना नहीं चाहता। उसके भीतर वैराग्य है, उसके भीतर करुणा है, उसके भीतर सहने की प्रवृत्ति है और ये सारे गुण संसार के लिए आवश्यक हैं।

लेकिन जब हम मैकबेथ को देखते हैं, तब एक दूसरी ही दुनिया हमारे सामने आती है, जिसमें ज्ञान और भावना के लिए कोई स्थान नहीं है, जो केवल फरेब की दुनिया है, जालसाजी, धोखा और विश्वासघात का संसार है। मैकबेथ की भूमि ज्ञान नहीं, ठोस कर्म की है और कर्म का जो रूप इसमें निखरा है, उसे देखते हुए हर आदमी हैमलेट के साथ हामी भरने को तैयार होगा कि कर्म आदर नहीं, अनादर की वस्तु है। शेक्सपियर ने हैमलेट लिखकर ज्ञान की अनुपयोगिता का वर्णन किया है और मैकबेथ लिखकर उसने यह घोषणा की है कि जब कर्म अपनी अति पर पहुँचता है, तब वह सीधे नरक का मार्ग बन जाता है। तो मनुष्य क्या करे? उत्तर शायद मोनतेन के पास है—सबको देखो, सबको समझो और सब पर हँसते हुए आगे निकल जाओ।

शेक्सपियर का शायद यह विश्वास था कि पूर्ण मनुष्य की कल्पना निस्सार है। पूर्ण मनुष्य कभी भी पैदा नहीं होता। उनके सभी चरित्र उस अपूर्णता और कमजोरी की झलक दिखा जाते हैं, जो अकसर मनुष्यों में देखी जाती है। इस मामले में वे वाल्मीकि और तुलसीदास के बिलकुल विपरीत हैं, क्योंकि वाल्मीकि और तुलसीदास ने ऐसे मनुष्य की भी कल्पना की है, जो ईश्वर का समकक्ष है।

एक ही शेक्सपियर ने आदमी के कितने रूपों का सफल प्रतिनिधित्व किया है, यह देखकर आश्चर्य होता है। युद्ध का वर्णन वे सेनापति की तरह करते हैं। अदालतों का दृश्य वे वकील की तरह लिखते हैं और राजा-रानियों का हाल इस सफाई से लिखते हैं, मानो वे खुद कोई दरबारी सामन्त रहे हों। हैमलेट के स्वभाव का चित्रण उन्होंने उच्च कोटि के मनोविज्ञानवेत्ता की तरह किया है और राजा लियर की प्रक्षिप्तता उन्होंने इस बारीकी और स्वाभाविकता से चित्रित की है, मानो वे खुद पागल रहे हों। बड़ों का वर्णन बड़प्पन के साथ और छोटों का चित्रण उनके सहज लाघव के साथ करके उन्होंने यह बता दिया है कि मनुष्य की प्रत्येक भावदशा का उन्हें पूर्ण

ज्ञान था। यह कहना तनिक भी अशियोक्तिपूर्ण नहीं है कि विधाता के बाद सबसे अधिक मूर्तियाँ शेक्सपियर ने ही गढ़ी हैं। शेक्सपियर की इस सफलता से चमत्कृत होकर आलोचक उन रहस्यों का पता लगाना चाहते हैं, जिनके प्रयोग से शेक्सपियर ने यह कामयाबी हासिल की होगी। मगर असली रहस्य कभी उनके हाथ नहीं आएगा। जीनियस जिस सीढ़ी से सफलता के शिखर तक पहुँचते हैं, उसे खींचकर वे अपने ही साथ वापस ले जाते हैं।

नई आलोचना की एक जिज्ञासा यह भी होती है कि अपनी पुस्तकों में खुद लेखक कहाँ छिपा हुआ है। मगर शेक्सपियर कहीं एक जगह पकड़ाई नहीं देते। अपनी रचनाओं के भीतर वे ठीक उसी प्रकार से छिपे हुए हैं, जैसे परमेश्वर अपनी सृष्टि में छिपा रहता है। शेक्सपियर ने 37 नाटक और 154 सानेट लिखे और इतना लिखने पर भी वे बिलकुल तटस्थ लेखक हैं। ऐसे लेखक होशियारी से नहीं बनते, कोशिश और चालाकी से नहीं तैयार होते, वे कुदरती तौर पर बने-बनाए पैदा होते हैं। उनके विषय में हम जितना ही जानते हैं, उतना ही यह विश्वास ज़ोर पकड़ता है कि जानने की बहुत-सी बातें अभी और बाकी हैं। लगता है, शेक्सपियर एक खूँटी हैं, जिस पर प्रकृति ने अपने समग्र भेदों को टाँग दिया है।

शेक्सपियर की प्रशंसा जिन शब्दों मे की गई है, उन शब्दों का प्रयोग किसी और लेखक या कवि के लिए नहीं किया गया है। कोलरिज ने उन्हें अनन्त मस्तिष्कोंवाला मनुष्य कहा है। पोप ने उन्हें अनुपम कीर्ति का उत्तराधिकारी बताया था। पोप ने यह भी कहा था कि शेक्सपियर और प्रकृति दो नहीं, एक ही हैं और गेटे पर जब शेक्सपियर का जादू सवार हुआ, तो वे बोल उठे थे : ''प्रकृति! प्रकृति! बस, मेरी तो यही पुकार है। शेक्सपियर के मनुष्य जितने प्राकृतिक हैं, उतना प्राकृतिक और कुछ भी नहीं है।'' शेक्सपियर के नाटक दुर्लभ ज्योतियों की मंजूषा हैं, जिनके भीतर मानवता का इतिहास, काल के अदृश्य धागे पर, हमारी आँखों के आगे नृत्य करता है। लेकिन शेक्सपियर की सबसे बड़ी प्रशंसा मैथ्यू आर्नाल्ड ने कही है : "Others abide our question. Thou art free. अर्थात् संसार के और लेखक हमारे प्रश्नों के दायरे में हैं, मगर तुम उस दायरे से आजाद हो। तुम उस ऊँचाई पर हो, जो ज्ञान के शिखर से भी आगे है।

मनुष्य का मन उसके अन्तर्मन की अपेक्षा कमज़ोर है। मनुष्य की बुद्धि दुर्बल, उसकी भावनाएँ और आवेग बलवान हैं। हम जो कुछ भी अच्छा या बुरा, असम्भव या अकरणीय कर्म कर बैठते हैं, उसकी प्रेरणा हमारे चेतन नहीं, अवचेतन से आती है। अवचेतन की वे प्रवृत्तियाँ जो अन्धी और गूँगी हैं, हमारे कब्जे में नहीं हैं; हम अपनी इच्छा के अनुसार उन्हें चला नहीं सकते; वे ही हमें चलाती हैं और हमसे ऐसे कर्म करवा डालती हैं, जिन्हें हमारी बुद्धि नहीं समझ सकती। शेक्सपियर इसी अन्तर्मन या अवचेतन के कवि थे। उनका उद्देश्य आदर्श-निरूपण नहीं, मनुष्य की

इन्हीं अपरिचित वृत्तियों का चित्रण था। उनके नाटक नाटक नहीं खेल हैं और खेल होने के कारण ही वे हमें इतने रोचक लगते हैं। उनके नाटक हमारी ज़िंदगी का खाका स्वप्न के रंगों में खींचते हैं, हमारा ही चेहरा हमें वे मुखौटा लगाकर दिखलाते हैं। कर्म में उनका विश्वास नहीं था और चिन्तन को भी वे निस्सार समझते थे, इसीलिए मेरा खयाल है, शेक्सपियर अपने और किसी भी पात्र की अपेक्षा हैमलेट के अधिक समीप हैं। हैमलेट का दोष क्या था? उसने ज़िंदगी के सपने इतनी सफाई से देखे थे कि जीवन में रहना उसके लिए असम्भव हो गया। यही हाल शेक्सपियर का भी हुआ होगा। उनकी कब्र का यह शोक-अभिलेख बहुत ही उचित है कि हम उस तरह की सामग्री हैं, जिससे स्वप्न बनाए जाते हैं : "We are such stuff as dreams are made of."

जब शेक्सपियर का अध्ययन गहराई से किया जाने लगा, तब यह देखकर एक समय लोग चकित रह गए थे कि विश्व का यह सर्वश्रेष्ठ कलाकार मौलिक नहीं है। उसने दूसरों से केवल कथावस्तु ही नहीं ली है, बल्कि पंक्तियाँ भी उठाई हैं, पंक्तियों के भाव भी लिए हैं। मेरा खयाल है, अगर यह बात सच भी हो, तो इससे शेक्सपियर की महत्ता में कमी नहीं आती। मौलिकता एक ऐसी चीज है, जिसके अभाव से महाकवियों की शक्ति और छोटे कवियों की दुबर्लता में वृद्धि होती है। अगर मौलिकता की कसौटी ही महत्ता की कसौटी हो, तो तुलसीदासजी कहीं के नहीं रहेंगे, क्योंकि रामायण की बहुत-सी सर्वोत्तम पंक्तियाँ वे हैं, जो संस्कृत में लिखी जा चुकी थीं। साहित्य का एक स्वरूप यह भी है कि उसकी रचना व्यष्टि नहीं, समष्टि करती है। साहित्य में भी चिराग चिरागों से जलते हैं। नदी जब समतल पर आती है, उसके पहले बहुत-से सोते और नाले उसमें मिल गए होते हैं। उधार लिए बिना साहित्य में कोई बड़ा काम न तो पहले हुआ है, न आगे होगा। जो लोग मौलिकता के नाम पर कवि पर पड़े प्रभावों की खोज करते हैं उन्हें तन्दुरुस्त आदमी की तन्दुरुस्ती का रहस्य उन सब्ज़ियों, भेड़ों, बकरों और मुर्गों में खोजना चाहिए जिन्हें वह खाकर पचा चुका है।

दुनिया बहुत पुरानी हो चुकी है। इसमें अच्छे चिन्तक भी इतनी अधिक संख्या में हो चुके हैं कि सर्वथा नई कही जानेवाली बातों का अभाव हो गया है। एक ही तरह के भाव अनेक लोग लिखते हैं, किन्तु यश उनमें से किसी एक को मिलता है। मैदान में गेंद तो एक ही रहती है, बड़ाई उसकी है जो खास अदा और तेज़ी से उसमें किक मार सके।

साहित्य का सारा इतिहास प्रभावों के आदान-प्रदान का इतिहास है। तुलसीदास ने प्रसन्नराघव से उधार लिया, अश्वघोष ने कालिदास से, अलेक्जेंडर ने फिलिप से, आगस्टीन ने सेंट पाल से, शिलर ने शेक्सपियर से और शेक्सपियर ने प्लूटार्क से; और कहा जा सकता है कि शापेनहार ने कांट से उधार लिया है तथा सर इकबाल

पर नीत्से का कर्ज है और जब यह उधारबाजी नहीं चलती, तब साहित्य का बाजार मन्द पड़ जाता है। जब भी साहित्य में गतिरोध उत्पन्न होता है, तब समझना चाहिए कि लेखकों का अध्ययन बन्द हो गया है अथवा ऐसे माल तक उनकी दृष्टि नहीं जा रही है, जो उड़ाने के योग्य हो और उधारबाजी का यही रिवाज लेखकों को मशहूर भी करता है। सुकरात का यह सौभाग्य था कि उसे अफलातून के समान साहसी चोर मिला, जिसे माल हड़पने में तनिक भी हिचकिचाहट नहीं थी और इसी अफलातून ने सुकरात को दुनिया-भर में मशहूर कर दिया।

चावल, दाल और नमक तथा लकड़ी बहुत लोग जुटा सकते हैं, मगर खिचड़ी पकाने की सही कला कोई-कोई ही जानता है। खासकर साहित्य में आग नाम की चीज किसी-किसी के ही पास होती है। जिसके पास जागरूक आत्मा है, वही उक्तियों को उनके सही प्रसंग में देख सकता है तथा उनका ऐसा विलक्षण प्रयोग कर सकता है कि वे उसी की हो जाएँ। शेक्सपियर ने अपने युग में उपलब्ध ज्ञान की सभी राशियों का उपयोग किया, इसलिए साहित्य के मन्दिर में कीर्ति की जितनी भी घंटियाँ टँगी हैं, शेक्सपियर का नाम सभी घंटियों पर बज रहा है।

('साहित्यमुखी' पुस्तक से)

इलियट का हिन्दी अनुवाद

कविता का अस्पष्ट हो जाना, उसके अर्थ का कहीं-कहीं धूमिल रह जाना, ये बातें काव्य के इतिहास के लिए नई नहीं पुरानी हैं बल्कि हिन्दी में तो धुँधले सौन्दर्य की प्रशंसा में 'अध उघरे सुख देत'—यह कहावत भी चलती है।

किन्तु रेम्बू, मेलार्मे और, बाद को, रिल्के ने जो कविताएँ लिखीं, उनमें धूमिलता का पुट इतना गहरा उतरा कि पारम्परिक काव्य के प्रेमी उससे हताश हो उठे। उनकी और उनकी परम्परा के कितने ही अन्य कवियों की रचनाओं के बारे में विश्व-भर में दो प्रकार के मत हैं। एक मत तो उनका है, जो साहित्य के गम्भीर अध्येता और समकालीन आलोचना का नेतृत्व करनेवाले लोग हैं। इनमें से अधिकांश पंडितों का मत है कि कविता की सार्थकता तो अब इसी प्रकार की कविताओं से कायम रह सकती हैं, किन्तु इनसे भिन्न जो कविता के सामान्य पाठक हैं, वे नई कविता की अस्पष्टता से नाराज हैं। पंडितों से भर मुँह बोलने की शक्ति तो उनमें नहीं है, किन्तु वे यदि इन कविताओं को पढ़ना न चाहें, तो पंडित बेचारे क्या करेंगे? जहाँ तक मुझे मालूम है, काव्य-पाठकों के एक बड़े समुदाय ने समकालीन कविता पढ़ना छोड़ रखा है।

काव्य और जनता के बीच जिस युग में इतनी बड़ी खाई बन गई हो, उस युग में भी जिस कवि का नाम पुस्तकालय से निकलकर सड़क पर पहुँच जाए, उसे महाकवि मानने से इनकार नहीं किया जा सकता। श्रीयुत इलियट अपने युग के महाकवि हैं और उनका प्रभाव संसार की अनेक भाषाओं के कवियों पर पड़ा है। हिन्दी में भी ऐसे अनेक तेजस्वी युवक काम कर रहे हैं, जिनकी मनोदशा इलियट की मनोदशा से मिलती-जुलती है और जो इलियट तथा उनके समान अन्य कवियों को सामने रखकर कविता के क्षेत्र में नई राहें निकाल रहे हैं।

मुझे बड़ी प्रसन्नता है कि महाकवि इलियट की कविताओं का एक संग्रह हिन्दी में प्रकाशित किया जा रहा है। इस प्रकाशन की यह विशेषता भी ध्यान में लाने योग्य है कि इन कविताओं का अनुवाद तो श्री विष्णु खरे ने किया है, किन्तु उसका प्रकाशन उड़ीसा से हो रहा है। पिछली बार जब मैं कटक गया था, एक मित्र मुझे मनमोहन हाउस ले गए, जो संस्था उड़िया भाषा में प्रकाशन का काम करती है। इस संस्था के मालिक श्री प्रफुल्लचन्द्र दास ने बताया कि उन्होंने नोबल पुरस्कार विजेताओं के

ग्रन्थों के अनुवाद उड़िया में प्रकाशित किए हैं। और यह देखकर तो मैं दंग रह गया कि ग्रन्थ केवल उपन्यास ही नहीं थे, उनमें पश्चिमी जगत् के समकालीन महाकवियों की कविताओं के भी अनुवाद थे। मैंने प्रफुल्ल बाबू को यह कहकर बधाई दी कि जो काम भारत की अनेक भाषाओं में अभी आरम्भ भी नहीं हुआ, उसे आप उड़िया भाषा में इतनी दूर तक बढ़ा ले गए, इससे स्पष्ट होता है कि आपकी भाषा का निकटवर्ती भविष्य बहुत ही उज्ज्वल है।

अब तो मनमोहन हाउस ने यह भी दिखा दिया कि केवल उड़िया ही नहीं, राष्ट्रभाषा हिन्दी का भी निकटवर्ती भविष्य उज्ज्वल है। हिन्दी के जिन अभावों पर हिन्दी के प्रकाशकों का ध्यान नहीं है, उन्हें शायद वे प्रकाशक दूर करेंगे, जो अहिन्दी क्षेत्रों में काम करते हैं।

अनुवाद को, कुछ दूर तक, मैंने मूल से मिलाकर देखा है। कविता के अनुवाद का काम तो यों ही महाभयानक काम है। जो मूल का आनन्द ले सकता है, वह कविता के अनुवाद को देखकर बराबर नाक-भौं सिकोड़ लेता है; और जो केवल अनुवाद पढ़ता है, वह भी मुँह बिचकाकर बोल उठता है : 'अच्छा, ये ही हैं जिनका उतना नाम सुना था!' फिर भी, मेरा खयाल है, यह अनुवाद अच्छा उतरा है। इससे सबसे अधिक सन्तोष उन्हें मिलेगा, जो अनुवाद को मूल से मिलाकर पढ़ेंगे। पुस्तक के अन्त में जो नोट दिए गए हैं, वे अत्यन्त उपयोगी हैं।

('साहित्यमुखी' पुस्तक से)

2

कविता में परिवेश और मूल्य

परिवेश वह वातावरण है, जिसमें साहित्य लिखा जाता है और मूल्य वे नैतिक मान्यताएँ हैं, साहित्य जिनका समर्थन या विरोध करता है। परिवेश एक तरह से काल का वह अंश है, जो समकालीन अथवा वर्तमान है। मूल्य समकालीन भी हो सकते हैं, किन्तु साधारणतः वे पुराने ही होते हैं। परिवेश से तात्कालिकता की गन्ध आती है। मूल्य तात्कालिक नहीं, दीर्घायु होते हैं। परिवेश के दायरे में केवल झोंपड़ी और महल, खेती और कारखाने, दुर्भिक्ष और युद्ध, विलासिता और वैराग्य, मन्दिर और रेडियो ही नहीं होते, उसके दायरे में समकालीन भावनाएँ और विचार भी होते हैं। अतएव साहित्य में परिवेश का प्रश्न, असल में, परम्परा और समकालीनता का प्रश्न बन जाता है।

और मूल्य आचरण के सिद्धान्तों को कहते हैं। मूल्य वे मान्यताएँ हैं, जिन्हें मार्गदर्शक ज्योति मानकर सभ्यता चलती रही है और जिनकी उपेक्षा करनेवालों को परम्परा अनैतिक, उच्छृंखल या बागी कहती है, किन्तु कभी-कभी ऐसा भी होता है कि पुराने मूल्यों को मिटाकर उनकी जगह पर नए मूल्यों की प्रतिष्ठा करनेवाले व्यक्ति भगवान बन जाते हैं। अतएव साहित्य में मूल्यों का विवेचन, असल में, नैतिकता और परम्परा का विवेचन बन जाता है।

प्राचीन आलोचनाओं में आलोचक न तो यह देखता था कि कवि ने अपने काल का प्रतिनिधित्व किया है या नहीं, न उसे यही चिन्ता होती थी कि कवि ने अपनी कृति में परम्परा का कहाँ तक पालन और कहाँ तक उसका अतिक्रमण किया है। भारत में तो जन्मांतरवाद और कर्मफलवाद का साम्राज्य था। अतएव कवि प्रायः यही मानकर चलते थे कि सुख और दुख पूर्वकृत कर्मों के फल हैं। इसलिए जो सुखी है, वह ठीक है और जो दुखी है, वह भी ठीक है। दोनों अपने-अपने पूर्वकृत कर्मों के फल भोग रहे हैं। भारतीय समाज में अन्याय का अभाव नहीं था। शूद्र और स्त्रियों के लिए वेद विवर्जित थे। अंत्यजों के स्पर्श से भी पाप चढ़ता था, किन्तु संस्कृत के महाकवियों में से एक भी ऐसा नहीं हुआ, जो यह कहने का साहस करे कि यह अन्याय है और मैं इसका विरोध करता हूँ।

तब भी संस्कृत के ये कवि महान हैं, क्योंकि जो कुछ उन्होंने लिखा है, पूरी कलाकारिता के साथ लिखा। कवित्व पौधा है, परिवेश और मूल्य ऋतुओं के समान

हैं। विशेष प्रकार के परिवेश और मूल्यों के अधीन भी विरचा गया साहित्य सभी परिवेशों, सभी मूल्यों का स्पर्श करता है। कोई भी कलाकार वास्तविकता को पूरी तरह बर्दाश्त नहीं करता। इसी प्रकार वास्तविकता की सर्वथा उपेक्षा किसी भी कलाकार के लिए सम्भव नहीं है। कला काल से जन्म लेकर काल का अतिक्रमण करती हैं। अजंता के चित्र आज से भिन्न परिवेश में रचे गए थे। भुवनेश्वर की मूर्तियाँ आज से अलग वातावरण में गढ़ी गई थीं। मगर वे आज भी सुन्दर हैं और उनके सौन्दर्य के बारे में आज भी सभी प्रकार के लोगों के बीच आश्चर्यजनक एकता है। सौन्दर्यबोध मूल्य है और कला के प्रसंग में मूल्य काल से बड़ा दिखाई देता है।

मगर यह कहना भी युक्तिसंगत नहीं है कि मूल्य हमेशा काल से बड़ा ही होता है। असल में मूल्य भी काल का ही अंग है और जब काल का प्रभाव बढ़ने लगता है, तब साहित्य पर उस युग के मूल्य का प्रभाव भी साथ-साथ पड़ता है।

साहित्य में काल की महिमा की घोषणा मार्क्स ने की थी, लेकिन मार्क्स ने जो नियम निकाला, वह प्राचीन साहित्य पर भी लागू होता है। प्रत्येक काल अपने कवि की प्रतीक्षा करता है, क्योंकि काल के हृदय में दर्द और बेचैनी की जो रागिनी बजती है, वह औसत लोगों को सुनाई नहीं देती, केवल कवि ही उसे सुन सकता है। काल अपने कवि की प्रतीक्षा केवल इसलिए करता है कि कवि उसकी मूक-से-मूक भावनाओं को भी अभिव्यक्ति दे देता है। वैज्ञानिक, दार्शनिक और समाजशास्त्री काल की जिस गुह्य भावना को नहीं समझ सकते, उसी भावना को अभिव्यक्ति देने के कारण कवि अपने युग का प्रतिनिधि समझा जाता है। युगकवि के आगमन के साथ यह बात स्पष्ट हो जाती है कि काल विशेष की अनुभूतियों में कौन-से विकार अथवा परिवर्तन उत्पन्न हुए हैं।

राम-कथा एक ऐसा विषय है, जिस पर वाल्मीकि के समय से लेकर आज तक के कवि कुछ-न-कुछ लिखते ही रहे हैं, किन्तु त्रेता युग से लेकर आज तक राम-कथा पर जो कुछ लिखा गया, वह एक ही मूल्य के अधीन नहीं है।

उद्गाहरण के लिए हम शम्बूक-वध की कथा को ले सकते हैं। वाल्मीकि ने लिखा है कि शम्बूक शूद्र होने के कारण तपस्या का अधिकारी नहीं था। अतएव जब वह तपस्या करने लगा, तब उसके पाप से एक ब्राह्मण के बेटे की मृत्यु हो गई। ब्राह्मण ने राम से जाकर कहा कि मैंने कोई पाप नहीं किया है, अतएव पापी तुम हो अथवा तुम्हारे राज्य में कोई पाप कर रहा है, जिसके फलस्वरूप मेरे बेटे की मृत्यु हो गई है। वशिष्ठ ने राम को समझाया कि ब्राह्मण के बेटे की मृत्यु किसी शूद्र तपस्वी की तपस्या के कारण हुई है। अतएव ब्राह्मण का बेटा तब जिएगा, जब उस शूद्र मुनि का वध कर दिया जाए। वाल्मीकि ने यह भी लिखा है कि राम ने वन में जाकर शम्बूक का वध कर दिया और उसके फलस्वरूप ब्राह्मण का बेटा जी उठा। वाल्मीकि की दृष्टि में राम ने जो कुछ किया, वह धर्म का ऊँचा दृष्टान्त था। इसीलिए जब

शम्बूक मरा, देवताओं ने आकाश से पुष्पों की वर्षा की।

लेकिन यही कथा जब सातवीं सदी में भवभूति लिखने लगे, तब उनके मन में राम के इस कृत्य को लेकर शंका उत्पन्न हो गई, क्योंकि वाल्मीकि के समय का परिवेश और मूल्य भवभूति के समय के परिवेश और मूल्य से भिन्न था। वाल्मीकि ने जो कुछ लिखा था, वह यह मानकर लिखा था कि वर्णाश्रम-धर्म सोलह आने ठीक है और उसकी अवहेलना करनेवाले को दंड मिलना ही चाहिए, किन्तु वाल्मीकि के बहुत बाद भारत में महात्मा गौतम बुद्ध का जन्म हुआ और बुद्धदेव ने समाज में ऐसी क्रान्ति फैलाई कि सब लोगों के हृदय में वर्णाश्रम-धर्म के अनेक पक्षों को लेकर शंका उत्पन्न हो गई। यह परिवेश का परिवर्तन था, मूल्यों की क्रान्ति थी, जिसका प्रभाव साहित्य पर आगे चलकर पड़ा।

बुद्धदेव को यदि हम लेखक मान लें, तो यह बात स्पष्ट हो जाती है कि लेखक हर समय स्थापित धर्म और समाज का अनुगमन ही नहीं करता, उसके खिलाफ विद्रोह भी करता है। बागी को समाज में अकसर नास्तिक समझने का रिवाज रहा है। मगर बागी इनकार कम, अवज्ञा अधिक करता है। विद्रोह की भावना न रही, तो रचनाओं की ताज़गी खत्म हो जाती है और साहित्य एकरस तथा गतानुगतिक हो जाता है।

राम के चरित्र के विषय में हम जो शंकाएँ आज कर सकते हैं, वे ही शंकाएँ भवभूति के हृदय में उत्पन्न हुई थीं। अतएव उन्होंने राम के मुख से ही राम की निन्दा करवा दी। 'उत्तर रामचरित' में जब राम समाधि में बैठे हुए शूद्र मुनि शम्बूक का वध करने को जाते हैं, तब राम का हाथ नहीं उठता। अतएव वे अपने हाथ को सम्बोधित करके कहते हैं :

रे हस्त दक्षिण, मृतस्य शिशोर्द्विजस्य
जीवातवे विसृज शूद्रमुनौ कृपाणम्।
रामस्य गात्रमसि निर्भरगर्भखिन्न
सीताविवासनपटोः करुणा कुतस्ते?

अर्थात् ओ मेरे दाहिने हाथ, ब्राह्मण के मरे हुए बेटे को जिलाने के लिए शूद्र मुनि के ऊपर कृपाण उठा। तू तो उस राम का अंग है, जिसने निष्कलंक और कठोरगर्भा सीता का परित्याग किया है। तुझमें करुणा कहाँ-से आ गई?

वाल्मीकि से भवभूति किस बात को लेकर भिन्न हैं? स्पष्ट ही, जो मूल्य वाल्मीकि के समय प्रचलित थे, वे मूल्य भवभूति के समय प्रचलित नहीं थे। काल ने झकझोरकर समाज के श्रेष्ठ चिन्तकों में एक प्रकार की उदारता और न्याय-बुद्धि उत्पन्न कर दी थी। अतएव भवभूति के लिए यह असम्भव हो गया कि वे शम्बूक-वध और सीता-परित्याग का समर्थन कर सकें। मूल्य-परिवर्तन काल-परिवर्तन का ही दूसरा नाम है और इसी परिवर्तन का प्रभाव साहित्यकारों पर स्वाभाविक रूप से पड़ता है।

भूवभूति के विषय में कहा जा सकता है कि वे संस्कृत कवियों में सबसे आधुनिक थे अर्थात् आधुनिकता की जो प्रवृत्ति साहित्य में अब ज़ोर पकड़ रही है, उसका कुछ क्षीण आभास हम भवभूति में स्पष्ट रूप से देखते हैं। रोमांटिक कवियों में शैली ने सबसे पहले अपने पाठकों से असन्तोष प्रकट किया था और यह कहा था कि हमें ऐसे पाठक चाहिए, जो कविता के विषय से अधिक उसकी शैली को महत्त्वपूर्ण मानते हों। भवभूति ने जो यह कहा कि :

उत्पत्स्यते च मम कोऽपि समानधर्मा
कालोह्ययं निरबधिः विपुला च पृथ्वी।

उस श्लोकार्ध के पीछे कवि की कौन-सी भावना थी? क्या वे भी शैली की तरह ऐसे पाठकों की खोज में थे, जो विषय की अपेक्षा शैली की महिमा को अधिक मानते हों? अथवा मूल्यों के बारे में उनकी जो आस्था थी, वे उस आस्था का समर्थन चाहते थे? उत्तर बहुत सफाई के साथ नहीं दिया जा सकता, किन्तु यह अनुमान लगाया जा सकता है कि लेखक जब मूल्यों के प्रति विद्रोह करता है, तब भी उसे नए पाठकों की आवश्यकता अनुभूत होती है।

गोस्वामी तुलसीदासजी की रामायण, वैसे तो, परम्परा का पालन करती हुई दिखाई देती है, किन्तु काल और परिवेश का प्रभाव इस रामायण पर भी है। गोस्वामीजी पंडित और कालज्ञ कवि थे। अतएव उन्होंने रामायण का वह अंश लिखा ही नहीं, जिसमें शम्बूक-वध और सीता-वनवास की कथा आती है। मेरा अनुमान है कि तुलसीदासजी ने इन कथाओं को इसलिए छोड़ दिया कि शम्बूक के वधिक और सीता का त्याग करने वाले राम तुलसी के युग को सर्वतोभावेन ग्राह्य नहीं हो सकते थे। यह नकारात्मक प्रमाण है। स्वीकारात्मक प्रमाण यह है कि तुलसीदास बालि-वध को भी कदाचित् राम का चिंत्य कृत्य मानते थे। बालि को मारने के समय राम और बालि के बीच जो संवाद होता है, उसमें बालि के एक प्रश्न का उत्तर राम दे देते हैं, किन्तु बालि जब दूसरा प्रश्न करता है कि :

धरम हेतु अवतरेउ गुसाइ।
मारेउ मोहि व्याध की नाईं।

तब राम से उसका कोई उत्तर नहीं चलता और प्रच्छन्न पश्चात्ताप के स्वर में वे कह उठते हैं :

अचल करौं तनु, राखहु प्राना।

यहाँ तुलसीदासजी ने अपनी ईमानदारी का निर्वाह बड़ी कठिनाई, बल्कि लगभग कठोरता के साथ किया है, किन्तु इससे यह स्पष्ट हो जाता है कि काल का अतिक्रमण करनेवाले कवि पर भी अपने समय का प्रभाव पड़े बिना नहीं रहता।

एक रामायण खड़ी बोली में भी है, जिसका नाम साकेत है और जिसकी रचना स्वर्गीय श्री मैथिलीशरण गुप्त ने की थी। मैथिलीशरणजी जाहिरा तौर पर, परम्परावादी

कवि थे और अपने को वाल्मीकि और तुलसीदास से भली-भाँति बाँधकर रखना चाहते थे, किन्तु जिस युग में वे साकेत की रचना कर रहे थे, उसने उन्हें तुलसीदास से कुछ अलग कर दिया। मैथिलीशरण सनातनधर्मी कवि थे, किन्तु उनके राम स्वामी दयानन्द से प्रभावित दीखते हैं। जिन दिनों मैथिलीशरण साकेत की रचना में लगे थे, उन दिनों उत्तरी भारत का आकाश ऋषि दयानन्द के नारों से गूँज रहा था। उन नारों में से एक नारा 'क्रीण्वंतो विश्वमार्यम्' भी था। साकेत के राम जब यह कहते हैं कि :

उच्चारित होती चले वेद की वाणी,
गूँजे गिरि, गह्वर, सिन्धु पार कल्याणी।

तब हमें आर्य-समाज के उसी नारे की याद हो आती है। मूल्य-परिवर्तन और काल-परिवर्तन से साहित्य कैसे परिवर्तित होता है, साकेत में इसका एक प्रमाण और है। गीता में कहा गया है कि भगवान का अवतार धर्म की स्थापना और अधर्म के नाश के लिए होता है, किन्तु साकेत के राम ऐसा कोई भी दावा नहीं करते। वे स्वामी दयानन्द और स्वामी विवेकानन्द के प्रवृत्तिमार्गी दर्शन से प्रभावित दीखते हैं। उन पर यूरोप से आनेवाली इस विचारधारा का भी प्रभाव है कि परलोक की आराधना में लोक की उपेक्षा नहीं की जानी चाहिए :

सन्देश स्वर्ग का नहीं भूमि पर लाया,
मैं भूतल को ही स्वर्ग बनाने आया।

साहित्य की प्रगति जीवन की प्रगति से भिन्न नहीं होती। चूँकि जीवन बदलता है, इसलिए साहित्य भी बदल जाता है। कुछ शुद्धतावादी लेखकों का मत है कि साहित्य परिवेश और मूल्य, दोनों से ऊपर उठ सकता है, दोनों से तटस्थ रह सकता है, किन्तु इसे हम अपवाद ही कहेंगे और इसमें कोई सन्देह नहीं कि अपवाद कभी-कभी नियमों से भी अधिक जीवित और सुरम्य होते हैं, किन्तु साधारण नियम यही है कि परिवेश साहित्य को प्रभावित करता है, उसके मार्ग में अवरोध भी डालता है। स्वामी दयानन्द के उपदेशों के कारण उत्तर भारत में जो पवित्रतावादी विचारधारा फैली, यह उसी का प्रभाव था कि द्विवेदीयुगीन हिन्दी कविता नीरस और खुलकर सोद्‌देश्य हो गई। यूरोप में जब रिफार्मेशन का दौरदौरा हुआ, कला में नैतिकता की वृद्धि हुई, किन्तु सौन्दर्य कला से बहिष्कृत हो गया। इसी तरह बौद्ध और जैन मतों से प्रभावित साहित्य में भी हम सौन्दर्य के बदले पुण्य का ही प्राचुर्य पाते हैं।

परिवेश और मूल्य से ऊपर उठने की आधुनिक प्रवृत्ति भी काल का ही परिणाम है। जब समाज में मूल्य का बोलबाला था, आदमी निःसंग नहीं था। निर्णय लेते समय वह मन-ही-मन मूल्यों से राय-मशविरा कर लेता था, किन्तु अब ज्ञान इतना बढ़ गया है कि आदमी हर चीज को शंका से देखने लगा है। यहाँ तक कि वह अब इस सवाल पर भी गम्भीरता से विचार करने लगा है कि जीवन जीने के योग्य है या नहीं। असली बात यह है कि आदमी ने मूल्यों को विघटित मान लिया, मगर दायित्व उस पर अब

भी सवार है, निर्णय उसे अब भी लेने पड़ते हैं, किन्तु निर्णय लेते समय मूल्य और मान्यताओं से मार्ग-दर्शन पाना उसके लिए असम्भव हो गया है। यही वह स्थिति है, जिसे आदमी ऐंगिश, नियति अथवा एबसर्डिटी कहता है।

यह स्थिति ज्ञान की अतिवृद्धि से उत्पन्न हुई है। ज्ञान जब-जब कर्म से विच्छिन्न हुआ है, जीवन और साहित्य, दोनों में निराशा की वृद्धि हुई है। आज के चिन्तक उसी दौर से गुजर रहे हैं। आदमी को पृथ्वी, परिवेश और प्रायः सृष्टि से विच्छिन्न करके उसे केवल चेतना का बन्दी बना देने से बहुत-सी दिक्कतें पैदा हुई हैं। आदमी, शायद, जीने का आदी नहीं रहा, इसलिए उसकी दुनिया उसकी ही चेतना में कैद हो गई है।

किन्तु हमें यह भी याद रखना चाहिए कि काल और मूल्य प्रभावशाली होते हुए भी अनुल्लंघनीय नहीं हैं। प्रत्येक सच्चे कवि का स्वभाव कुछ-कुछ विद्रोही का स्वभाव होता है। कवि विद्रोही इसलिए होता है कि वह मनुष्य की अतृप्तियों से परिचित होता है और तृप्ति के मार्ग की बाधाओं को वह जानता है। इसलिए वह परम्परा से संघर्ष करता है, आचरण-शास्त्र की आज्ञाओं की अवज्ञा करता है तथा मूल्यों की खामियों पर उसकी नजर पड़ती है। परम्परा और विद्रोह, जीवन में दोनों का स्थान है। परम्परा घेरा डालकर पानी को गहरा बनाती है। विद्रोह घेरों को तोड़कर पानी को चौड़ाई में ले जाता है। परम्परा रोकती है, विद्रोह आगे बढ़ना चाहता है। इस संघर्ष के बाद जो प्रगति होती है, वही समाज की असली प्रगति है।

दिसम्बर, 1967 ई.

('साहित्यमुखी' पुस्तक से)

कविता, राजनीति और विज्ञान

कविता की अवस्था कुछ बहुत अच्छी नहीं है। समस्त संसार में आज राजनीति और विज्ञान की तुलना में कविता का कंगूरा बहुत ही नीचे है। किसी समय कवि द्रष्टा और मनीषी तथा मनुष्य का नेता समझा जाता था, मगर आज वह सिर्फ मनोरंजन का साधन हो गया है। और मनोरंजन भी ऐसा जिसकी कीमत सिनेमा और कार्निवाल से बहुत अधिक नहीं है। यों तो कवि-सम्मेलनों के प्रति देश में बड़ी ही जागृति है और अखबारों में भी हर रोज कम-से-कम तीस मन कविताएँ छपा करती हैं, मगर इनका मूल्य सम्मान के स्तर पर, शायद ही, आँका जाता हो। कविताओं के पाठक वे लोग नहीं हैं, जिनके लिखने-बोलने या काम करने से देश की किस्मत में तबादले होते हैं। हमारे सबसे प्रमुख श्रोता छात्र हैं, जिनमें जीवन का नया उन्मेष है, जिनमें उषा की ताजगी को सराहने की सलाहियत है; हमारे दूसरे पाठक गृह-देवियाँ हैं, जो कसीदे काढ़ने के बीच-बीच कविताओं का भी आनन्द ले लेती हैं; और हमारे तीसरे श्रोता वे अल्पसंख्यक लोग हैं, जो सभ्यता से चिढ़कर कभी-कभी शरणार्थी होकर हमारे कुंजों में चले आते हैं। मगर ये ही छात्र जब पढ़-लिखकर जीवन में प्रवेश करेंगे, तब उन्हें कविता पढ़ने की फुर्सत नहीं मिलेगी और आज जिन कवियों के गले में वे पुष्पहार डालते हैं, उनकी याद वे जरा भी उत्साह के साथ नहीं करेंगे।

एक समय था, जबकि भोज की राजधानी में डॉक्टरों और इंजीनियरों को भी कुछ हद तक कवि होना लाजिमी था। आज वह समय है, जबकि डॉक्टर और इंजीनियर कविता की ओर झाँकते भी नहीं तथा पहले जहाँ भोज और विक्रमादित्य कला का आनन्द लेने को अपने व्यस्त जीवन में से काफी समय निकाल लेते थे, वहाँ आज शासकों को कविता के लिए उतना समय मिलना भी असम्भव हो जाता है, जितना समय वे बीसियों फिजूल कामों में खुशी-खुशी लगा देते हैं। कहते हैं, रोम जब अपने पूरे उत्कर्ष पर था, तब उसकी राजसभा में देश के प्रसिद्ध लेखक और कवि आदर के साथ बिठाए जाते थे, वे राज की पार्लियामेंट के सदस्य बनाए जाते थे। किन्तु अपने यहाँ विधान-परिषद् में कोई व्यक्ति सिर्फ इसलिए नहीं रखा जा सका कि वह देश की कविता या चित्रकारी का प्रतिनिधि है। देश की पार्लियामेंटों में कोई भूलकर भी उन सत्यों का उद्धरण नहीं देता, जिनकी स्थापना साहित्य में की गई है। सर राधाकृष्ण ही, शायद, एकमात्र अपवाद हैं। किन्तु उनकी सदस्यता इस बात का

प्रमाण नहीं है कि देश की राजनीतिक सत्ता साहित्य के प्रति सम्मान रखती है। उलटे, इससे तो यही सिद्ध होता है कि राजनीति साहित्य को तब तक अपने पार्श्व में स्थान नहीं दे सकती, जब तक कि उसे यह भरोसा नहीं हो जाए कि इसके अपनाने से मेरा मान बढ़ेगा। अधिकार के आसपास पहुँचने के लिए योग्यता और लियाकत की जो सबसे बड़ी शर्त रखी गई है, वह सिर्फ साहित्य के लिए है। दूसरे लोग तो चाहे जैसी भी योग्यता को लेकर अधिकार के कक्ष में दाखिल हो सकते हैं। देश की सबसे बड़ी, सबसे शक्तिशालिनी और सबसे आदरणीय सार्वजनिक संस्था कांग्रेस के भीतर भी उन लोगों की पूछ नहीं है जो नाटक, संगीत, चित्रकारी या काव्य में कोई चमत्कार उत्पन्न करते हैं। विज्ञान और राजनीति ने मिलकर एक ऐसी अवस्था पैदा कर दी है जिसमें साहित्य के पौधे उपेक्षित और म्लान होते जा रहे हैं।

राजनीति ने अब एक नया नारा निकाला है कि साहित्य राजनीति का रणवाद्य है। संसार के एक बहुत ही प्रगतिशील देश ने अनुभवों से यह पता लगाया है कि राजनीति के सिद्धान्त अगर साहित्य के भीतर पचा दिए जाएँ, तो वे मनुष्य के संस्कार बन जाते हैं और उन्हें फिर कोई हिला-डुला नहीं सकता। अतएव उस देश के शासकों की दृष्टि में साहित्य का मान बहुत-कुछ बढ़ गया है और कहा जाता है कि वहाँ साहित्यिकों का दल सबसे सुखी और सम्मानित है। किन्तु डूबकर देखने से पता चलेगा कि वहाँ भी गुलाब की प्रशंसा के लिए जो पुरस्कार दिया जाता है, वह उस पुरस्कार से कहीं न्यून है जो गेहूँ के विकास के लिए अत्यन्त आदर के साथ प्रदान किया जाता है (गेहूँ और गुलाब की सूक्ति के लिए बेनीपुरीजी को धन्यवाद)। रूस की देखा-देखी अब हिन्दुस्तान में भी राजनीतिक दल साहित्य का सहारा लेना चाहते हैं। हम मानते हैं कि यह उपेक्षा की अवस्था से अच्छी अवस्था है। किन्तु इससे उस उद्देश्य की सिद्धि दुर्लभ होगी जिसके लिए साहित्य की आवश्यकता है।

साधारणतः, जीवन में साहित्य का वही स्थान है, जो फूलों, पक्षियों, घटाओं और नदियों का है। इसके बिना जीवन नीरस और धरती निःस्वाद हो जाती है। किन्तु साहित्य की महत्ता वहीं तक सीमित नहीं रहती। साहित्य जब बढ़कर क्षितिज पर छाने लगता है, तब उसके भीतर से ऐसे नक्षत्र भी फूटते हैं, जिनकी रोशनी में मनुष्य भविष्य की राह देखता है। अकसर, लोग कहते हैं कि कला हमें उड़ाकर जीवन की धूल और धुएँ से बाहर ले जाती है। सम्भव है, यह ठीक हो। बल्कि यों कहना चाहिए कि यह गलत नहीं है। मगर कला मनुष्य को उड़ाकर जीवन के भीतर भी ले जाती है और पहली उड़ान तो तभी सार्थक समझी जाएगी, जबकि दूसरी उड़ान भी साध्य हो। अगर कवि शून्य में भरमाने के सिवा और कुछ नहीं करे तो उसका पद मद-विक्रेता से ऊपर हो ही नहीं सकता। जिसे आप पलायनवाद कहते हैं, उसका मैं कटु आलोचक नहीं हूँ, क्योंकि मैं जानता हूँ कि कल्पना के महल में जब-तब बन्द हो जाने से कवि की शक्ति का विकास ही होता है और उसकी वाणी कला के

चमत्कारों से युक्त रहती है।

कवियों के विरुद्ध जो वातावरण तैयार हुआ है, उसका एक कारण यह भी है कि लोग कल्पना को एक ऐसी शक्ति मानते हैं, जिससे छोटी-छोटी बातें भी बड़ी बनाकर कही जा सकें। कवि को देखते ही लोग उसे अत्युक्तिपूर्ण बातें बोलनेवाला और अव्यावहारिक मान लेते हैं। मगर ये दोनों ही बातें गलत हैं। कल्पना केवल कवि के लिए ही नहीं, बल्कि इतने जनों के लिए भी एक आवश्यक गुण है। कल्पना का उपयोग हम उन चीजों को देखने के लिए करते हैं, जिन्हें हमारी बाहरी आँखें नहीं देख सकतीं। कल्पना के जरिए हम उन आवाजों को सुनते हैं, जिन्हें हमारे बाहरी कान नहीं सुन सकते। और कल्पना के माध्यम से हम द्रव्यों के उस रूप का वर्णन करते हैं, जो रूप साधारण भाषा के माध्यम से व्यक्त नहीं किया जा सकता। जो कल्पना का निरादर करते हैं, वे जान-बूझकर अन्धे हो रहे हैं। आँखों पर जो एक प्रकार का मोतियाबिन्द चढ़ता है, कानों पर जो एक प्रकार की पपरी जमती है, उसे दूर करना कल्पना का काम है। कल्पना के बिना न तो कमल का सौन्दर्य देखा जा सकता है और न पक्षियों के गीत ही सुने जा सकते हैं। और-तो-और, कल्पना के बिना एक मनुष्य दूसरे से प्रेम भी नहीं कर सकता। मनुष्य परस्पर भाई-भाई है, यह कल्पना का सत्य है, जो प्रत्यक्ष सत्यों से भी कहीं बलवान है। और हम हिन्दू और वह मुसलमान है, यह जीवन की कुरूपता की बोली है, जो सत्य होने पर भी घातक और विषाक्त है। कल्पना के अभाव ने संसार को युद्ध-शिविरों में बाँट रखा है। कल्पना के प्राचुर्य से सारी दुनिया एक होगी। जहाँ कल्पना नहीं, वहाँ निर्दयता होती है; जहाँ कल्पना नहीं, वहाँ भयंकर स्वार्थ होता है और जहाँ कल्पना नहीं, वहाँ मृत्यु होती है।

विज्ञान और राजनीति के समान ही, साहित्य की भी अपनी सत्ता है और वे सब-के-सब जीवन की ओर ही उन्मुख होते हैं। मगर अफसोस की बात है कि कुछ साहित्यकार भी अपने को जीवन की पहुँच से परे मानते हैं और तब भी वे चाहते हैं कि जीवन उनकी वाणी पर आसक्त रहे। ये दोनों बातें एक साथ नहीं चल सकतीं। आज तक साहित्य जीवन के साथ विकसित होता आया था; इसीलिए लोग उसे अपने हृदय का हार बनाए हुए थे। किन्तु विज्ञान के आगमन के साथ अवस्था बदलने लगी। जंगलों में इंजनों की सीटी सुनकर वनदेवी और कविता की परी, दोनों ही घबरा उठे और शहरों में चिमनियों को धुआँ उगलते देखकर कवियों ने उनकी ओर से अपनी आँखें फेर लीं। कवि विज्ञान से विमुख होता गया और विज्ञान भी उसी अनुपात में साहित्य से बौद्धिकता का हरण करता गया। आज जनमत यह मानने लगा है कि बौद्धिकता का सारा कोश विज्ञान के पास है; कवि तो सिर्फ गाना गाता है। और ऐसे जनमत के बन जाने से जो शाप निकले हैं, उन्हें साहित्यकार खूब ही भोग रहा है। अपने देश में उद्योग अभी कम फैले हैं, इसलिए समस्या की गहनता को हम ठीक से नहीं समझ सकते। किन्तु औद्योगिक देशों में आज साहित्य की सबसे बड़ी समस्या

यही है कि विज्ञान के साथ साहित्य का क्या सलूक हो।

बात चिन्ता की जरूर है; क्योंकि कविता का जन्म जादू और विस्मय से हुआ था और विज्ञान इन दोनों का दुश्मन है। किन्तु बालकालीन विस्मय से निकलकर कविता ने बुद्धि के साम्राज्य पर शासन किया है। हम यह क्यों भूलें कि सत्य के सम्बन्ध में मनुष्य को जो ज्ञान प्राप्त होता है, वह कला के माध्यम से भी उसी प्रकार व्यक्त किया जा सकता है जैसे विज्ञान के माध्यम से? जिस कला ने पेड़, पर्वत, समुद्र और रेगिस्तान को आत्मसात् कर दिखाया, वह क्या कारखानों और आकाशगामी विमानों को ही नहीं पचा सकेगी? विज्ञान अगर मनुष्य-समाज में ठहरने को आया है, तो कविता उसकी कुरूपता को भी रंगीन बना डालेगी। कहते हैं, विज्ञा त के पास आत्मा नहीं है। हम मानते हैं कि वह चाहे तो कविता से अपनी आत्मा ले सकते हैं।

हम विज्ञान का अनादर नहीं करते। किन्तु हम देख रहे हैं कि वह सिर्फ मूर्तियों की रचना करना चाहता है; प्रतिमाओं के मुख में वह जीभ नहीं दे सकता और न उनके हृदय को ही जीवित कर सकता है। नतीजा यह हुआ है कि देश-देश में विज्ञान की प्रतिमाएँ आपस में टकरा रही हैं और सारा संसार कोलाहल से परिपूर्ण है। विज्ञान-विरचित प्रतिमाओं के भीतर अगर हृदय नाम की कोई जानदार चीज हुई होती, तो ये प्रतिमाएँ आपस में प्रेम करके विश्वकल्याण को सम्भव कर दिखातीं। किन्तु, यह काम साहित्यकारों के लिए रुका हुआ है, क्योंकि दर्शन और विज्ञान के लक्ष्य को भी प्राप्त करने के लिए मनुष्य को क्रियारूढ़ करना साहित्य का ही काम है।

यह सच है कि युद्ध को मनुष्यों के मन में एक आकर्षक भाव बनाकर स्थापित करने का अपराध साहित्य ने ही किया है। किन्तु एटम के अनुसन्धान से युद्ध नहीं रुकेगा। उसे रोकने के लिए तो मनुष्य के मन से इस भाव को ही दूर करना होगा कि युद्ध कोई आकर्षक, प्राणप्रेरक या प्रिय पदार्थ है। साहित्य ने मनुष्य को युद्ध का प्रेमी बनाया। और यह उसी का दायित्व और उसी के बूते की बात है कि वह मनुष्य की दृष्टि में युद्ध को घृणास्पद बना दे। दुनिया के सामने आज जो यह सबसे ऊँचा सवाल है, उसका हल राजनीति या विज्ञान नहीं निकाल सकता।

मैं कविता को जीवन तक पहुँचने की सबसे सीधी और छोटी राह मानता हूँ। यह मस्तिष्क नहीं, हृदय की राह है। मस्तिष्क ने संसार को भयंकर उलझनों में डाल रखा है और इन उलझनों से वह तब तक नहीं निकल सकता, जब तक कि वह हृदय की राह नहीं पकड़े। तुलसीदास जी ने जो 'ज्ञान को पन्थ कृपान के धारा' कहा था, वह आज के संसार में पूर्ण रूप से चरितार्थ हो रहा है। दिमाग से निकली हुई एक के बाद दूसरी योजनाएँ असफल होती जा रही हैं, फिर भी लोग दिल की राह नहीं पकड़ते। मगर दिमाग, शायद, अभी थका नहीं है। जिस दिन वह पूर्ण रूप से थक जाएगा, उस दिन संसार हृदय के उस मार्ग पर चलने को

विवश होगा जो मार्ग गांधीजी बता गए हैं।

मैंने कहा कि राजनीति की ओर से साहित्य की जो आराधना शुरू हुई है, वह कोई बुरी चीज नहीं है। किन्तु, मैं यह भी कहना चाहता हूँ कि साहित्य राजनीति की अनुचरता स्वीकार करके मनुष्य का कल्याण नहीं कर सकता। जनता साहित्य का विश्वास सिर्फ इसलिए करती है, क्योंकि झूठ बोलना अथवा मिथ्या-प्रचार साहित्य के स्वभाव के विरुद्ध है। जनता के अवचेतन में कौन-सी कामनाएँ ऊँघ रही हैं, जनता के विकास की भावी दिशा क्या होनी चाहिए, ये बातें सबसे पहले साहित्य को ही मालूम होती हैं और इसीलिए, साहित्यकार को यह आजादी रहनी चाहिए कि वह अपने हृदय की बात को निर्भीकतापूर्वक कहे और यह आजादी उन्हें भी नहीं अखरनी चाहिए जो साहित्य के प्रतिपालक के पद पर आरूढ़ होते हैं।

अगर कवि संघर्ष के भीतर बिठलाया जाता है तो संघर्ष से ऊपरवाली जगह भी उसी की होनी चाहिए। कवि की उदारता, कवि की सहानुभूति और कवि का रोने का अधिकार कहीं भी सीमित नहीं किया जा सकता। क्योंकि इस भयंकर संसार में वही तो एक ऐसा जीव है जो ''एक दल का पक्ष लेते हुए भी अपनी सहानुभूति का अर्द्धांश शत्रुओं के लिए भी सुरक्षित रखता है।''

('अर्धनारीश्वर' पुस्तक से)

युद्ध और कविता

कविता और युद्ध का सम्बन्ध लगभग वैसा ही माना जा सकता है, जैसा कविता और राष्ट्रीयता का सम्बन्ध। युद्ध और राष्ट्रीयता, दोनों हीन भावनाओं के प्रतीक हैं, मगर दोनों की जड़ें जीवन में काफी दूर तक गड़ी हुई हैं। वैयक्तिक चिन्तन युद्ध के विरुद्ध जाता है, किन्तु समूह जब युद्ध में ग्रस्त हो जाता है, तब समूह का ही चिन्तन प्रधान, व्यक्ति का चिन्तन गौण हो जाता है। राष्ट्रीयता का भी यही हाल है। लेखक, कवि और दार्शनिक राष्ट्रीयता की सीमा को देखते हैं, किन्तु राजनीतिक उसी को सम्पूर्ण सत्य समझती है। अभी संसार में ऐसी कोई भी सरकार नहीं है जो अन्तर्राष्ट्रीयता के विकास के लिए अपने राष्ट्रीय हितों का बलिदान करने को तैयार हो। प्रत्येक राष्ट्र अन्तर्राष्ट्रीयता का समर्थन वहीं तक करता है, जहाँ तक वह उसके अपने हित के अनुकूल हो।

युद्ध जीवन की एक स्थिति है और जैसे कविता जीवन की अन्य स्थितियों को समझने के लिए उन्हें अपना विषय बनाती है, वैसे ही युद्ध की स्थिति भी कविता का विषय है।

किन्तु यह सत्य है कि युद्ध के प्रसंग में नई कविता पुरानी कविता से भिन्न हो गई है। पुरानी कविता में युद्ध के लिए उत्साह था। नई कविता में उसके लिए व्यथा और विषाद है, द्विधा और द्वन्द्व है, विरक्ति और विलाप है। पुराने जमाने में युद्ध की अच्छी कविता वह समझी जाती थी, जो युद्ध का समर्थन करती थी। अब युद्ध की अच्छी कविता वह है, जो युद्धों का विरोध करती है, उनके प्रति वितृष्णा उत्पन्न करती है। पुरानी कविता आवेग-प्रधान थी। नई कविता चिन्तन-प्रधान है और यह बात प्रत्यक्ष है कि क्रोध बिना सोचे-समझे किया जाता है। सोचने-विचारने से क्रोध की आग मन्द पड़ जाती है लेकिन युद्ध वह तूफान है, जो चिन्तन के चिराग को गुल कर देता है। अतएव प्रश्न यह बन जाता है कि युद्ध छिड़ जाने पर हम क्या करें? क्या हम तटस्थ हो जाएँ या युद्ध का विरोध करें अथवा बन्दूकें उठाकर मैदान की ओर दौड़ें और कलम उठाकर उन आवेगों को बढ़ावा दें, जो अन्ध-वीरता के आवेग हैं, जिन आवेगों के सामने विजय और विनाश को छोड़कर कोई और विकल्प नहीं है?

पुरानी कविता उस अडिग मनुष्य की कविता थी, जो चिन्तन कम, कार्य अधिक करता था। नई कविता उस मनुष्य की कविता है, जो ज्ञानाधिक्य से पीड़ित होने के कारण कर्म के विषय में शंकाग्रस्त है। पुरानी कविता के वीरनायक श्रीराम थे, जिन्हें शम्बूक वध के समय भी दुविधा नहीं हुई, श्री कृष्ण थे, जिन्हें अपनी प्रतिज्ञा तोड़कर

भीष्म पितामह पर टूट पड़ने में किसी प्रकार का संकोच नहीं हुआ। नई कविता का नायक हैमलेट है, जो आत्मरक्षा का उपाय नहीं खोजकर केवल इस विचिकित्सा में पड़ा रहता है कि 'होने और नहीं होने' में कौन-सा विकल्प ठीक है, कर्म और अकर्म में कौन-सा सही और कौन-सा गलत मार्ग है। पुरानी कविता का स्वर था :

हतो वा प्राप्स्यसि स्वर्ग जित्वा वा भोक्षसे महीम्
तस्मात् उत्तिष्ठ कौन्तेय, युद्धाय कृतनिश्चयः।।

किन्तु नई कविता का स्वर है "आशा करने से बाज आओ, क्योंकि आशा गलत चीज की आशा होगी। प्रेम करने से बाज आओ, क्योंकि प्रेम गलत चीज के लिए प्रेम होगा।" इलियट की चेतावनियों में एक चेतावनी यह भी जोड़ी जा सकती है कि "युद्ध करने से बाज आओ, क्योंकि युद्ध गलत बातों के लिए युद्ध होगा।" और अन्त में सभी युद्ध सचमुच ही, गलत बातों के लिए युद्ध सिद्ध होते हैं।

किन्तु, हैलमेटवादी दृष्टिकोण की प्रधानता होते हुए भी युद्ध रुकता नहीं दिखाई देता। उलटे, यह बात दिनोंदिन अधिक प्रत्यक्ष होती जाती है कि हैमलेट जहाँ भी जन्म लेते हैं, बर्बाद होने को जन्म लेते हैं। हैमलेटों की ईमानदारी का आदर केवल कवि करते हैं, दार्शनिक और कलाकार करते हैं, किन्तु कर्मवादी राजनीतिज्ञ, जो संसार के संचालक और सूत्रधार हैं, हैमलेट की पहले भी अवहेलना करते थे और आज भी अवहेलना करते हैं और युद्ध, आदि से अन्त तक, राजनीति है। जब राजनीति श्वेत वस्त्रों में होती है, हम उसे शान्ति कहते हैं। जब उसके कपड़े लाल रंग में रँग जाते हैं, तब वही राजनीति युद्ध बन जाती है। प्रश्न यह नहीं है कि युद्ध दुष्कर्म है या नहीं। प्रश्न यह है कि उसके अभिशापों से बचा कैसे जाए।

केवल ऊँची बातें बोलने से युद्ध नहीं रुकेगा, क्योंकि आदमी ऊँची बातों को अमल में लाने से लाचार है। विशेषतः अहिंसा की साधना व्यक्ति के लिए सुकर, समूह के लिए अत्यन्त दुःसाध्य है। और जब भी हम व्यक्ति के धर्म को समाज का धर्म बनाएँगे, नतीजा वही निकलेगा, जो भारतवर्ष में बार-बार दिखाई पड़ा है। भारत का पतन इसलिए नहीं हुआ था कि यह देश पापियों का देश था। पतन उसका इसलिए हुआ कि सभ्यता उसने जरूरत से ज़्यादा सीख ली थी।

बहुत ऊँचे आदर्श व्यक्ति को तो ऊँचा ले जाते हैं, मगर वे राष्ट्रों का विनाश कर डालते हैं। भारत शान्ति की आराधना करे, इससे किसी का भी विरोध नहीं हो सकता। व्यावहारिक कठिनाई केवल यह है कि ऋषि ने अगर यज्ञवेदी पर काफी बन्दूकें जमा नहीं की हैं तो उसका शान्ति-यज्ञ भी पूरा नहीं होगा।

युद्ध से डरनेवाले लोग शान्ति-स्थापना में हमेशा असमर्थ रहे हैं। शान्ति की रक्षा आज भी वे ही लोग कर रहे हैं और आगे भी वे ही लोग करेंगे, जो युद्धों से डरते, मगर युद्ध रोकने को तैयार हैं। आदर्श मनुष्य की सबसे समीचीन कल्पना यह है कि उसे शरीर से बर्बर और मन से साधु होना चाहिए, लेकिन शान्ति-स्थापना में जितनी

बाधा बर्बरों की असाधुता से पड़ी है, साधुओं की, निर्वीर्यता उससे कम गुनहगार नहीं है।

विशेषतः जिन देशों की जनसंख्या बहुत बड़ी है, उन्हें सामरिक दृष्टि से भी बलवान होना चाहिए, नहीं तो उनकी कमज़ोरी ही विश्वयुद्ध का सबसे बड़ा कारण बन जाएगी। चिड़ियों की लाशों पर केवल कौवे ही भीड़ लगाते हैं। बड़े-बड़े गिद्ध तो तभी उतरते हैं, जब उन्हें किसी बड़े जानवर की लाश दिखाई देती है।

युद्ध की कविता केवल युद्ध के ही समय नहीं लिखी जाती है। वह तब भी लिखी जाती है और लिखी जानी चाहिए, जब युद्ध शुरू नहीं होते हैं और उस समय भी जब युद्ध खत्म हो जाते हैं और जैसे युद्ध में जीत उसकी होती है, जो पहले से ही उसके लिए तैयार रहता है, उसी प्रकार संसार में मान के साथ केवल वे जातियाँ जीती हैं, जिनका जीवन-दर्शन युद्ध पर आधारित है, संघर्ष की वास्तविकता से एकाकार है। सर मोहम्मद इकबाल कविता को व्यक्तित्व की अभिव्यक्ति मानते थे, किन्तु व्यक्तित्व से उनका तात्पर्य संघर्ष और तनाव से था। इकबाल के अनुसार व्यक्तित्व उसका बनता है, जो दुरवस्थाओं से संघर्ष कर रहा है, जो तनाव की स्थिति में रहकर अपना विकास खोज रहा है। जो बातें व्यक्तित्व के विकास में सहायता पहुँचाती हैं, उन्हें इकबाल कला के लिए भी उपयोगी समझते थे। और जिन बातों से मनुष्य का व्यक्तित्व शिथिल होता है, उन्हें इकबाल कला के लिए भी वर्जित बताते थे। हाफिज की गजलों की उपमा उन्होंने उन गुलाबों से दी थी, जिनके भीतर साँप छिपे हुए हैं। इकबाल के उद्गारों से यह शिक्षा मजे में निकाली जा सकती है कि मानवता को ऊँचा उठाने वाली प्रत्येक कविता युद्ध की ही कविता होती है, क्योंकि वह संघर्ष को प्रेरित करती है, तनाव की स्थिति को मजबूत बनाती है और इस संघर्ष और तनाव का कहीं भी अन्त नहीं है। मंजिलों के आगे नई मंज़िलें मौजूद हैं और आदमी को हमेशा अपने से ऊपर उठने का प्रयास करते ही जाना है।

सितारों से आगे जहाँ और भी हैं,
अभी इश्क के इम्तिहाँ, और भी हैं।
तू शाहीं है, परवाज है काम तेरा,
तेरे सामने आसमाँ और भी हैं।

संसार अभी भी उन कविताओं से पूरे प्रभाव में है, जिन्हें हम युद्ध-काव्य कह सकते हैं। रामायण युद्ध की कविता है। महाभारत युद्ध का काव्य है। होमर युद्ध के कवि हैं। शेक्सपियर युद्ध की प्रेरणाओं से पूर्ण हैं। मनुष्य के मन के भीतर युद्ध को गौरवपूर्ण भाव के रूप में प्रतिष्ठित करने का सारा कार्य कवियों ने किया है और आज इस भाव को गौरवहीन बनाने की दिशा में भी वे ही सबसे अधिक सचेष्ट हैं, किन्तु युद्ध की गरिमा का चाहे जितना भी हरण किया जाए, युद्ध अचानक फूट पड़ता है और तब बहुत-से ऐसे कवि भी युद्ध की कविता लिखने लगते हैं, जो सच्चे मन से युद्धों के विरुद्ध हैं। शान्ति का प्रचार तभी तक सम्भव है, जब तक युद्ध नहीं छिड़ा हो। जब युद्ध छिड़

जाता है, तब फिर लड़ना छोड़कर कोई और मार्ग शेष नहीं रह जाता।

युद्ध के दर्पपूर्ण आवेगों से मनुष्य का जितना परिचय है, उसका उतना ही पुराना परिचय युद्ध की करुणा के भी साथ है। जिन कारणों से हम युद्ध का गौरव हरण करना चाहते हैं, वे कारण कदाचित् व्यासजी को भी दिखाई पड़े थे। युद्ध के ठीक पहले अर्जुन की और युद्ध के बाद युधिष्ठिर की जो मनोदशा हुई थी, वह आधुनिक चिन्तकों की मनोदशा से मिलती-जुलती है, किन्तु व्यास ने अर्जुन का समाधान भगवान श्रीकृष्ण से तथा युधिष्ठिर का समाधान भीष्म से करवा दिया अर्थात् अपने इस मत को उन्होंने दो-बार रेखांकित किया कि अन्याय के प्रतिकार के लिए अगर खड्ग छोड़कर और कोई विकल्प नहीं हो, तो वैसी अवस्था में खड्ग उठाना धर्म तथा नहीं उठाना अधर्म है।

वास्तविक युद्ध-काव्य और कोरे प्रचार-काव्य के बीच हमें भेद करना चाहिए, गरचे यह विभाजन ज़्यादातर गुण नहीं, परिमाण को ही लेकर किया जा सकता है। जैसे शैली की नवीनता और उसका तकनीकी सौन्दर्य अन्य कविताओं की श्रेष्ठता के लक्षण माने जाते हैं, उसी प्रकार युद्ध काव्य की भी श्रेष्ठता उसकी शैली में परखी जाती है। वास्तविक युद्ध-काव्य वह है, जो भाव और शैली दोनों से लोगों के बीच असन्तोष पैदा करता है, उनके भीतर अन्याय के विरोध की भावना जगाता है और उन्हें विपत्तियाँ झेलने को तैयार करता है, किन्तु युद्ध के समय जो ढेर-की-ढेर अखबारी कविताएँ लिखी जाती हैं, वे एक दृष्टि से तो प्रचार-साहित्य हैं, किन्तु एक दूसरी दृष्टि से वे एक प्रकार की मनोवैज्ञानिक ग्रन्थि से उत्पन्न होती हैं। अँधेरे और सुनसान रास्ते में चलनेवाले मुसाफिर को जब भय लगता है, वह ज़ोर-ज़ोर से गाने लगता है। इसी प्रकार जनता जब किसी युद्ध से भय मानती है, तब वह गाने और सुनने के लिए उग्र-उन्मादक कविताओं की माँग करती है। यह भी ध्यान देने की बात है कि जिस युद्ध में जितना ही अधिक आतंक फैलता है, उसे लेकर उतनी ही अधिक कविताएँ लिखी जाती हैं। मनोवैज्ञानिक ग्रन्थि का एक स्वरूप यह भी है कि युद्ध के समय हमारे अन्तर्मन में यह ग्लानि समाई रहती है कि हम सुरक्षित इसलिए हैं कि हमारी रक्षा करने को और लोग मोर्चे पर खतरे झेल रहे हैं, अपनी जान और जिस्म की कुर्बानी दे रहे हैं। अपने अन्तर्मन की इस अपराध-भावना को छिपाने के लिए भी हम देशभक्ति का बहाना बनाकर युद्ध की कविता रचते अथवा ज़ोर-ज़ोर से उसका पाठ करते हैं। युवकों को मृत्यु के मुख में झोंककर खुद आराम करने में जो एक मनोवैज्ञानिक ग्लानि और दंश है, उसे छिपाने अथवा उससे पलायन करने के काम में देशभक्तिपूर्ण कविताएँ जनता को सहायता पहुँचाती हैं। एक यह भी कारण है कि युद्ध के समय युद्ध-प्रचार की कविताएँ जितनी लोकप्रिय रहती हैं, उतनी लोकप्रिय वे युद्ध के बाद नहीं रह पातीं।

किन्तु युद्ध की सारी कविताएँ केवल लोकप्रिय ही हों, यह कोई आवश्यक

बात नहीं है। वे अलोकप्रिय भी हो सकती हैं और जो कविताएँ अलोकप्रिय होती हैं, वे ही दीर्घायु भी होती हैं। युद्ध का जो वक्तव्य सार्वजनिक मंचों से आता है, वह उसका असली वक्तव्य नहीं है। युद्ध का असली वक्तव्य वह है, जिसे नीरवता में केवल हमारी आत्मा सुना करती है। युद्ध ऐसा विषय नहीं है, जिसका बखान केवल ढोल पीटकर कर दिया जाए। उसके साथ अनन्त परिवारों की वेदना बँधी होती है, उसके साथ सभ्यता का भविष्य सम्बद्ध होता है, उसके साथ जीवन-मरण की ऐसी अनेक गुत्थियाँ लिपटी होती हैं, जिन्हें सुलझाने के काम में चिन्तकों, दार्शनिकों और राजनीति के बड़े-बड़े पंडितों को बार-बार पराजय स्वीकार करनी पड़ी है। युद्ध राष्ट्रीय भावनाओं का विस्फोट है, मगर वह मानवीय समस्या का भी सबसे ज्वलंत, सबसे दुखदायी स्वरूप है। युद्ध में मनुष्यों को क्या-क्या नहीं सहना पड़ता है? मेरा खयाल है, कविगण यदि अपने को कम, मनुष्य को कुछ अधिक देखने की कोशिश करें, तो वे युद्ध की बहुत अच्छी कविताएँ लिख सकते हैं।

युद्ध-काव्य को मैं एक सामाजिक कर्तव्य मानता हूँ, जैसे राष्ट्रीय काव्य सामाजिक कर्तव्य हैं, किन्तु यहाँ यह भी याद रखने की बात है कि कवि साधारण सैनिक नहीं होता। हम विशेष प्रकार के सिपाही हैं। हम जिससे लड़ते हैं, अपने हृदय की आधी सहानुभूति उस दुश्मन के लिए भी सुरक्षित रखते हैं। हम जिस पर वार करते हैं, उसके घाव के लिए मरहम तैयार करना भी हमारा ही काम है। युद्ध की श्रेष्ठ कविताएँ वे नहीं हैं, जो युद्ध-विशेष के साथ समाप्त हो जाती हैं। कविता राष्ट्रीय होकर भी राष्ट्रीयता का अतिक्रमण करती है, धार्मिक होकर भी साम्प्रदायिकता के पार पहुँचती है। युद्ध की भी श्रेष्ठ कविताएँ वे हैं, जो युद्ध-काव्य होने पर भी युद्ध का अतिक्रमण करती हैं, जो एक देश में जन्म लेकर अनेक देशों का स्पर्श करती हैं, जो एक शताब्दी में पैदा होकर अनेक शताब्दियों की यात्रा करती हैं।

नए कवि करुणा और संवेदना के कवि हैं। वे भावुकता के आवेश में आकर युद्ध को दर्पपूर्ण भाव के रूप में ग्रहण करने को तैयार नहीं हैं। प्रथम विश्वयुद्ध के विख्यात युद्धकवि विलफ्रेड ओवेन ने लिखा था :

My subject is War and the pity of War.
The poetry is in the pity.
(मेरा गेय युद्ध है और युद्ध की करुणा।
कवित्व का वास करुणा में है।)

और येट्स का सिपाही मोर्चे पर खड़ा बड़े ही निःसंकोच भाव से कहता है :

Those that I fight, I do not hate.
Those that I guard, I do not love.
(जिनके साथ मैं जूझता हूँ, उनसे मैं घृणा नहीं करता।

जिनकी मैं रखवाली करता हूँ, उनसे मुझे प्रेम नहीं है।)

द्वितीय विश्वयुद्ध की कविता तो दर्प और भावुकता से बिलकुल ही मुक्त हो गई। उस युद्ध के एक वर्दीधारी कवि ने लिखा था :

Droll rat, they will shoot you if they knew your cosmopolitan sympathies.

(मौज़ी चूहे, अगर उन्हें पता चल गया कि तुम्हारी सहानुभूति, सार्वभौम है, तो लोग तुम्हें गोली मार देंगे।)

वेदना और व्यंग्य, ये युद्ध-काव्य की अब रीढ़ बन गए हैं। वेदना उनकी, जो देशभक्ति के लिए अथवा विचारधारा के प्रेम में शहीद होते हैं और व्यंग्य की बात यह कि जिन सपनों के लिए सिपाही अपना बलिदान देता है, वे सपने कभी भी पूरे नहीं होते। व्यंग्य इस बात पर भी कि हमें जो शिक्षा दी जाती है, वह शान्ति की शिक्षा है, युद्ध-विरोध की शिक्षा है, किन्तु यह शिक्षा हमारे किसी काम नहीं आती। हम शान्ति चाहते हैं, किन्तु हमें युद्ध में उतरना पड़ता है। अपने भीतर हम ग्लानि का अनुभव करते हैं, ऊँचाई से खिसकने पर हमें पश्चात्ताप होता है, किन्तु लड़ना छोड़कर हम और कुछ कर नहीं सकते, क्योंकि जातियों के लिए राष्ट्रीय पराजय से बढ़कर और कोई पाप नहीं है। कवि कैलास ने इस दर्द को बहुत अच्छी अभिव्यक्ति दी है :

यह सब कल के लिए छोड़ दो।
आज तो बस युद्ध को—
नहीं, नहीं आवश्यक बुराई को
नीचे से ऊपर तक ओढ़ लो।

यह वक्तव्य ईमानदारी का वक्तव्य है। ओवेन और येट्स के वक्तव्य भी ईमानदारी के ही वक्तव्य हैं, किन्तु ये सारे वक्तव्य अधूरे दीखते हैं, क्योंकि वे जिस गहराई की थाह लेने की कोशिश करते हैं, वह गहराई अथाह है। युद्ध के बारे में मुख से उद्गीर्ण कोई भी वक्तव्य पूर्ण नहीं हो सकता। भाषा इस विषय की पूरी वेदना और विवशता को नहीं सँभाल सकती, न चिन्तन इस समस्या का सम्यक् समाधान निकाल सकता है। जब तक कर्म की घड़ी नहीं आती, वाणी और चिन्तन अपना काम कर सकते हैं, किन्तु कर्म का अखाड़ा खुलते ही कर्म ही हमारा प्रधान कर्तव्य हो जाता है। क्योंकि कर्म के अखाड़े में चिन्तन की तलवार का भरोसा करनेवाला मनुष्य मारता नहीं, खुद मर जाता है।

किया को छोड़ चिन्तन में फँसेगा,
उलटकर काल तुझको ही ग्रसेगा।

सन् 1965 ई.

('साहित्यमुखी पुस्तक से)

कविता का भविष्य

हिन्दी के तीन महाकवियों की प्रतिभा से चमत्कृत होकर कोई एक चौथा कवि बोल उठा :

सूर सूर, तुलसी ससी, उडुगन केसवदास।
अब के कवि खद्योत सम, जहँ तहँ करहिं प्रकास॥

जब मनुष्य कोई बड़ा आश्चर्य देखता है, तब वह सोचने लगता है कि आश्चर्य की रचना करनेवाली कला का यह चरम चमत्कार है। इससे बड़ा अब और क्या होगा? प्रस्तुत दोहे के रचयिता ने भी इसी भाव से अभिभूत होकर यह सूक्ति कही होगी, जिसका लक्ष्य कविता नहीं, प्रत्युत, कवि की सम्भाव्य असमर्थता की व्यंजना है।

फिर उर्दू में कोई शायर आया और सब कुछ देख-सुनकर उसने घोषणा कर दी :

शायरी मर चुकी जिन्दा नहीं होगी यारो!

किन्तु, कविता के सौभाग्य से रवीन्द्रनाथ और इकबाल, दोनों ही महाकवि, उर्दू के शायर और हिन्दी के इस दोहाकार के बाद जन्मे और अपनी कृतियों से उन्होंने सिद्ध कर दिया कि कविता की भूमि अभी भी उर्वर है तथा उसके हृदय से प्रकाश के फव्वारे अभी भी फूट सकते हैं।

यह तो हुई अपने देश की बात, जहाँ वैज्ञानिकता के व्यापक प्रचार के बहुत पहले ही लोगों को कविता के कदम डगमगाते दिखाई पड़े। किन्तु, जिन देशों में वैज्ञानिक सभ्यता ने अपना साम्राज्य स्थापित कर लिया है, वहाँ के कवि और काव्य-प्रेमी आलोचक तो आज, सचमुच ही, बेचैन हैं कि कविता की सत्ता कैसे अक्षुण्ण रखी जाए और जनता के भीतर कैसे यह विश्वास जमाया जाए कि कविता का रसास्वादन भी मनुष्य के चौकोर व्यक्तित्व के निर्माण के लिए आवश्यक है।

काव्यकला के सामने आज दो प्रकार की बाधाएँ उपस्थित हैं। एक बाधा तो यह है कि मनुष्य के संस्कार बड़े ही वेग से रूपान्तरित हो रहे हैं और कल्पना-सेवी सम्प्रदाय के लिए इस प्रगति के कदम-से-कदम मिलाकर चलना जरा कठिन हो रहा है। मानव-जीवन के वृत्त में पड़नेवाले विभिन्न उपकरण यानी पेड़, पौधे, पर्वत, पशु, नदी, आकाश, ग्रह, नक्षत्र आदि को कविता अपने भीतर भली-भाँति पचा चुकी थी और जीवन के प्रसंग में उनकी बहुविध व्याख्या करने में उसे कोई खास मशक्कत

भी नहीं होती थी! किन्तु अब रेल, मोटरकार, पुतलीघर, वायुयान, अणुबम तथा एलेक्ट्रोंस और प्रोटोंस जीवन के वृत्त में एकबारगी घुस पड़े हैं और इन नवागन्तुकों ने मिलजुलकर कुछ ऐसा कोलाहल मचा रखा है कि न तो कवि को ही यह सुविधा प्राप्त है कि एकान्त में बैठकर वह इनके साथ अपना रागात्मक सामंजस्य स्थापित करे और न जनता ही उसे फुर्सत में मिलती है कि कवि उसके साथ बैठकर इस सामंजस्य की दिशा निर्धारित करे। सभी दौड़ रहे हैं। सभी व्यस्त हैं। विज्ञान का चक्र जोरों से घूम रहा है और उसके साथ ही मनुष्य की बुद्धि भी चक्कर खा रही है। कवि किसको देखे और किससे बातें करे? वह तो सिर्फ हृदय से बातें कर सकता था मगर मानव का हृदय भी आज बुद्धि की गुलामी कर रहा है। अखाड़ा विज्ञान के हाथ में है और विज्ञान अपने औद्धत्य में किसी से कुछ बात करने को तैयार नहीं है। इस स्थिति से आजिज आकर इंग्लैंड के एक कवि ने कहा कि विज्ञान में जो गर्जन है, उसे चुराए बिना हमारा काम नहीं चलेगा। मगर, यह चोरी तो सभी के सामने करने होगी; क्योंकि सारी दुनिया ही आज विज्ञान का पहरेदार बन गई है।

दूसरी बाधा, बहुत कुछ, पहली ही बाधा का स्वाभाविक परिणाम है। जब कविता और जीवन के बीच विज्ञान का कोलाहल और संस्कृति के रूपान्तरित होने का रोर छा गया और इस कोलाहल में कविता की सत्ता विलीन होने लगी, तब स्वभावतः ही कवि के व्यक्तित्व पर भी, इस प्रक्रिया का अनिष्टकारी प्रभाव पड़ा और लोग सोचने लगे कि जैसे ईश्वर और धर्म पर प्रश्न के बड़े-बड़े चिह्न लटक गए हैं, उसी प्रकार, शायद, कवि का आदर भी जनता के भ्रम के ही कारण था।

कवि ईश्वर और धर्म के बहुत समीप रहा भी था। अतएव, दोनों के साथ वह भी दंडित किया जा रहा है। जिन लोगों ने ईश्वर और धर्म का बहिष्कार किया, वे कवि का भी बहिष्कार कर देते, किन्तु, उन्हें एक बात सूझ गई कि ईश्वर और धर्म के समान कवि निराकार और बिलकुल अनुपयोगी चीज नहीं है! उसके रक्त, मांस और चेतना भी होती है। अतएव निर्दिष्ट दिशा की ओर निरत करके उसका थोड़ा-बहुत उपयोग किया जा सकता है।

किन्तु जिन लोगों ने ईश्वर और धर्म का बहिष्कार नहीं किया, सिर्फ श्रद्धा और तिरस्कार के बीच उन्हें त्रिशंकु बनाकर रोकने को छोड़ दिया है, उनके बीच का कवि भी त्रिशंकु की तरह ही डोल रहा है।

संसार के बहुसंख्यक देशों में प्राचीन विश्वास की परम्परा हिल गई है, किन्तु नया विश्वास अभी अपनी जड़ें नहीं जमा रहा है। परिणामतः अधिकांश देशों के लोग अभी यह निर्णय ही नहीं कर पाए हैं कि ईश्वर, धर्म और कविता से वे कोई काम लेंगे अथवा इन्हें त्याग ही देंगे।

ईश्वर, धर्म और कविता को एक साथ गिनने का कारण यह है कि भिन्नता के होते हुए भी इन तीनों के बीच एक प्रकार की मौलिक समता रही है। कहते हैं कि

कविता का जन्म धर्म की गोद में हुआ था। किन्तु इससे अधिक उपयुक्त तो यह कहना होगा कि धर्म का उदय कविता की कुक्षि में हुआ होगा। कविता विस्मय से उद्‌भूत हुई और तब उसने मनुष्य में जिज्ञासा को प्रेरित किया और जिज्ञासा से ईश्वर की कल्पना और धर्म की परम्परा आरम्भ हुई।

मनुष्य के भीतर जो एक सूक्ष्म आध्यात्मिक व्यक्तित्व है, उसी ने अपनी अभिव्यक्ति का माध्यम खोजते हुए कविता का आश्रय लिया और इसी जीवन को अभिव्यक्त करने के लिए कविता प्रार्दुर्भूत हुई। मस्तिष्क में जो गुण हैं, बुद्धि में जो चमत्कार हैं, वे मनुष्य के स्थूल जीवन को सजाते, सँवारते और व्यक्त करते हैं। किन्तु मनुष्य के भीतरवाला मनुष्य इनकी पकड़ में नहीं आता। उसे पकड़ने के लिए भावना का जाल और हृदय की जंजीर चाहिए। और अनन्त काल से मनुष्य अपने इस आध्यात्मिक व्यक्तित्व को हृदय की भावनाओं में अभिव्यक्त करता आया है। अतएव ईश्वर, धर्म और काव्य—ये तीनों ही मनुष्य के भीतरवाले मनुष्य को प्रसार देते रहे हैं। तो क्या जिस प्रकार, ईश्वर और धर्म गौण होते जा रहे हैं, उसी प्रकार कविता को भी गौण होना ही पड़ेगा? और अगर किसी दिन मनुष्यों ने मिलकर ईश्वर और धर्म को आखिरी बन्दगी दे दी, तो क्या उस दिन कविता को भी मनुष्य से विदाई ले लेनी पड़ेगी?

तो फिर मनुष्य के भीतरवाले मनुष्य का क्या होगा? क्या उसकी सत्ता है ही नहीं? अथवा इतने दिनों में हम जो अपने सूक्ष्म व्यक्तित्व की अभिव्यक्ति के नाम पर विभिन्न ललित कलाओं का आश्रय ले रहे थे, वह कोई रोग था, जिससे मनुष्य मुक्ति पाने जा रहा है?

नवयुग के नबी और मसीहा ऐसा प्रश्नों का सामना करना नहीं चाहते, यह और भी दुर्भाग्य की बात है। और इन तमाम असंगतियों के बीच कविता जारी है। अगरचे उसके कदम धीरे-धीरे उठते हैं, मगर जो अटल है, उसके अस्तित्व को उसने स्वीकार कर लिया है तथा विज्ञान के नगर में वह उसका गर्जन सीखने को आ पहुँची है।

मगर समाज के हृदय में प्रवेश करने की राह उसे नहीं मिल रही है; अथवा हृदय पर खड़ी होकर वह मनुष्य के मस्तिष्क को अपने सामने झुकाने में असमर्थ है। जीवन का जो एक नया महल तैयार हो रहा है, उसमें मनुष्य सभी विद्याओं से सहायता ले रहा है। सिर्फ एक कविता ही है, जिसकी सहायता की उसे कोई जरूरत महसूस नहीं होती। परिणामतः कविता और कवि, दोनों ही उपेक्षा के पात्र हो रहे हैं।

प्रशंसा और प्रोत्साहन—ये कवि-प्रतिभा के आहार हैं। किन्तु प्रशंसा कौन करे? और प्रोत्साहन कौन दे? हिन्दुस्तान में इन दोनों की प्राप्ति पहले दरबारों से होती थी। किन्तु बहुत दिन हुए कि दरबार उजड़ गए और जहाँ पहले राजा और नवाब थे, वहाँ अब जनता आसीन है। और जनता को यह अधिकार तथा गौरव तब मिला, जब विज्ञान ने उसकी भावनाओं में एक विचित्र प्रकार की हलचल मचा दी। युवराज जब

सिंहासन पर आने लगे, तब बीच ही में किसी ने उनके कानों में कह दिया कि असल ताकत फौज है। वीणा और सितार से जरा वाजिबी-वाजिबी ही।

हमारे देश में हमारी स्वामिनी अशिक्षित है, यह बात तो है ही। मगर जो लोग शिक्षित और सुसंस्कृत हैं, उनका क्या हाल है? बी.बी.सी. के माध्यम से अभिनव अंग्रेजी कविताओं का व्यापक प्रसार करने की चेष्टा आज कई वर्षों से चल रही है। और यहाँ हिन्दुस्तान में तो कवि-सम्मेलनों और मुशायरों की बहुत बड़ी माँग है। किन्तु परिणाम में हम क्या देखते हैं? क्या अभिनव कविता का इंग्लैंड या हिन्दुस्तान में कोई वास्तविक प्रचार हो रहा है? तालियों की गड़गड़ाहट और महज सिर हिलाने को हम कविता के लोकप्रिय होने का प्रमाण नहीं मान सकते। हम तो यह जानना चाहते हैं कि समाज में फैली हुई अन्य विद्याओं से लोग जो प्रेरणा ग्रहण करते हैं, वह प्रेरणा वे कविता से लेते हैं या नहीं? अखबारवाले अपने मत की पुष्टि में राजनीतिज्ञों और वैज्ञानिकों के अनुभवों का प्रमाण देते हैं किन्तु कवि की अनुभूति का अवतरण देकर अपने पक्ष की पुष्टि करने की आवश्यकता वे नहीं समझते। पार्लियामेंटों और विधायिका सभाओं में सदस्य जब बोलने लगते हैं, तब उन्हें भी उद्धरणों की आवश्यकता होती है। किन्तु ये उद्धरण साहित्य के कोश से नहीं लिए जाते। यहाँ तक कि जो राजनीतिक दल (जिसमें राजनीति के, प्रायः, सभी दल सम्मिलित हैं) साहित्य को ढोल बनाकर अपना प्रचार करते हैं, वे भी जब गम्भीरता से अपने पक्ष की स्थापना करने लगते हैं, तब उन्हें साहित्यकार की उक्ति और अनुभूति के उद्धरणों की आवश्यकता नहीं होती।

ऐसी आलोचनाएँ सुनकर समाज का संचालन करनेवाले लोग कुपित होकर कह बैठेंगे कि यदि यह चाहते हो, तो जीवन के सान्निध्य में आओ। हम फूल-पत्ती और चिड़िया-चुनमुन की चर्चा किसलिए करें?

किन्तु क्या कवि जीवन से दूर है? क्या हमारी रचनाओं के भीतर जीवन की आर्द्रता और उसका दाह मौजूद है? क्या हम जो कुछ सोच या लिख रहे हैं, वह समाज के काम की चीज नहीं है?

दरअसल, कारण कुछ और है। संसार बड़े वेग से उपादेयता की ओर मुड़ा है और उपादेयता की परिभाषा भी नए स्थूल जीवन से बाँध दी गई है। आनन्द उपेक्षित हो गया है और सारी प्रमुखता सुखों को दी जा रही है। दो रोटियाँ मनुष्य की दोनों आँखों के अत्यन्त समीप आकर खड़ी हो गई हैं। इतना समीप कि उनसे आगे मनुष्य कुछ देख ही नहीं सकता। जो नौकरी दिलवाए, जो व्यवसाय में वृद्धि का कारण हो और जो खेतों की उर्वरा शक्ति को तेज करे, आज मनुष्य सिर्फ उसी विद्या की कामना से पीड़ित हो रहा है। हृदय-से-हृदय को मापने और मन-को-मन से थाहने की वृत्ति का लोप हो गया है और आदमी के हाथ में आज उपयोगितावाद का एक स्थूल गज मौजूद है, जिससे वह शरीर ही नहीं, बल्कि आत्मा को भी मापने की कोशिश कर रहा है।

उससे मनुष्य के सूक्ष्म जीवन की चर्चा मत करो; क्योंकि सूक्ष्म जीवन तो गज की माप में आएगा नहीं।

उससे यह मत कहो कि रोटियों में जो मजा है, वैसा ही मजा भाव-चिन्तन में भी होता है; क्योंकि यह बात उसकी समझ में नहीं आएगी।

उससे यह भी मत कहो कि जिस दुनिया पर सोच-सोचकर राजनीति, अर्थशास्त्र और विज्ञान के पंडित नई-नई बातों की ईजाद किया करते हैं, उस दुनिया का एक और पक्ष है, जिस पर चिन्ता करनेवाले लोगों की उक्ति, गीत, कविता, उपन्यास और नाटक कहलाती है; क्योंकि तुरन्त ही वह कह उठेगा कि यह तो निरी कविता की बात है।

कविता का एक बुरा अर्थ भी है; जैसा कि एक बुरा अर्थ राजनीति, अर्थशास्त्र और विज्ञान का भी हो सकता है। और इन पंक्तियों का क्षुद्र लेखक उन लोगों में से है, जो विषयों के इन बुरे अर्थों से घबराते हैं तथा जो कच्ची भावुकता से पीड़ित इस महान देश को कविता की अवस्था से निकालकर विज्ञान की अवस्था में पहुँचाना चाहते हैं। अच्छे अर्थ में विज्ञान सुस्पष्टता का द्योतक होता है। विज्ञान वह कला है, जिससे मनुष्य हर चीज को प्रमाण के साथ उसके सही रूप में समझना सीखता है। विज्ञान अतिरंजन का विरोधी और भावुकता का शत्रु है। वह मनुष्य को सत्य से दूर जाने देना नहीं चाहता।

किन्तु कविता भी अतिरंजन और कोरी भावुकता को दुर्गण मानती है और सत्य से दूर तो वह कभी जाती ही नहीं :

देखो ये हैं हरी हरी घासें,
मानो, ये हैं बड़ी-बड़ी गाछें।

यह कविता नहीं है। कविता है :

रूखी री यह डार वसन वासन्ती लेगी।

कविता कोई हवाई चीज नहीं है। योगी, वैज्ञानिक अथवा समाजशास्त्री सत्य की खोज करने के लिए जितनी गहरी समाधि लगाता है, उतनी गहरी समाधि लगाए बिना कवि भी सत्य को नहीं पा सकता। किन्तु कवि और वैज्ञानिक के सत्यों में भेद है। विज्ञान स्थूलता की कला है। वह एक चीज से दूसरी चीज की दूरी मापता है और हर चीज को अपनी काठ की उँगलियों से छूकर यह बतलाता है कि वह कड़ी या मुलायम है। किन्तु कविता वस्तुओं के सूक्ष्म रूप का मूल्य ढूँढ़ती है, वह उनके उन पक्षों का विश्लेषण करती है जो गणित की भाषा में व्यक्त नहीं किए जा सकते। और चूँकि बुद्धि भी गणित को छोड़कर और भाषा समझ नहीं सकती; इसलिए कविता अपने विश्लेषण का परिणाम बुद्धि नहीं, बल्कि हृदय के सामने निवेदित करती है; क्योंकि हृदय उन संकेतों को समझ सकता है, जिनके माध्यम से कवि अदृश्य और अनिर्वचनीय का वर्णन करता है।

ऐसी अवस्था में, निरी कविता कहकर जो लोग कविता को आसानी से बर्खास्त कर देना चाहते हैं, उन्हें यों ही नहीं छोड़ देना चाहिए। आखिर किस गुण या दुर्गुण के कारण कविता इस अनादर के साथ बर्खास्त कर दी जाएगी? कविता का प्रधान गुण-उक्ति या वर्णन का सौन्दर्य है। कविता में शब्दों की लड़ी संगीतपूर्ण होती है और उसके भीतर एक मोहक चित्र होता है, जो आनन्द के प्रवाह में मनुष्य के मन को बहा ले जाता है। जो लोग कठोर वस्तुवादी हैं, वे कहते हैं कि यह आनन्द एक प्रकार की मदिरा है, जो हमें अपने नशे से मतवाला बनाकर हमारा ध्यान जीवन की ठोस घटनाओं और क्रियाओं से अलग ले जाकर हमें कल्पना में निमग्न कर देती है, हमें उस दुनिया में भटकने को मजबूर करती है, जो सच्ची नहीं है, जहाँ रोटी कमाने का काम नहीं चल सकता, जहाँ निन्नानवे को सौ में परिणत करने का कोई उपाय नहीं है।

मैं अपने को वस्तुवादी मानता हुआ भी वस्तुवादियों की बहुत-सी झड़पें झेल चुका हूँ। किन्तु, आज भी मुझे यह शंका ग्रसित किए हुए है कि अगर सौन्दर्य को हम कविता का पहला गुण नहीं मानें, तो फिर उसका और कौन गुण प्रथम स्थान पर रखा जा सकता है? फूल, चाँद, नदी, वन, पर्वत, जलप्रपात, तारे और आकाश—इनका भी पहला गुण सौन्दर्य ही है। हम मानते हैं कि प्रकृति के इन विविध उपकरणों का कोई-न-कोई वैज्ञानिक उपयोग भी है या कालक्रम में हो सकता है। किन्तु मनुष्य को वे उपयोगों के कारण प्यारे नहीं हैं। प्रिय तो वे सिर्फ इसलिए हैं चूँकि उनमें सौन्दर्य है। और बच्चों के बारे में हमारा क्या विचार हो सकता है? क्या माँ-बाप उन्हें इसलिए प्यार करते हैं कि वे बड़े होने पर उन्हें कमाकर खिलाएँगे? तो फिर जवाहरलालजी दिल्ली-भर के बच्चों को बुलाकर अपना समय क्यों बर्बाद करते हैं?

एक लेखक ने अभी हाल में कविता की तुलना सुन्दरियों से की है। कविता की तरह स्त्रियाँ भी सुन्दर होती हैं, किन्तु, सुन्दर कविता से परहेज करनेवाले लोग सुन्दर स्त्रियों की उपेक्षा नहीं करते और न कभी वे यही कहते हैं कि स्त्रियों को सौन्दर्य-परिहार के लिए प्रयत्न करना चाहिए; क्योंकि उनकी रूप-मदिरा से समाज के कर्मठ लोग 'ठोस घटनाओं' से विमुख हो रहे हैं। यह ठीक है कि यदा-कदा नारी-सौन्दर्य का प्रभाव वैयक्तिक शैथिल्य अथवा वैराग्य का कारण हुआ है, किन्तु उसे हम नियम नहीं, अपवाद ही कहेंगे। सच तो यह है कि जिस प्रकार पुरुष और नारी के अंगों में अभिव्यक्त सौन्दर्य सच्चा और मूल्यवान है, उसी प्रकार पुरुष और नारी के द्वारा विरचित काव्य से फूटनेवाला सौन्दर्य भी सच्चा और मूल्यवान होता है।

मनुष्य हर चीज को इसलिए प्यार नहीं करता चूँकि वह उपयोगी होती है। चीजें एक साथ ही प्यारी और उपयोगी हो सकती हैं, किन्तु पहले उपयोग और पीछे प्यार, यह क्रम दुनिया में नहीं देखा जाता। फूल देवता पर चढ़ाए जाते हैं और उनसे इत्र और सेंट भी निकाली जाती है। मगर हम फूलों को सिर्फ इसीलिए नहीं चाहते क्योंकि

वे हमें इत्र और सेंट देते हैं।

एक बात और है कि वस्तुओं का सौन्दर्य-तत्त्व उनके स्थूल उपयोग से एक भिन्न गुण है। बहिन, बेटी, माता, पत्नी, मित्र और समाज की सदस्या के रूप में स्त्रियों का उपयोग है। किन्तु इस उपयोग से स्त्रियों के सौन्दर्य का क्या सम्बन्ध हो सकता है? बेटे तो कुरूप और रूपवती, दोनों ही प्रकार की नारियों के होते हैं। फिर यह कैसे कहा जा सकता है कि नारियों का सौन्दर्य हमारे उपयोग की चीज है और उस सौन्दर्य से हम इसीलिए प्रभावित होते हैं चूँकि वह उपयोगी है?

किन्तु एक भिन्न दृष्टि से देखने पर सौन्दर्य भी उपयोगी समझा जा सकता है। फूल, नदी, पर्वत, बच्चे, कविता और नारी—सभी के सौन्दर्य में एक अलक्षित प्रभाव है, जो हमारे भीतरी जीवन को पूर्ण करता है। प्रत्येक प्रकार के सौन्दर्य को देखकर हमारे हृदयों में एक विशिष्ट प्रकार की अनुभूति उत्पन्न होती है, जिससे हमारा जीवन समृद्ध होता है। सुन्दरता का प्रभाव सिर्फ सनसनीवाला हलका आनन्द नहीं है। प्रत्युत, सौन्दर्य को देखकर हम अपने स्तर से कुछ ऊँचा उठते हैं और हमारे भीतर जो विस्मय की आनन्दमयी अनुभूति जगती है, वह हमें एक अपर लोक में पहुँचा देती है। इस प्रकार, सौन्दर्य के उपभोग से मनुष्य की आत्मा विस्तृत होती है तथा उसके आन्तरिक व्यक्तित्व को फैलाव मिलता है।

प्रश्न यह है कि अभिनव मनुष्य उस सूक्ष्म जीवन की सत्ता स्वीकार करता है या नहीं, जिसे हम आत्मा अथवा आभ्यन्तर व्यक्तित्व कहकर व्यक्त करते हैं। अगर वह इस आन्तरिक व्यक्तित्व को मिथ्या कल्पना मानता है, तो निश्चय ही अन्य सभी चीजों की तरह कविता भी उसकी रोटी का साधन, उपकरण और शृंगार बनकर रह जाएगी। किन्तु यह मनुष्य के मानने और नहीं मानने का सवाल नहीं है। मनुष्य के भीतर कोई एक और मनुष्य है, जो अभावों में भी सन्तुष्ट और समृद्धियों के बीच भी भूख से व्याकुल रहता है! उसका आहार रोटी और दाल नहीं, बल्कि, फूल, नदी, पर्वत, भाव और विचारों का सौन्दर्य है। जीवन की परिधि में जो भी उपकरण प्रवेश करते हैं, उनका एक उपयोग तो स्थूल मनुष्य करता है और दूसरा वह सूक्ष्म मनुष्य, जो स्थूल के भीतर निहित है। कहते हैं, देवता ग्रास नहीं, गन्ध के प्रेमी होते हैं। विज्ञान स्थूल मनुष्य का ग्रास है। सूक्ष्म मनुष्य खोज रहा है कि उसकी गन्ध कहाँ है। और सूक्ष्म मनुष्य को समाधान देने के लिए या तो कविता को विज्ञान को आत्मसात् करना होगा अथवा कविता की पकड़ में आने के लिए विज्ञान को ही संशोधन स्वीकार करना पड़ेगा; क्योंकि सूक्ष्म के अनशन से स्थूल की आयु बढ़ती नहीं, न क्षीण होती।

('अर्धनारीश्वर' पुस्तक से)

महाकाव्य की वेला

कविगुरु रवीन्द्रनाथ ने लगभग दो हजार गीत और असंख्य कविताएँ लिखीं, किन्तु महाकाव्य उन्होंने एक भी नहीं लिखा। महाकाव्य तभी लिखा जाता है जबकि युग की अनेक विचारधाराएँ वेग से बहती हुई किसी महासमुद्र में मिलना चाहती हैं। जब ऐसी अनेक धाराएँ वेगवन्त प्रवाह में होती हैं, तभी महाकाव्य की रचना का समय आता है और जो कवि उनके महामिलन के लिए सागर का निर्माण कर सकता है, वही महाकाव्य लिखने का अधिकारी होता है। महाकाव्य की रचना मनुष्य को विकल करनेवाली अनेक भाव-धाराओं के बीच सामंजस्य लाने का प्रयास है, महाकाव्य की रचना समय के परस्पर विरोधी प्रश्नों के समाधान की चेष्टा है। जब परम्परा से आनेवाले महान प्रश्नों और भावों की अनुभूति में परिवर्तन होता है, तब मनुष्य का संस्कार भी परिवर्तित होने लगता है तथा इस परिवर्तित संस्कार को चित्रित करने के लिए ही महाकाव्य लिखे जाते हैं। विश्व के महाकाव्य मनुष्यता की प्रगति के मार्ग में मील के पत्थरों के समान होते हैं; वे व्यंजित करते हैं कि मनुष्य किस युग में कहाँ तक प्रगति कर सका है।

किन्तु यह लक्षण जिन महाकाव्यों में घटित होते हैं, उनकी संख्या अधिक नहीं है। इलियड, एनिड, ओडेसी और डिवाइन कामेडी—ये पश्चिम के कुछ प्रसिद्ध महाकाव्य हैं। इसी प्रकार, प्राचीन भारत में जिन महाकाव्यों का निर्माण हुआ, उनमें रामायण और महाभारत प्रधान हैं। जो काम पहले महाकाव्य करते थे, वही काम बाद को नाटकों और उपन्यासों के द्वारा किया जाने लगा। अतएव, हम देखते हैं कि बाद के साहित्य में बहुत-से नाटककार और औपन्यासिक ऐसे हुए, जो अगर कवि हुए होते, तो उनका स्थान रामायण और महाभारत, इलियड और ओडेसी के रचयिताओं के ही समकक्ष होता। नाटककार इब्सेन ओर बर्नार्ड शॉ, उपन्यास लेखक रोमां-रोलां और गोर्की—इनमें से प्रत्येक ने अपने समय की महान समस्याओं के भीतर् पैठकर उनका निदान खोजने की कोशिश की है और प्रत्येक ने अपने क्षेत्र में वही काम किया है, जो महाकाव्यों के द्वारा कवि किया करते थे। जर्मन कवि गेटे और जर्मन दार्शनिक नीत्से की रचनाओं में भी हम महाकाव्य की ही झाँकी पाते हैं।

न जाने रवीन्द्रनाथ ने महाकाव्य क्यों नहीं लिखा। अगर उनकी प्रतिभा महाकाव्य की ओर प्रेरित हुई होती, तो अवश्य ही वे संसार को कोई ऐसी रचना दे जाते, जिसके

सहारे हम अपने समय की अनन्त समस्याओं के बीच समीचीन सामंजस्य बिठा सकते थे। रवि बाबू ने चुन-चुनकर मनोहारी पुष्पों पर अपनी प्रतिभा की शबनम बरसायी! अगर उन्होंने महाकाव्य लिखा होता, तो वे शीतल जल से पूर्ण एक ऐसा जलाशय भी छोड़ जाते, जो सूखना नहीं जानता और जिसके घाट पर अनेक युगों के लोग अपनी प्यास बुझा सकते थे। अनेक युगों की आत्माओं की तृप्ति के लिए रवि बाबू यथेष्ट जल छोड़ गए हैं। किन्तु वह शबनम के रूप में फूलों की पत्तियों पर विकीर्ण है और यह शबनम कभी सूखेगी भी नहीं। किन्तु शबनम के लिए फूल-फूल पर घूमते फिरना एक बात है और प्यासे को एक सरोवर की ओर संकेत कर देना बिलकुल दूसरी बात।

तो भी ऐसा लगता है कि रवि बाबू ने जो अपने युग को, महाकाव्य को प्रेरित करनेवाले गुणों से रहित समझा, उसका कारण यह था कि वे 19वीं सदी में पैदा हुए थे और, यद्यपि, वे बीसवीं सदी के, प्रायः, पूर्वार्द्ध तक लिखते रहे, फिर भी उनकी मुद्रा 19वीं सदी की ही रही और जिन उपादानों का उन्होंने अपने यौवन-काल में संचय किया था, वे उपादान उनकी दृष्टि में अन्त तक मूल्यवान बने रहे!

यह भी सत्य है कि जिन प्रश्नों और समस्याओं के कारण, आज की मानवता विकल दीख रही है, वे 19वीं सदी में, बीज-रूप में ही परिलक्षित होती थीं और उनका अतिविकास वर्तमान शताब्दी में ही सम्भव हो सका है। किन्तु रवीन्द्रनाथ अपने यौवन-काल में जिस मनोदशा का निर्माण कर चुके थे, वह मनोदशा इन समस्याओं की विकरालता को स्वीकार नहीं कर सकती थी। अतएव वे अन्त तक अपने उसी मानस-जगत में धैर्य के साथ विराजमान रहे, जो उन्हें 19वीं सदी के हाथों प्राप्त हुआ था।

विशेषतः, भारत में उन्नीसवीं शताब्दी बौद्धिक तृप्ति की शताब्दी थी और कर्म के साथ उसका उचित संयोग नहीं था। यह ठीक है कि राममोहन राय और दयानन्द तथा रामकृष्ण और विवेकानन्द के व्यक्तित्व में हम एक नवजागरण की आभा पाते हैं। किन्तु यह आभा हमारे मन को जो कुछ दिखलाती है, वह प्रधानतः, धर्म और भक्ति का श्रृंग है, वह आत्मा की उपासना का मन्दिर और हृदय की आकुल भावनाओं का ताल है, जिस पर छाए हुए सेंवार को ये महात्मा दूर करने की कोशिश करते हैं। कर्म की प्रेरणा और लोगों की अपेक्षा विवेकानन्द की वाणी में कुछ अधिक थी। किन्तु देश के सामने पराधीनता की समस्या इतनी प्रचंड होकर खड़ी थी कि हम विवेकानन्द से जो स्फूर्ति प्राप्त कर सके, वह सीधे स्वातन्त्र्य-संग्राम में जा लगी और हम उन अनन्त समस्याओं को नहीं देख सके, जो पहले से ही विद्यमान थीं और जो भारतवर्ष को स्वतन्त्रता-प्राप्ति के बाद भी विकल कर रही हैं।

एक दृष्टि से देखा जाए, तो स्वातन्त्र्य-संग्राम के दिनों में, भारत में सचमुच ही महाकाव्य की रचना नहीं की जा सकती थी; क्योंकि पराधीनता की समस्या के सामने

और सारी समस्याएँ गौण एवं अप्रमुख हो गई थीं। लोगों के सामने केवल एक ही दीवार थी, जिस पर वे अहर्निश प्रहार करते थे। लेकिन समस्याएँ जब दिखलाई नहीं पड़ती हैं, तब भी उनका दंश तो हमें भोगना ही पड़ता है। और सच ही उनके दंशों का अनुभव हम भी करते थे, किन्तु हमारा भाव यह था कि गुलामी की दीवार ही इन दुखों का असली मूल है और यह दीवार टूटी नहीं कि सारी मुसीबतें काफूर हो जाएँगी।

इन अनेक विपत्तियों की अनुभूति रवीन्द्रनाथ को हुई थी और उन्होंने 'ए बार फिराओ मोरे' नामक अपनी एक स्फुट कविता में उन विपत्तियों की ओर संकेत भी किया था :

कवि, तबे उठे एसो, यदि थाके प्राण,
तबे ताई लहो साथे, तबे ताई कोरो आजि दान।
बड़ो दुख, बड़ो व्यथा, सम्मुखेते कष्टेर संसार,
बड़ोई दरिद्र, शून्य, बड़ो क्षुद्र, बद्ध अन्धकार।
अन्न चाहे, प्राण चाई, आलो चाई, चाई मुक्त वायु,
चाई बल, चाई स्वास्थ्य, आनन्द-उज्ज्वल परमायु।
साहस-विस्तृत वक्षपट, एई दैन्य माझारे कवि,
एक बार निए एसो स्वर्ग होते विश्वासेर छवि।

''कवि यदि तुम में प्राण है, तो उठो, उसे साथ लेकर चलो और उसका आज दान करो। इस संसार में बड़े ही दुख हैं, बड़ी व्यथाएँ हैं, बड़ी गरीबी है। हाय, यह तो बड़ा शून्य है, बड़ा छोटा है, बड़ा अन्धकार है। अन्न चाहिए, प्राण चाहिए, रोशनी चाहिए, खुली हवा चाहिए, शक्ति चाहिए, स्वास्थ्य चाहिए, आनन्द से उज्ज्वल आयु चाहिए और साहस से विस्तृत हृदय चाहिए। हे कवि! इस दीनता में एक बार स्वर्ग से विश्वास तो ले आओ।'' (मन्मथनाथ गुप्त कृत अनुवाद से)।

किन्तु, जहाँ विश्व की अगणित कुरूप पीड़ाएँ, उन्हें इस रूप में ललकार रही थीं, वहाँ उनके हृदय के निभृत कोने में एक प्रबल आध्यात्मिक विश्वास भी आसन जमाए बैठा था, जो उनके भीतर के मनुष्य को समाज की उलझनों से दूर रखकर वैयक्तिक मुक्ति की साधना के लिए तैयार कर रहा था :

विश्व यदि चले जाए काँदिते-काँदिते,
एका आमि बसे रबो मुक्ति-समाधिते।

कभी-कभी मुझे ऐसा मालूम होता है कि रवीन्द्रनाथ ने अगर बीसवीं सदी में जन्म लिया होता और जिन पीड़ाओं की ओर उन्होंने 'ए बार फिराओ मोरे' में संकेत किया है, उनकी अनुभूति में उन्नीसवीं सदी की ज्ञानप्रधान आध्यात्मिक मुद्रा उनकी सहायक या बाधक नहीं हुई होती, तो वे युग की समस्याओं को अचिर मानकर, उनकी ओर से मुँह नहीं फेर लेते। तब वे, शायद, इन समस्याओं के व्यूह में घुसकर वह करतब

दिखाते, जो इब्सेन और शॉ, रोमां-रोलां और गोर्की में से कोई भी नहीं दिखला सका है; क्योंकि कविता मनुष्य के हृदय को जिस सुगमता से पकड़ सकती है, उस सुगमता से आदमी को और कोई भी साहित्य नहीं पकड़ सकता। अगर परस्पर-विरोधी भावों का आक्रमण कवि को महाकाव्य लिखने की प्रेरणा दे सकता है, तो उसका समय आज है। अगर महाकाव्य की रचना का समय, वह युग होता है, जबकि प्रश्नों की विभिन्न धाराएँ अपना समाधान पाने के लिए किसी समुद्र की खोज में वेग से दौड़ती होती हैं, तो वह समय आज ही आया हुआ है।

मनुष्य ने आध्यात्मिकता को निस्सार समझकर जड़ता को जोर से पकड़ा और एक बार उसके मुँह से आनन्द की किलकारी भी निकली कि पहले जिन हाथों में हवा और शून्य ही आ पाते थे, अबकि उनकी पकड़ में एक ठोस चीज आ गई है। मगर यह किलकारी देर तक नहीं ठहरी। उसने हाथ में आई हुई चीज के घनत्व को तो समझा, किन्तु उसे निर्जीव देखकर दूसरे ही क्षण उसका चेहरा उतर गया। मनुष्य ने हृदय की राह पर चलते-चलते थककर मस्तिष्क की राह पकड़ी और यह सोचने लगा कि इस रास्ते से वह जहाँ चाहे, वहाँ जा सकता है। पानी के नीचे, आकाश के अन्तराल और पहाड़ की खोह में वह बड़ी ही वीरता से चलता रहा और ज्यों-ज्यों प्रकृति उसके सामने पराजित होती गई, त्यों-त्यों उसका अहंकार बढ़ता गया, यहाँ तक कि आज वह यह भी सोचने लगा है कि इस सृष्टि को वह चाहे तो सिर्फ सात दिनों में बर्बाद कर सकता है। तो साफ बात यह है कि विज्ञान का उपयोग वह उन त्रासों को बढ़ाने के लिए करना चाहता है, जो त्रास अनन्त काल से संसार को सता रहे हैं। विज्ञान का उपयोग वह दूसरों को काटने के लिए करना चाहता है, किन्तु मन-ही-मन उसे यह भय भी लगा हुआ है कि विज्ञान की तलवार की धार एक ही नहीं, दोनों ओर है और उससे काटनेवाले का अंग भी मजे में कट सकता है। क्या बात है कि मनुष्य प्रत्येक कार्य का आरम्भ तो सदुद्देश्य से करता है, किन्तु परिणाम उसके दुखदायी हो रहे हैं? जीवन पर विजय पाने के प्रयास में, मनुष्य मृत्यु को प्राप्त हो रहा है, विश्व को सजाने की कोशिश में, वह इसे और भी कुरूप बनाए जा रहा है तथा सत्य की समीपता की प्राप्ति के प्रयत्न में, वह उससे और भी दूर पड़ता जा रहा है? गांधीजी ने जीवनभर अहिंसा का उपदेश दिया; किन्तु मरने के पहले उन्होंने यह देख लिया कि आजीवन अगर वे लोगों को हिंसा भी सिखलाते रहते, तब भी लोग, शायद, इतनी घोर और इस नीच ढंग की हिंसा नहीं कर सकते थे। मार्क्स ने आधिभौतिकता की उपासना के द्वारा मनुष्यों को सुखी बनाने का उपदेश दिया था, किन्तु उनके मार्ग पर किए जानेवाले इतने बड़े प्रयोग के पास खड़ा होकर भी मनुष्य यह सोच रहा है कि आत्मा की सर्वथा उपेक्षा करना ठीक है, या नहीं। जीवन में कितना आकाश चाहिए और कितनी मिट्टी, कितना जल चाहिए और कितनी आग, तथा कितने फूल चाहिएँ और कितने पत्थर, यह समस्या केवल बौद्धिक नहीं रहकर

प्रखर रूप से सत्य हो उठी है और वह अनेक रूपों में मानव-मस्तिष्क को झकझोर रही है। यह संस्कृति के बदलने का समय है, यह परम्पराओं के परिवर्तन की वेला है। पुरानी दीवार हिल रही है, पुराने प्राचीर धराशायी हो रहे हैं। क्षितिज के किनारे-किनारे एक लाल डोरी-सी दीख रही है, जिससे मालूम होता है कि आकाश का पुराना छिलका उखड़ रहा है और नीचे से एक नया-ताजा आकाश बढ़ता हुआ ऊपर जा रहा है। यह आकाश के भीतर से एक नए आकाश के निकलने की सूचना है। संसार में जो भी कोलाहल है, वह नवीन और पुरातन के संघर्ष की आवाज है। संसार में जो भी भीषिकाएँ हैं, वे मरणशील युग की मृत्यु के प्रतीक हैं और धरती जिन वेदनाओं से होकर गुजर रही है, वे नए विश्व के जन्म की वेदनाएँ हैं।

क्या महाकाव्य के लिए इससे भी और उपयुक्त समय चाहिए और क्या प्राचीन एवं मध्यकालीन नाटकों तथा महाकाव्यों में हम मानव-चरित्र के भीतर जिस द्वन्द्व एवं संघर्ष का प्रतिबिम्ब देखते हैं, वह आज के व्यक्ति एवं समाज में कुछ कम है? मनुष्य आज जिन शंकाओं और द्वन्द्वों से ग्रस्त है, उन्हें अगर वह काव्य के किसी एक ही दर्पण-खंड में देख पाए तो वह स्वयं चीत्कार कर उठेगा।

('अर्धनारीश्वर' पुस्तक से)

हिन्दी-साहित्य में निगम-धारा

हम एक विशाल देश के निवासी हैं। हमारा इतिहास इतना पुराना है जितना पुराना इतिहास केवल चीन और मिस्र का समझा जाता है, किन्तु भारत शायद चीन और मिस्र से भी प्राचीन है। कम-से-कम यह तो सभी स्वीकार करते हैं कि भारत का प्राचीनतम ग्रन्थ वेद ही सारी मानवता का प्राचीनतम ग्रन्थ है।

हमारे देश की एक प्रमुख विशेषता यह भी है कि यहाँ बसनेवाले लोग नाना धर्मों को मानते हैं, नाना प्रकार की भाषाएँ बोलते हैं; तथा खान-पान, रहन-सहन और रीति-रिवाज में भी उनकी रुचियाँ विभिन्न हैं। भारत में इस्लाम शायद उस समय पहुँचा था, जब हज़रत मोहम्मद धराधाम पर मौजूद थे; और इंग्लैंड के लोग जब क्रिस्तान हुए, उससे कोई दो सौ वर्ष पूर्व ईसाइयत का प्रवेश भारत में हो चुका था। जरथुस्त्र-धर्म के माननेवाले पारसी लोग ईरान से भागकर यहाँ 936 ई. में आए थे और तब से वे आनन्दपूर्वक इस देश को ही अपना देश मानकर रहते आए हैं। यही नहीं, बल्कि हिन्दू-धर्म की डालों के समान, कुछ और भी धर्म हैं, जो हिन्दुत्व से स्वतन्त्र अस्तित्व रखते हैं, किन्तु जिनके अनुयायियों का देश यही भारत देश है।

यही कारण है कि भारत छोटे पैमाने पर सारे संसार का नमूना पेश करता है; और चूँकि नाना धर्मों और नाना भाषाओं का देश होकर भी भारत एक देश रहा है, अतएव जो लोग समग्र विश्व की एकता के लिए प्रयास कर रहे हैं, उन्हें भारत को देखकर यह आशा बँधती है कि किसी-न-किसी दिन सारा संसार एक होकर रहेगा तथा दुनिया में जो अनेक भाषाएँ, अनेक धर्म और अनेक मतवाद प्रचलित हैं, वे संसार को एक होने से नहीं रोक सकेंगे। सारी विभिन्नताओं को कायम रखकर भारत ने जिस एकता की उपलब्धि की है, वही एकता संसार का ध्येय है। विभिन्नताओं को जबर्दस्ती दबाकर यान्त्रिक एकता पैदा करने का लोभ तानाशाही राजनीति को होता है और तानाशाही राजनीति केवल यान्त्रिक ऐक्य ही हासिल कर सकती है, किन्तु भारत की एकता यान्त्रिक नहीं, प्राणिक है; वह ऊपर से लादी नहीं गई है, भारत की संस्कृति चेतना के भीतर से उत्पन्न हुई है। इसीलिए समय-समय पर राजनीतिक दृष्टि से खंडित हो जाने पर भी, सांस्कृतिक दृष्टि से यह सारा देश एक रहा है।

यही एकता भारत की शोभा है। इसी एकता के कारण गुलामी के दिनों में भी वह, किसी-न-किसी अर्थ में, पूजनीय माना जाता था और उसी एकता के कारण

स्वतन्त्रता के बाद से भारत सारी दुनिया की रहस्यात्मक आशा का केन्द्र बना हुआ है। जब राष्ट्रीयता की लहर यूरोप में उठी, यूरोप खंड-खंड होकर अनेक चकलों में बिखर गया, क्योंकि ये चकले धर्म से एक होने पर भी भाषाओं की भिन्नता के कारण बँटे हुए थे, किन्तु भारत में जब राष्ट्रीयता की लहर उठी, भारत के विभिन्न भाग परस्पर और भी समीप आ गए। जिस राष्ट्रीयता ने यूरोप को टुकड़ों-टुकड़ों में बाँट दिया, उसी राष्ट्रीयता ने हमारी एकता को और भी मजबूत बना दिया। यह कोई आकस्मिक घटना नहीं है। यह भारत की सांस्कृतिक प्रवृत्ति का परिणाम है। यह हमारे भूगोल की महिमा है; यह हमारे इतिहास की देन है। हमारा जातीय दर्शन एकता का दर्शन है। हमारा जातीय दर्शन घृणा नहीं, प्रेम सिखाता है; ईर्ष्या को नहीं, उत्सर्ग को उत्तेजना देता है। यूकेरिस्टिक कांग्रेस और सार्वभौम बौद्ध-सम्मेलनों ने यहाँ एक ही समय में अपने-अपने धार्मिक समारोह किए; और इस देश के निवासी उन सम्मेलनों में इस भाव से सम्मिलित हुए, मानो ये उनके अपने ही समारोह हों। यही भारत-धर्म है। यही भारतवासियों की महिमा है। स्वामी विवेकानन्द ने कहा था कि यह काफी नहीं है कि अन्य धर्मों को हम बर्दाश्त करें। उचित बात यह है कि सभी धर्मों को हम अपना ही धर्म समझें।

रूढ़ियों का समर्थक और मानवीय एकता का बाधक होने के कारण पिछले सौ वर्षों से धर्म, प्रायः निन्दित अवस्था में पड़ा रहा है, किन्तु अब आसार ऐसे दिखते हैं, मानो धर्म की निन्दा का युग समाप्ति के पास हो। धर्म की अवहेलना इस कारण भी हुई है कि विज्ञान की बढ़ती के साथ-साथ मनुष्य का यह भाव भी ज़ोर पकड़ने लगा कि सृष्टि एक यन्त्र है और ईश्वर उसका इंजीनियर है। और जैसे हम यन्त्र के पुर्जे-पुर्जे का हाल गणित के फार्मूलों से समझ सकते हैं, उसी प्रकार सृष्टि की हर एक घटना गणित के फार्मूलों से समझी जा सकती है। न्यूटन स्वयं धार्मिक मनुष्य थे; किन्तु जिस विज्ञान की उन्होंने नींव डाली, उसने धर्म के मूल को हिला दिया। विज्ञान उन्नीसवीं सदी के अन्त तक जितना उद्धत था, उतना उद्धत वह आज नहीं है। उन्नीसवीं सदी तक विज्ञान अहंकार में थे, क्योंकि उस समय तक उसकी जानकारी थोड़ी थी। बीसवीं सदी का विज्ञान कुछ विनम्र हो गया है, क्योंकि अब वह उस गहराई में पहुँच गया है, जहाँ इस बात की निश्चित घोषणा कठिन हो रही है कि संसार मैटर से बना है या स्पिरिट से, तरंगों से निर्मित है या कणों से अथवा उसकी प्रक्रिया शारीरिक है या मानसिक। आज की भौतिकी का प्रवाह, निश्चित रूप से, मानसिकता की ओर है। भौतिकी अब उस ऊँचाई पर पहुँच गई है, जहाँ से दर्शन का समुद्र स्पष्ट दिखाई पड़ता है। न्यूटन ने जिस दुनिया की कल्पना की थी, वह कवियों, सन्तों और रहस्यवादियों को बहुत अनुकूल नहीं पड़ती थी। न्यूटन का विज्ञान ऐटम के धरातल पर अब भी उपयोगी, ठोस और सत्य है, किन्तु ऐटम के परे इलेक्ट्रॉन और प्रोट्रॉन के धरातल पर न्यूटन के सिद्धान्त यथेष्ट साबित हो रहे

हैं; और धीरे-धीरे संसार की जो कल्पना प्रकट हो रही है, वह ऐसी है, जिसमें गणितज्ञ और रहस्यवादी दोनों साथ रह सकते हैं। विज्ञान के धक्के से धर्म के आनुष्ठानिक भाग (रिचुअल) दीवार की प्लास्टर के समान झरकर नीचे गिर गए, किन्तु धर्म का सारतत्व अनुष्ठान नहीं, अध्यात्म है और यह अध्यात्म आज भी कायम है और आगे भी कायम रहेगा। विनोबाजी ने बहुत ठीक कहा है कि जो सभ्यता आगे आनेवाली है, उसमें विज्ञान और अध्यात्म, दोनों कायम रहेंगे। उस सभ्यता में कला का भी स्थान ऊँचा रहेगा, क्योंकि विज्ञान का परिचय अध्यात्म से और अध्यात्म का परिचय विज्ञान से केवल कलाएँ ही करा सकती हैं।

धर्म, अर्थ और काम के त्रिवर्ग की कल्पना प्राचीनों की भ्रान्ति नहीं थी। यह त्रिवर्ग त्रिकाल-सत्य तत्त्व है। वह पहले भी था, आज भी है और आगे भी कायम रहेगा। 'आदि भी सच, जुगादि भी सच, है भी सच और होसी भी सच' गुरु ने अकाल के बारे में यह जो अलौकिक उक्ति कही थी, वह इस त्रिवर्ग पर भी लागू होती है। वस्तु नहीं बदलती, केवल नाम बदलता है। गुलाब को चाहे जिस किसी नाम से पुकारिए, वह हमेशा गुलाब ही रहेगा। नए युग की शब्दावली में काम रस-साहित्य और कलाओं का पर्याय है, अर्थ से बोध समस्त ज्ञान-साहित्य और विज्ञानों का होता है तथा धर्म अध्यात्म का पर्याय है।

सभी धर्मों के निगम और आगम, ये दो पक्ष होते हैं। निगम वह गम्भीर बिन्दु है, जहाँ से सभी धर्मों की उत्पत्ति होती है। आगम अनुष्ठानों के जाल हैं, जो पूजन की विधियों और पद्धतियों का विधान करते हैं। निगम मानवीय मन की वह अवस्था है, जब मनुष्य यह जानने को उत्कंठित होता है कि जन्म के पहले मैं कहाँ था और मरने के बाद मैं कहाँ जाऊँगा? यह सृष्टि आप-से-आप उछलकर हमारे समक्ष आ गई है अथवा इसकी रचना के पीछे किसी अदृश्य शक्ति का भी हाथ है? जो कुछ हम देखते हैं, सृष्टि वहीं तक समाप्त है अथवा उसका प्रसार इन्द्रियों की गति से आगे भी पड़ता है? निगम धर्म के जन्मस्थान को कहते हैं। निगम वह जगह है, जहाँ सभी धर्म एक ही धर्म हैं, जैसे अनेक नामों से अभिहित होने पर भी परमेश्वर एक ही है। निगम मूल है, आगम शाखाएँ हैं। धर्म एक है, केवल उसके साधन की पद्धतियाँ अलग-अलग हो गई हैं। असली धर्म निगम है, आगम उसका ऊपरी ठाट है। निगम सभी मनुष्यों को एक बिन्दु पर एकत्र करता है; आगम धर्म के बाह्याचारों पर ज़ोर देकर मनुष्य-मनुष्य को परस्पर भिन्न कर देते हैं। यदि मनुष्य अपने को निगम से बाँधे रहे, तो आगम उसके वश में रहते हैं। आगम केवल साधन मात्र हैं। मनुष्य का मुख्य ध्येय निगम की उपासना है, किन्तु जब भी आदमी निगम से छिटककर आगमों को अपना आराध्य बना लेता है, धर्म के टंटे शुरू हो जाते हैं। विद्रोही लोग प्रहार निगम पर नहीं, आगमों पर करते हैं। क्रान्तियाँ निगम के खिलाफ नहीं आगमों के विरुद्ध हुआ करती हैं।

अपने देश में धर्म के क्षेत्र में सबसे बड़ी क्रान्ति गौतम बुद्ध ने की थी, किन्तु उनका भी आक्रोश निगम नहीं, आगम के विरुद्ध था। यह बात और है कि इस विद्रोही धर्म ने भी आगे चलकर अगणित आगमों की सृष्टि कर डाली; और जैसे बुद्ध से पूर्व के हिन्दुत्व में निगम गौण और आगम प्रधान हो गए थे, उसी प्रकार बौद्ध मत के भी ह्रास-काल में निगम के बदले आगमों की प्रधानता हो गई।

किन्तु भगवान बुद्ध का एक अवदान ऐसा है, जिसकी धारा में हम आज भी बह रहे हैं। बुद्ध के आविर्भाव के पूर्व भारत की संस्कृति प्रायः एक थी, जिसे हम वैदिक विशेषण के साथ जानते हैं। 'प्रायः' मैं इसलिए कहता हूँ, क्योंकि मेरा अनुमान है कि महावीर और बुद्ध का आविर्भाव बिलकुल आकस्मिक घटना नहीं थी। वैदिक धर्म के विरुद्ध महावीर और बुद्ध ने जो क्रान्ति की, उसके बीज श्रमण-संस्कृति में मौजूद थे और यह संस्कृति आर्यों के आगमन के पूर्व से ही इस देश में वर्तमान रही थी। फिर भी यह सत्य है कि वैदिक धर्म को जो चुनौती बुद्ध के हाथों प्राप्त हुई, वैसी चुनौती और किसी के हाथों प्राप्त नहीं हुई थी।

बौद्ध क्रान्ति का एक बड़ा भारी परिणाम यह हुआ कि उसके बाद से भारत की संस्कृति दो धाराओं में विभक्त हो गई। एक धारा वह है, जिसका मूल वेदों में माना जाता है, जिसके शास्त्र-प्रणेता मनु और याज्ञवलक्य तथा दार्शनिक शंकर हैं। अश्वघोष को छोड़कर संस्कृत के सभी कवि तथा हिन्दी के महाकवि विद्यापति, सूरदास और तुलसीदास इसी धारा के कवि हैं। आधुनिक युग में इस धारा के प्रतीक लोकमान्य तिलक और महामना मदनमोहन मालवीय हुए हैं। और दूसरी धारा वह है, जो बुद्ध के कमंडलु से निकलकर नागार्जुन और वसुबन्धु आदि दार्शनिकों, सरहपा, गोरख आदि साधकों तथा कबीरदास, गुरु नानक, दादू दयाल, रज्जब, मलूकदास, पलटूदास आदि सन्तों की वाणियों में बहती हुई आधुनिक युग में महात्मा गांधी तक पहुँची है।

इन दो धाराओं में से पहली धारा वर्णाश्रम-धर्म की धारा है, जो आगमों में ढिलाई को पसन्द नहीं करती। आगम गरचे दूसरी धारा में भी उत्पन्न हुए, किन्तु यह धारा निगम-प्रधान है और उसका उद्देश्य आगमों को विलुप्त या काफी कमज़ोर करके मनुष्य-मनुष्य को एक बनाना है। ज्यों-ज्यों समय बीतता जाता है, ये दोनों धाराएँ परस्पर करीब आती जा रही हैं। पहले भी उन्होंने एक-दूसरे को प्रभावित किया था और आज भी वे एक-दूसरे को प्रभावित कर रही हैं। दक्षिण के आलवार कवियों के पद, अधिकांश में निगम-धारा के ही पद हैं। इसके विपरीत, आगम-मार्ग के विरोधी होने पर भी कबीरदास कंठी और चन्दन धारण करते थे, जिसे हम आगम-मार्ग के अनुमोदन का दृष्टान्त कहेंगे। आधुनिक युग में परमहंस रामकृष्ण ऐसे सन्त हुए हैं, जिनके भीतर इन दोनों ही धाराओं का विलय हो गया था। उन्होंने वेदान्त की भी साधना की थी और वे सगुणोपासक भी थे। यही नहीं, प्रत्युत उन्होंने छह महीनों तक मुसलमान के समान जीवन बिताकर इस्लाम की साधना की थी और कुछ काल तक

वे ईसाई-धर्म की भी साधना में रहे थे।

जिस युग में हम जी रहे हैं, वह आगम से अधिक निगम की महिमा से व्याप्त है। इसीलिए नवयुग की धार्मिक प्रवृत्ति तुलसीदास के पक्ष में कम, महात्मा कबीर की ओर कुछ अधिक पड़ती है। धर्म के बाहरी आचार निरादृत हो गए हैं, किन्तु अध्यात्म की निष्ठा आज भी अपना काम कर रही है। स्पष्ट है कि विज्ञान-सम्मत धर्म केवल वेदान्त ही हो सकता है, जो आगमों की बात नहीं करता, जिसका सारा ज़ोर धर्म के निगम-पक्ष पर है। जब रवीन्द्रनाथ ने यह कहा था कि 'धर्म को पकड़े रहो, धर्मों को छोड़ दो,' तब उनका ध्येय यही बताना था कि धर्म का निगम-पक्ष ही यथेष्ट है, आगमों में फँसने से मनुष्य-मनुष्य के बीच विभेद उत्पन्न होता है। और डॉक्टर राधाकृष्णन जिस धर्म को 'आत्मा का धर्म' (रिलीजन ऑफ स्पिरिट) कहते हैं, वह भी धर्म के निगम-पक्ष का ही एक नया नाम है। 'वेदान्त' शब्द संस्कृत भाषा का है; अतएव यह आशंका उचित ही है कि अन्य धर्मों के लोग इस शब्द को स्वीकार नहीं करें, क्योंकि आगमों की एक शिक्षा यह भी है कि पूजा-पद्धति में केवल अपनी ही धर्म-भाषा का व्यवहार करना चाहिए, किन्तु 'वेदान्त' जिन अर्थों का वाचक है, उन अर्थों को अंगीकार किए बिना संसार के धर्म एक नहीं होंगे। वेदान्त मनुष्य-मनुष्य के बीच एकत्व स्थापित करता है। वेदान्त मनुष्यों को नाना शाखाओं से उतारकर मूल में एक करता है। वेदान्त किसी नए धर्म का विधान नहीं करता। वह सभी धर्मों के निगम-पक्ष में एक समान व्याप्त है। वेदान्ती होने पर हिन्दू पहले की अपेक्षा श्रेष्ठ हिन्दू, मुसलमान पहले की अपेक्षा अधिक श्रेष्ठ मुसलमान और ईसाई पहले की अपेक्षा अधिक श्रेष्ठ ईसाई बन सकता है। यही वेदान्त की महिमा है। वैज्ञानिक युग में धर्म-साधना का एकमात्र मार्ग वेदान्त का मार्ग है।

जैसे धर्म का ज्ञान जानवरों को नहीं, केवल मनुष्य को होता है, उसी प्रकार भाषा भी केवल मनुष्य-योनि का गुण है। जानवर रूस में रहें या हिन्दुस्तान में, बोली उनकी एक ही होती है, किन्तु रूस में बसनेवाले मनुष्य वही भाषा नहीं बोलते, जो भाषा हिन्दुस्तान में रहनेवाले लोग बोलते हैं। मनुष्य भी जब पशु था, उसके पास भाषा नहीं थी। उसकी भाषा का आरम्भ तब हुआ, जब वह पशु-योनि से अलग होने लगा। भाषा सभ्यता का मूल है। भाषा संस्कृति की असली शक्ति है। भाषा चिन्तन का लिबास है। जिस जनसमूह में चिन्तन उच्च कोटि का होता है, उसकी भाषा भी उतनी ही प्रखर और महीन हो जाती है। और जो जनसमूह अभी संस्कृति की दिशा में पिछड़ा हुआ है, उसकी भाषा भी उसी परिणाम में स्थूल और भोंडी होती है। अतएव हमारी भाषाओं में चिन्तन की स्वस्थ परम्परा का विकास होना चाहिए, जिससे भारत अपने उस स्वरूप को सँवार सके, जिसके कारण वह जगत-भर में इतना विख्यात रहा है।

भाषा कोई भी बुरी नहीं होती; बुरे अगर होते हैं, तो उसके बोलनेवाले लोग होते हैं, किन्तु खेद का विषय है कि स्वराज्य के बाद से हिन्दी पर जो अनेक आरोप लगाए

जा रहे हैं, उनमें से एक कुत्सित आरोप यह भी हैं कि हिन्दी फकत हिन्दुओं की भाषा है, हिन्दुत्व के अतिरिक्त इस देश में जो नाना धर्म हैं, उनके प्रति वह उदार नहीं है तथा इस भाषा का स्वर साम्प्रदायिक और उसकी दृष्टि संकीर्ण है। शब्द चाहे ये नहीं रहे हों, किन्तु ये अथवा इनसे मिलते-जुलते आक्षेप हिन्दी पर दो-एक बार ऊँची-ऊँची जगहों पर भी लगाए गए हैं। अवश्य ही इस प्रकार के आक्षेप करनेवाले लोग भाषा और साहित्य के अध्येता नहीं, राजनीति के निरंकुश खिलाड़ी होते हैं, अन्यथा वे ऐसी बात नहीं बोलते, जो सत्य के बिलकुल विपरीत और निराधार है। ऊपर मैंने भारतीय संस्कृति की जिन दो धाराओं का उल्लेख किया है उनका जितना पुष्ट प्रमाण हिन्दी में मिलता है, उससे अधिक पुष्ट प्रमाण किसी और भाषा में उपलब्ध नहीं है। हिन्दी केवल हिन्दुत्व की ही नहीं, इस्लाम और सिख-धर्म की भी भाषा है। हिन्दी केवल वैदिक या वर्णाश्रम-धर्म की रूढ़ियों का पिष्ट-पेषण नहीं करती, वह उनके विरुद्ध क्रान्ति की भी शिक्षा देती है। वह केवल आगम-धर्म तक ही सीमित नहीं है, बल्कि निगम-धर्म का भी आख्यान उसने बड़ी ही निर्भयता से किया है।

हिन्दी के प्रमुख कवियों मे गिनती केवल उन्हीं की नहीं होती, जो जन्म या धर्म से हिन्दू थे, बल्कि उसके शीर्षस्थ कवियों में कितने ही कवि ऐसे भी हुए हैं, जो धर्म से सिख या मुसलमान थे। अगर अप्रमुख कवियों की गिनती की जाए, तो उस सारणी में दो-चार नाम ईसाइयों के भी आ जाएँगे। अमीर खुसरो और कबीरदास, जायसी और उसमान, रहीम और रसखान, अनीस, अहमद और कमाल, ताज और तानसेन, नेवाज और फकरुद्दीन, आलम और शेख तथा मुबारक और रसलीन—ये सब-के-सब अत्यन्त उच्च कोटि के कवि हुए हैं। खासकर कबीर, जायसी, रहीम, रसखान और रसलीन ने हिन्दी की जो अपरिमित सेवा की वह हिन्दी-साहित्य के इतिहास में अत्यन्त गौरवपूर्ण स्थान रखती है और इन कवियों का सम्यक अध्ययन किए बिना कोई भी व्यक्ति हिन्दी-साहित्य का मर्मज्ञ नहीं माना जा सकता। इसी प्रकार सिख गुरुओं, विशेषतः गुरु नानक और गुरु गोविन्दसिंह की रचनाएँ हिन्दी-साहित्य का अभिन्न अंग हैं और हिन्दी के प्राचीन साहित्य का संकलन उनके समावेश के बिना अधूरा समझा जाता है।

आन्दोलन के रूप में साम्प्रदायिक एकता की माँग इधर हाल में आकर बीसवीं शताब्दी में उठी है; किन्तु इस एकता की आवश्यकता भारतवासी आरम्भ से ही महसूस करते आ रहे थे और हिन्दू-मुस्लिम-मिलन का एक मुख्य क्षेत्र होने के कारण साम्प्रदायिक एकता पर जितना अधिक ज़ोर हिन्दी-भाषी क्षेत्र में दिया गया उतना ज़ोर और कहीं दिया गया या नहीं, इसका यथेष्ट प्रमाण उपलब्ध नहीं है। कबीर साहब ने पन्द्रहवीं सदी में हिन्दू-मुस्लिम-एकता का जो नारा दिया, वह नारा आज तक हिन्दी में निःशब्द नहीं हुआ है और इन चार-पाँच सौ वर्षों के बीच कई सौ कवि हिन्दी में ऐसे हुए, जिन्होंने आँख मूँदकर इस नारे को दुहराया है।

हिन्दी का सन्त-साहित्य, जो आकार में महोदधि के समान विशाल है, इसी

एकता का साहित्य है। असल में यह साहित्य उस क्रान्ति का साहित्य है, जिसका प्रवर्तन बुद्ध ने किया था। यह साहित्य आदमी की ऊँचाई की जाँच उसके जन्म से नहीं, कर्म से करता है। यह साहित्य धर्म के बाह्याचारों को ढकोसला समझता है और मनुष्य के धर्म को उसके चरित्र में प्रतिबिम्बित देखना चाहता है। यह साहित्य अस्पृश्यता का विरोधी और जाति-अहंकार का कट्टर शत्रु है। यह साहित्य बैठकर खानेवालों का मजाक उड़ाता है और इज़्ज़त उसकी करता है, जिसके हाथों में मेहनत के घट्ठे या निशान है। यह साहित्य उस मानव-समाज की भूमिका तैयार करता है, जिसकी कल्पना गांधीजी ने की थी—एक ऐसा समाज जिसमें शोषण नहीं है, धन की पूजा नहीं है, धर्म का आडम्बर नहीं है, अस्पृश्यता नहीं है और जिस समाज में स्त्री और शूद्र दबाकर नहीं रखे जाते हैं, न कोई व्यक्ति इसलिए अहंकार करता है कि उसका जन्म ऊँचे या धनी खानदान में हुआ है। हिन्दी के संत-साहित्य की सामाजिक विशेषता यह है कि अगर गांधीजी की कल्पना का समाज अस्तित्व में आ जाए तो यह साहित्य उस समाज की रामायण बन सकता है अथवा अगर समाजवादी लोग धर्म को स्वीकार करके अपनी कल्पना के समाज की स्थापना कर सकें, तो यह साहित्य उनका असली 'मेनिफेस्टो' बन सकता है, बशर्ते कि वे सन्तोष की महिमा को भी स्वीकार कर सकें।

भारत के अन्तिम हिन्दू-सम्राट महाराज पृथ्वीराज मोहम्मद गोरी के हाथों मारे गए थे। अनुमान यह होना चाहिए कि उनका प्रिय कवि चन्दबरदाई इस्लाम के प्रति दुर्भावनाओं से पूर्ण रहा होगा, किन्तु आश्चर्य की बात है कि चन्दबरदाई इस्लाम की निन्दा नहीं करता। उलटे वह यह घोषणा करता है कि अपने काव्य में मैंने पुराण और कुरान दोनों के तत्त्वों का समावेश किया है :

उक्ति धर्म विशालस्य राजनीति नवं रसं।
षट् भाषा पुराणं च कुरानं कथितं मया।।

चन्दबरदाई से भी पूर्व लगभग 11वीं सदी में हिन्दी के एक कवि मुनि रामसिंह हुए हैं। उन्होंने छुआछूत की निन्दा करते हुए लिखा है :

कासु समाहि करउँ? को अंचउँ?
छोप-अछोप मणिवि को वंचउँ?

अर्थात् समाधि किसकी लगाऊँ? अर्चना किसकी करूँ? और छूत-अछूत कहकर किसको छोड़ूँ?

कहते हैं, गुरु नानक किसी भी ऐसे आदमी का छुआ हुआ पानी नहीं पीते थे, जिसके हाथ में मेहनत के निशान नहीं हों। मेहनत की प्रशंसा करते हुए उन्होंने कहा भी है कि :

घालि खाइ कछु हत्थहु देइ।
नानक राह पिछाणहि सेइ।

वे भाव भारतीय एकता की ताकत बढ़ानेवाले भाव हैं। एक समय शासकीय अत्याचारों के प्रमुख क्रीड़ा-क्षेत्र हिन्दी-भाषी क्षेत्र ही थे, किन्तु उस घोर उत्तेजनापूर्ण युग में भी भूषण को छोड़कर और कोई बलशाली कवि नहीं जनमा, जो इस उत्तेजना को अपनी कविता में स्थान दे। हमारे अधिकांश कवियों ने तात्कालिक ज़हर को नहीं देखकर, दो संस्कृतियों के सम्पर्क से उत्पन्न होनेवाले अमृत को महत्त्व दिया और चार-पाँच सौ वर्षों तक उन्होंने जो कुछ भी लिखा, उसमें इसी अमृत की वाणी प्रधान रही।

हिन्दी तोड़नेवाली भाषा नहीं, जोड़नेवाली भाषा है। आज वह अग्नि-परीक्षा के भीतर से गुजर रही है, किन्तु मेरा विश्वास है कि इस अग्नि-परीक्षा से वह सही-सलामत बाहर आएगी और देश ने जिस आशा से उसे अपनी राष्ट्रभाषा का पद दिया है, उस आशा को वह पूर्ण करेगी।

हिन्दी का स्वभाव विलक्षण और एकाध दृष्टि से अद्वितीय है। हिन्दी की पूर्वी सीमा बिहार है, जहाँ मैथिल कोकिल विद्यापति का आविर्भाव हुआ, किन्तु विद्यापति केवल हिन्दी के ही कवि नहीं रहे; उन्हें बंगाल भी अपना कवि मानता है। इसी प्रकार हिन्दी की पश्चिमी सीमा राजस्थान है, जहाँ मीराबाई का जन्म हुआ, किन्तु मीरा केवल हिन्दी की ही कवयित्री नहीं मानी जातीं, उन्हें गुजरात के लोग भी अपनी कवयित्री समझते हैं। जिस प्रकार हिन्दी ने गुजरात से लेकर बंगाल और असम तक एक प्रकार की भाषागत एकता कायम कर दी है, उसी प्रकार वह एक समय सारे भारत-देश की एकता का सूत्र बनेगी।

देवियो और सज्जनो! आज के अपने भाषण को जान-बूझकर मैंने एकता पर केन्द्रित किया है, क्योंकि जिस मंच से मैं बोल रहा हूँ, वह एकता का महामंच है। एकता और आजादी एक ही सिक्के के दो पहलू हैं। हमारी आजादी इसलिए नहीं गई थी कि हम लड़ने में कमज़ोर हो गए थे, बल्कि इसलिए कि एकता हमारी कमज़ोर हो गई थी और जैसे ही गांधीजी ने हमें एकता का पाठ पढ़ाया, हम बिना तलवार उठाए स्वाधीन हो गए। जो बात पहले हुई थी, वह आगे भी हो सकती है। यदि एकता को हमने खिड़की की राह से जाने दिया, तो हमारी स्वाधीनता सदर दरवाज़ा खोलकर निकल जाएगी।

हिन्दुस्तान की एकता को मजबूत बनाने के लिए गांधीजी ने अनेक आन्दोलनों का सूत्रपात किया था और इन आन्दोलनों में हिन्दी-प्रचार का आन्दोलन आज सबसे अधिक प्रमुखता रखता है। दक्षिण भारत हिन्दी प्रचार सभा एकता की फौज तैयार करनेवाला पीठ है; और जो लोग यहाँ से हिन्दी का ज्ञान प्राप्त करके बाहर निकलते हैं, वे भारतीय एकता के सिपाही हैं। देश की जो अवस्था है, उसमें ऐसे सिपाहियों की भरमार हिन्दी-भाषी क्षेत्रों में भी होनी चाहिए, क्योंकि जैसे यह जरूरी है कि अहिन्दी-भाषी क्षेत्रों में हिन्दी के जानकार लोगों की तादाद बढ़े, वैसे ही यह भी आवश्यक है कि हिन्दी-भाषी क्षेत्रों में हिन्दीतर भाषाओं के ज्ञाता काफी संख्या में

तैयार हों। कारण यह है कि भारत की प्रायः सभी क्षेत्रीय भाषाएँ अंग्रेजी की जगह लेने को काफी तेज़ी से आगे बढ़ रही हैं और देश लगभग उस अवस्था में पहुँच चला है, जहाँ उसे दुभाषियों और अनुवादकों की एक पूरी फौज की जरूरत पड़ेगी। तो दुभाषिए और अनुवादक हिन्दी-भाषी क्षेत्रों में भी तैयार किए जाने चाहिए। भारत-सरकार के शिक्षा-मन्त्रालय के लिए यह उचित है कि वह भारतीय भाषाओं में द्विभाषी ग्रेजुएट तैयार करने की एक सुचिन्तित योजना तैयार करे और यूनिवर्सिटी ग्रांट्स कमीशन के जरिए उस योजना को विश्वविद्यालयों में चालू कर दे। उत्तर के कई विश्वविद्यालयों ने अपने यहाँ दक्षिण की भाषाओं का प्रवेश आरम्भ कर दिया है; किन्तु इस कार्य में त्वरा अभी नाम को भी नहीं है। उचित यह होगा कि सरकार इस बात की घोषणा कर दे कि सभी बातें समान होने पर नौकरियों में प्राथमिकता उन्हें दी जाएगी, जो अपनी मातृभाषा के सिवा किसी अन्य भारतीय भाषा में भी दक्ष होंगे। ऐसी घोषणा हो जाने पर हमारे नौजवान तेज़ी के साथ भारतीय भाषाओं की ओर बढ़ सकते हैं और तभी भारत के सभी क्षेत्रों में भारत की सभी भाषाओं के जानकार अच्छी संख्या में उपलब्ध हो सकेंगे।

हिन्दी अथवा अन्य भारतीय भाषाओं के जागरण से हिन्दुस्तान की एकता कमज़ोर हुई है, ऐसी भ्रान्ति किसी भी भारतवासी को नहीं होनी चाहिए। एकता की दृष्टि से अंग्रेजी का आज जो महत्त्व है, उससे हम इनकार नहीं करते हैं, किन्तु अंग्रेजी का सेतु केवल अंग्रेजी के जानकारों के लिए है। हमें उन लोगों के लिए भी सेतु तैयार करना है, जो अंग्रेजी न जानकर भारत की ही भाषाएँ जानते हैं। इस दृष्टि से हिन्दी का जो महत्त्व है, उसे सारा देश स्वीकार करता है। मेरा निवेदन केवल यह है कि जैसे एकता के सेतु के रूप में हिन्दी अहिन्दी-भाषी क्षेत्रों में पहुँच रही है, वैसे ही अन्य भाषाओं को भी हिन्दी-भाषी भूभाग में पहुँचना चाहिए। भाषा के क्षेत्र में हमें देश को इतनी जगहों से बाँध देना चाहिए कि कोई भी क्षेत्र किसी अन्य क्षेत्र से असम्बद्ध नहीं रह जाए। यह कार्य समय-साध्य भले ही हो, उसे मैं अव्यावहारिक नहीं समझता हूँ। बहुत अच्छा हो, यदि योजना-आयोग का शिक्षा-विभाग इस विचार की जाँच करके कोई योजना तैयार कर दे।

देवियो और सज्जनो! महर्षि अगस्त्य जब दक्षिण आ रहे थे, तब रास्ते में विंध्य-पर्वत ने भूमिष्ठ होकर उन्हें प्रणाम किया। अगस्त्यजी ने उसे यह आशीर्वाद दिया कि जब तक मैं दक्षिण से न लौटूँ, तब तक तुम इसी प्रकार भूमिष्ठ होकर पड़े रहो। अगस्त्यजी से मेरी प्रार्थना है कि वे दक्षिण से उत्तर की ओर कभी न जाएँ और विंध्य-पर्वत भूमिष्ठ होकर पड़ा रहे।[1]

('साहित्यमुखी' पुस्तक से)

---

1. दक्षिण भारत हिन्दी प्रचार सभा, मद्रास के उनतीसवें दीक्षान्त-समारोह में सन् 1964 ई. में दिया गया भाषण।

निर्गुण पन्थ की सामाजिक पृष्ठभूमि

हिन्दुओं का जो दल वर्णाश्रम-धर्म का रक्षक और प्रहरी है वह सदा से यह मानता आया है कि मानवता के उद्धारक और धर्म के त्राता बराबर उच्च कुलों में जन्म लेते हैं। वह यह भी मानता है कि ये महात्मा वैदिक धर्म की निन्दा नहीं करते, न शास्त्रों की आज्ञा के वे विपरीत जाते हैं। किन्तु वास्तविक जीवन में ये सीमाएँ बहुधा टूटती रही हैं। हमने शूद्रों और अंत्यजों को अपने जूतों के पास बिठाए रखने के अनेक प्रयत्न किए, किन्तु फिर भी शूद्रों और अंत्यजों के बीच ऐसे-ऐसे महापुरुष उत्पन्न हुए जिनके सामने ब्राह्मण निस्तेज हो गए। किन्तु ब्राह्मण जब-जब इस प्रकार निस्तेज होने लगे, तब-तब उन्होंने पुराणों में नई-नई कथाएँ डालकर अपनी पदरक्षा की कोशिश की। बुद्धदेव जनमे तो उच्च कुल में थे, किन्तु शास्त्रों की सीमाएँ उन्होंने नहीं मानीं और उनकी तेजस्विता इतनी बढ़ी कि ब्राह्मणों ने कालचक्र में, उन्हें ईश्वर का अवतार मान लिया :

निन्दसि वेदविधेरहह श्रुतिजातम्
सदयहृदय दर्शितपशुघातम्
केशव धृतबुद्धशरीर जय जगदीश हरे!

परन्तु आगे चलकर ब्राह्मणों को लगा, जैसे यह गलत काम हो गया हो। अतएव विष्णुपुराण में एक नई कथा गढ़ी गई कि एक बार राक्षसों ने इतना यज्ञ किया कि उनकी शक्ति अपरम्पार हो गई और देवता उनसे घबराने लगे। फिर देवताओं ने विष्णु के दरबार में अपना रोना रोया और विष्णु देवताओं की रक्षा के लिए पृथ्वी पर गौतम-रूप में अवतरित हुए और राक्षसों को उन्होंने उपदेश दिया कि यज्ञ करना छोड़ दो। राक्षसों ने भी गौतम की बात मानकर यज्ञ करना छोड़ दिया। परिणाम यह हुआ कि वे कमजोर हो गए और देवताओं ने फिर उन्हें जीत लिया। यह एक ही कहानी बुद्धमत पर कई दिशाओं से प्रहार करती है।

यही बात हिन्दी के अनेक निर्गुनियाँ कवियों के बारे में भी हुई। कबीर को पहले तो वर्णाश्रम-धर्मवालों ने हँसकर उड़ा देना चाहा, किन्तु जब वे पर्वत के समान अचल दीख पड़े और मरते-मरते उन्होंने सारे समाज में प्रतिष्ठा प्राप्त कर ली, तब उनके देहावसान के बाद, सम्भवतः ऊँची जातिवालों ने यही किंवदन्ती चला दी कि कबीर जुलाहे के बेटे नहीं थे, उनका जन्म ब्राह्मणी विधवा की कुक्षि से हुआ था अथवा यह

कि नीमा और नीरू जुलाहे ने उन्हें लहरतारा के तालाब में कमलकोष में बन्द पाया था। विचित्र बात है कि समाज के जिन दलित लोगों के उद्धार के लिए कबीर ने जीवनभर कष्ट झेला, वे भी कबीर साहब को नीच-वंश जन्मा नहीं मानना चाहते। उनके भीतर भी यही संस्कार घर किए हुए है कि महात्मा केवल द्विजवंशों में ही जन्म ले सकते हैं।[1]

और महात्मा दादू दयाल के विषय में भी ठीक यही हुआ। वे पेशे से धुनिया मुसलमान थे। किन्तु यह बात उनके अनुयायियों को पसन्द नहीं आती। वे मानते हैं कि लोदीराम नामक नागर ब्राह्मण को साबरमती नदी के तट पर एक नवजात बालक बहता हुआ मिला और उसे उठाकर लोदीराम अपने घर ले आए। यही बालक पीछे दादू के नाम से प्रसिद्ध हुआ।

ऐसी ही किंवदन्ती महात्मा रविदास के पीछे भी उठी। वे जाति के चमार थे, यह उन्हीं की बा़नी से सिद्ध है किन्तु चमार कहीं पूजित भी होता है और उसकी शिष्या कहीं रानियाँ भी हो सकती हैं? निदान, उनके बारे में भी यह कहानी गढ़कर जनसमुद्र में तैरा दी गई कि ''स्वामी रामानन्दजी का एक शिष्य एक ऐसे बनिये के घर से भिक्षा ले आया जिसका कारबार एक चमार के साथ था। स्वामीजी के ठाकुरजी ने उस दिन थाल स्वीकार नहीं किया। पूछने पर जब पता चला कि उनका ब्रह्मचारी शिष्य उस बनिये के यहाँ से सीधा लाया था तब स्वामीजी ने शाप दिया कि ''जा, चमार के यहाँ जन्म ले।'' बेचारे ब्रह्मचारी ने चमारिन के गर्भ से जन्म तो लिया, पर उस अछूत के स्तनों का दूध नहीं पिया। जब स्वामी रामानन्द ने पूर्वजन्म के ब्राह्मण ब्रह्मचारी को राममन्त्र का उपदेश किया तब कहीं उसने माता के स्तनों का दूध पिया।'' यह कहानी कितनी कुटिल और विषाक्त है! फिर भी, रविदासजी के अनुयायी इस कहानी को कलेजे से लिपटाए हुए हैं।

भक्ति और उज्ज्वल चरित्र पर केवल द्विजातियों का अधिकार नहीं है[2] और न यही मानना ठीक है कि सच्चा धर्म वही है जो हजार, दो हजार या पाँच हजार वर्ष पहले आख्यात हुआ था। मूलतः, यह मानना तो ठीक है कि धर्म का आरम्भ तब तक नहीं होता जब तक मनुष्य अदृश्य शक्ति की ओर प्रेम और जिज्ञासा से उन्मुख

---

1. स्वयं कबीर साहब की भी इच्छा थी कि लोग उन्हें जुलाहा न मानें। यथा :
   काासी का मैं वासी बाम्हन नाम मेरा परबीना,
   एक बार हरि नाम बिसारा पकरि जुलाहा कीना।
   तथा
   कासी में हम प्रगट भये हैं रामानन्द चेताए,
   निर्गुण का सन्देसा लाए हंस उबारन आए।
2. एकै बूँद, एक मल-मूतर, एक चाम, इक गूदा,
   एक जोनि में सब उत्पन्ना को ब्राह्मण को शूदा?

नहीं होता है। किन्तु, इसके बाद जो अनुष्ठान और विधान हैं, वे कालानुसार बदलते रहते हैं। यही नहीं, मनुष्य के धार्मिक विश्वासों में भी परिवर्तन होता रहता है। इन परिवर्तनों को विवेकपूर्वक स्वीकार करने से धर्म की प्रगति होती है। जहाँ परिवर्तन स्वीकृत नहीं किए जाते और लोग इस कुंठा से फँस जाते हैं कि सुधरा हुआ धर्म धर्म नहीं है, वहाँ धर्म पंगु हो जाता है।

निर्गुणधारा के सन्तों ने हिन्दूधर्म में ऐसा ही परिवर्तन उपस्थित किया। उपनिषदों के बाद से इस देश में धर्म की दो धाराएँ बहती आई हैं। एक धारा तो वह है जिसके ग्रन्थ वेद और उपनिषद्, शास्त्र तथा पुराण हैं तथा जो यह आग्रह करती आई हैं कि वर्णाश्रम-धर्मानुसार ऊँच-नीच, जाति-कुजाति का जो भेद किया गया है, वह ठीक है। और दूसरी धारा वह है जो बुद्ध के कमंडलु से निकली है, जो शास्त्रों की इस आज्ञा को नहीं मानती कि ब्राह्मण जन्मना पूज्य और शूद्र जन्म से ही त्याज्य है, संक्षेप में, जो वैदिक और पौराणिक हिन्दुत्व को खुले खेत ललकारती आई है। एक समय इन दो धाराओं को लेकर हिन्दुत्व के भीतर इतना भयानक संघर्ष मचा था कि सारा हिन्दू-समाज प्रायः दो शिविरों में विभक्त हो गया था और बहुत-से हिन्दू ब्राह्मणों से रुष्ट होकर एक ऐसी जगह खड़े हो गए थे जहाँ वेदों का सम्मान नहीं था, जहाँ शास्त्रों की तनिक भी प्रतिष्ठा नहीं थी तथा जो हिन्दुत्व के मूल रूप से बहुत दूर थी। यदि इन लोगों को सवर्ण जातिवालों ने प्रेम से अपना लिया होता तो मुसलमानों के आगमन के बाद झुंड-के-झुंड मुसलमान नहीं हो गए होते। किन्तु कट्टर हिन्दुत्व से त्रस्त ये तथाकथित नीचजन्मा लोग इस्लाम को अपना त्राता मानकर खुशी-खुशी उसके झंडे के नीचे चले गए।

इसके बाद भारत में जो स्थिति उत्पन्न हुई, वह अत्यन्त विषम थी। ऐसे भी विद्वान हैं जो आँख मूँदकर कबीर आदि को हिन्दुत्व का शत्रु कह देते हैं।[1] किन्तु इसका एक दूसरा भी पक्ष है। कबीर, दादू, रैदास आदि सन्तों ने कभी यह नहीं कहा कि हिन्दुओं को अपना धर्म छोड़कर मुसलमान हो जाना चाहिए अथवा यह कि इस्लाम हिन्दुत्व से श्रेष्ठ है। इन महात्माओं की दृष्टि धर्म के बाहरी नहीं, भीतरी

---

1. तुम कत बाम्हन, हम कत शूद?
   हम कत लोहू, तुम कत दूध?
   जो तू करता बरन विचारा
   जनमत तीन डंड अनुसारा।
   जनमत शूद्र, मुए पुनि शूद्रा,
   कृतिम जनेउ घालि जग धुद्रा।
   जो तुम बाम्हन बाम्हनी जाए
   अवर राह ते काहे न आए?

   —कबीर

उपकरणों पर थीं।[1] जैसे सभी सुसज्जित व्यक्ति यह दावा नहीं कर सकते कि वे भीतर से भी सुसंस्कृत और साफ हैं, वैसे ही सभी चन्दन-कंठी धारी अथवा नमाजी लोगों के बारे में यह नहीं कहा जा सकता कि वे धार्मिक भी हैं। धर्म चरित्र में बसता है, धर्म मनुष्य के हृदय की शुद्धता को कहते हैं; धर्म बोलने नहीं, करने की वस्तु है, इस सत्य की घोषणा बुद्धदेव ने की थी, यद्यपि वे निरीश्वरवादी थे। निर्गुणधारा के सन्तों ने बुद्ध के आचार पक्ष को जोर से ग्रहण किया तथा ईश्वर की सत्ता में विश्वास करने के कारण वे सहज ही जनता की पूजा के पात्र हो गए।

यदि हम गौतम बुद्ध को अपने समय का सर्वश्रेष्ठ हिन्दू मानते हों तो हमें यह भी मानना चाहिए कि बुद्ध से लेकर कबीर तक भारत में जो धार्मिक कोलाहल रहा वह हिन्दुत्व के ही आत्म-मन्थन का नाद था और इस आत्म-मन्थन के फलस्वरूप धर्म का जो रूप प्रकट हुआ वही अभिनव हिन्दुत्व है। अचरज की बात है कि आधुनिक काल में राममोहन से लेकर महात्मा गांधी तक हिन्दुत्व की जो व्याख्या हुई है वह भी शास्त्रानुमोदित हिन्दुत्व की अपेक्षा मध्यकालीन सन्तों की कल्पना के हिन्दुत्व के ही अधिक समीप है। इस दृष्टि से देखने पर तो सन्त कवि हमारे सच्चे भविष्य-द्रष्टा थे।

(1954 ई.)

('वेणुवन' पुस्तक से)

---

1. अल्ला एक नूर उपजाया ताकी कैसी निन्दा?
वही नूर ते सब जग कीया कौन भला को मन्दा?

—कबीर

दया-धरम हिरदै बसै बोलैं अमरत बैन,
तेई ऊँचे जानिए जिनके नीचे नैन।

—मलूकदास

नीच-नीच सब तरि गए, सन्त-चरन-लौलीन,
जातिहि के अभिमान ते डूबे बहुत कुलीन।

—तुलसी साहेब

दोनों भाई हाथ-पग दोनों भाई कान,
दोनों भाई नैन हैं हिन्दू-मुसलमान।

—दादूदयाल

हम सब देखा सोधि कैं दूजा नाहीं आन
सबकी एकहि आतमा क्या हिन्दू-मुसलमान।

—दादूदयाल

कहै कबीर चेत रे भोंदू!
बोलनहारा तुरुक न हिन्दू!

—कबीर

सगुणोपासना

धर्म की आदि कल्पना निराकार से उठी थी या साकार से, इस विषय में कोई ऐसा अनुमान नहीं लगाया जा सकता जो सही या विश्वसनीय हो। हम केवल यही कह सकते हैं कि बहुत प्राचीनकाल से निराकार और साकार, दोनों की उपासना चली आ रही है। वेद संसार के प्राचीनतम ग्रन्थ है और उनका साक्ष्य भी प्राचीनतम ही समझा जाएगा। वेदों पर से स्वामी दयानन्द ने यह अनुमान निकाला था कि ईश्वर निर्गुण है, निराकार है और उसकी उपासना इसी रूप में की जानी चाहिए। किन्तु रामानुज, वल्लभाचार्य, निम्बार्क और मध्व ने साकार की सिद्धि वेदों के प्रमाण से की थी और आज भी ऐसे पंडित मौजूद हैं, जो वेदों के प्रमाण से साकार की सिद्धि करते हैं।

यदि सम्पूर्ण मानवता की दृष्टि से देखें तो बौद्ध, जैन, ईसाइयत और इस्लाम— ये ऐसे धर्म हैं, जो साकार से दूर और निराकार के निकट पड़ते हैं, यद्यपि महायान बौद्ध धर्म में बुद्ध की मूर्ति की पूजा चलती है, जैन धर्म में महावीर की और ईसाइयत में ईसा और मरियम की। इस्लाम मूर्तिपूजा में विश्वास नहीं करता, किन्तु ताजियों और कब्रों की पूजा इस्लाम में भी चलती है और सिक्ख धर्म में ग्रन्थ साहब का वही स्थान है, जो हिन्दुओं के यहाँ देव-मूर्तियों का समझा जाता है।

निराकार तार्किक पंडितों का आविष्कार है। जनता अपने भावों का कोई स्थूल आधार चाहती है और वह प्रत्येक निराकारी मत को किसी-न-किसी दूरी तक साकारवादी बना देती है। निराकार मात्र शुद्ध विचार है, किन्तु जनता उस विचार को ऐसा रूप देना चाहती है, जो छुआ जा सके, सूँघा जा सके, देखा और सुना जा सके।

सत्य तो वही एक है, जो अजर, अमर है, अस्पृश्य और अदृश्य है। किन्तु ऐसे तटस्थ ब्रह्म से मनुष्य का काम नहीं चलता। वह ऐसा परमात्मा चाहता है जो प्रार्थनाएँ सुनकर द्रवित होता हो, जो गुहार और पुकार से पिघल सकता हो।

और इसीलिए परमात्मा दोनों रूपों में विराजता है, क्योंकि वह सर्वशक्तिमान है और स्थिति के अनुसार अनेक रूप धर सकता है। जो योगियों और ज्ञानियों के लिए अज, अरूप, निर्गुण और निराकार है, वही भक्तों के लिए आकार ग्रहण करता है। योगियों और ज्ञानियों की आध्यात्मिक अनुभूतियाँ जितनी सत्य हैं, उतनी ही सत्य भक्तों की भी अनुभूतियाँ हैं, जिनके बारे में यह कहा जाता है कि भगवान को उन्होंने राम या कृष्ण के रूप में देखा था अथवा यह कि भगवान किसी और रूप में उनके

समीप आए थे।

प्रत्येक धर्म के भीतर यह दावा किया जाता है कि उसके अमुक भक्त ने उस धर्म के आचार्य के दर्शन किए थे। हिन्दू धर्म किसी आचार्य या पैगम्बर का चलाया हुआ धर्म नहीं है, मगर उसमें भी अवतार हुए हैं, ऋषि और आचार्य हुए हैं। जिन हिन्दुओं के बारे में यह कहा जाता है कि उन्होंने विष्णु, शंकर या शक्ति के दर्शन किए थे, उनकी संख्या अपार है।

सबसे ताजा उदाहरण परमहंस रामकृष्ण का है। काली की पत्थर की प्रतिमा परमहंस रामकृष्ण से बातचीत करती थी और उनके प्रश्नों के उत्तर देती थी। रामकृष्ण के जीवन का एक ऐसा भी प्रसंग है, जिससे ज्ञात होता है कि सगुण और निर्गुण, दोनों ठीक हैं। रामकृष्ण तो सगुणोपासक थे, क्योंकि वे काली की प्रतिमा की पूजा करते थे। किन्तु बाबा तोतापुरी निर्गुणवादी और अद्वैत के साधक थे। जब वे रामकृष्ण के पास आए, उन्होंने रामकृष्ण से पूछा, "क्यों रे, अद्वैत की साधना सीखेगा?" रामकृष्ण ने कहा, "पहले मैं अपनी माँ से जरा पूछ आऊँ।" तोतापुरीजी ने समझा, इसकी सचमुच की कोई माँ होगी, जिससे पूछने गया है। किन्तु रामकृष्ण तो काली मन्दिर में जाकर लौट आए और बोले, "हाँ, अद्वैत साधना सीखूँगा। माँ ने मुझे ही सिखाने के लिए तो आपको यहाँ बुलाया है।"

तोतापुरी तो अद्वैतवादी योगी थे। रामकृष्ण का यह बालसारल्य देखकर वे हँसे कि यह भी कितना सीधा लड़का है। किन्तु साधना के क्रम में जब तोतापुरीजी ने रामकृष्ण को समाधि लगवाई, तब वह इतनी ऊँचाई पर पहुँच गई कि दो दिनों तक वह टूटी ही नहीं। तोतापुरी मन-ही-मन अचरच करने लगे कि यह कितने आश्चर्य की बात है कि जिस स्थिति तक पहुँचने में मुझे चालीस वर्ष लग गए, वह स्थिति इसे केवल तीन दिनों में प्राप्त हो गई।

सगुण की चोटी पर पहुँचा हुआ साधक निर्गुण की चोटी पर भी आसानी से पहुँच जाता है और निर्गुण की चोटी पर चढ़ा हुआ व्यक्ति भी सगुण तक आसानी से जा सकता है।

निर्गुण पर्वत है, सगुण समुद्र है। समुद्र के किनारे से पर्वत की चोटी हर एक को दिखाई देती है। किन्तु समुद्र तो उसी को दिखाई देगा जो पर्वत की चोटी पर पहुँच गया है।

रामकृष्ण ने कुछ समय के लिए इस्लाम की विधि से साधना की थी और हजरत मुहम्मद के उन्होंने दर्शन किए थे। फिर उन्होंने ईसाइयत की विधि से साधना की थी और हजरत ईसा के दर्शन किए थे। इस्लाम और ईसाइयत की नदियाँ भी उन्हें उसी समुद्र में ले गईं, जो एक और अनन्त है।

जैसे साहित्य का पेंडुलम क्लासिक और रोमांटिक के बीच डोलता रहता है, उसी प्रकार धर्म का पेंडुलम भी कभी निराकार की ओर जाता है और कभी साकार

की ओर। वेद और वेदान्त से साकार की सिद्धि अनेक बार की गई है, किन्तु वेदों का प्रमुख प्रभाव निराकार के पक्ष में था। तब साकार का उत्थान हुआ और पुराणों की रचना हुई। शंकराचार्य ने अद्वैत की प्रथा चलाई थी, जिससे सगुण खंडित होता था। तब उस नीरसता के विरुद्ध प्रतिक्रिया हुई और रामानुज तथा वल्लभाचार्य ने सगुण धर्म का प्रतिपादन किया। यही बात इस्लाम के आगमन के बाद दुहराई गई। कबीर मूर्तिपूजा के विरोधी थे और शिक्षा वे निर्गुण की देते थे। किन्तु उनकी निर्गुण धारा के बाद सूर और तुलसी का आविर्भाव हुआ, जिन्होंने सगुणोपासना की हिलती जड़ों को सुदृढ़ बना दिया। राम का अस्तित्व कबीर साहब भी मानते थे, किन्तु वे दाशरथी राम के भक्त नहीं थे :

संतो, आवै जाए सो माया।
क्या मकसूद मच्छ-कछ होना
शंखासुर न सन्धारा।
है वह अजय सभी का साईं
कहहु कौन को मारा?
दसरथ के गृह ब्रह्म न जनमे,
ई छल माया कीन्हां।
कहै कबीर सुनो भाई साधो,
कोई कोई निज की चीन्हां।

तथा

दसरथ सुत तिहुं लोक बखाना।
राम नाम को भरम है आना।

लगता है, कबीर आदि के इस निर्गुण मत को भ्रान्त मानकर ही तुलसीदास ने ललकारकर कहा था :

मंगल भवन अमंगल हारी।
द्रवहु सो दशरथ अजिर बिहारी।।

मानो कबीर साहब को ही सम्बोधित करके तुलसीदासजी ने कहा था कि आप दाशरथी राम को राम नहीं मानते। लेकिन मेरे लिए दशरथ के आँगन में खेलनेवाला राम ही असली राम है, परब्रह्म है।

इस्लाम के प्रभाव के कारण देश में जो निराकारवादिता फैल रही थी, तुलसीदासजी उसके विरुद्ध थे। वे इस्लाम का विरोध नहीं करते थे; किन्तु कबीर और जायसी ने निराकार उपासना का जो प्रचार किया था, वह तुलसीदासजी को पसन्द नहीं था। उन्होंने कहा है :

साखी सबदी दोहरा, कहि कहिनी उपखान।
भगत निरूपहिं भगति कलि, निन्दहिं वेद पुरान।।

यहाँ 'साखी, सबदी, दोहरा' का अभिप्राय कबीर से है और कहिनी तथा उपखान से संकेत जायसी की ओर है। संयोग से ये दोनों कवि मुसलमान थे। किन्तु तुलसीदासजी ने हिन्दुओं को भी नहीं बख्शा। गुरु गोरखनाथ पर चोट करते हुए उन्होंने कहा है :

गोरख जगायो जोग,
भगति भगायो लोग।

गोरख ने ऐसा योग जगाया कि लोगों की भक्ति भाग गई। अध्यात्म का उद्देश्य मनुष्य के चित्त का शुद्धिकरण है, उसकी चेतना की एकाग्रता और मन की निःशब्दता है। तुलसीदास चाहते थे कि कोई ऐसा मार्ग चलाया जाए, जिससे जो चाहे, उसी को अध्यात्म की सिद्धि हो जाए। उनकी दृष्टि में भक्ति-मार्ग ही उत्तम मार्ग है। और इसीलिए वे सगुण और निर्गुण पर जोर न देकर सारा बल नाम-जाप पर देते थे :

सगुन ध्यान रुचि सरस नहिं, निर्गुन मन से दूरि।
तुलसी सुमिरहु राम को नाम सजीवन मूरि।।

तुलसीदासजी वैसे तो सगुण के पक्षपाती समझे जाते हैं, किन्तु निर्गुण का वे निषेध नहीं करते। उनकी दृष्टि में सगुण और निर्गुण के बीच कोई भेद नहीं है :

निर्गुन सर्गुन नहीं कुछ भेदा।
उभय हरहिं भव-सम्भव खेदा।।
एक दारुगत देखिए एकू।
पावक युग सम ब्रह्म विवेकू।।

न निर्गुण की साधना आसान है, न सगुण की सिद्धि आसान है। लेकिन तुलसीदासजी का मत है कि दोनों की सिद्धि नाम-जाप से सहज हो जाती है :

उभय अगम, जुग सुगम नाम ते।
कहेहूँ नाम बड़ ब्रह्म राम ते।।

निर्गुण और सगुण के बीच समन्वय बिठाने की तुलसीदास ने बहुत बड़ी चेष्टा की है : किन्तु आदर्श स्थिति उन्होंने दोहावली के एक छोटे-से दोहे में बताई है :

हिय निर्गुन, नयनन्हिं सगुन, रसना राम सुनाम।
मनहुँ पूरट सम्पुट लसत तुलसी ललित ललाम।।

हृदय में निर्गुण ब्रह्म का ध्यान, आँखों के सामने सगुण स्वरूप की झाँकी और जिह्वा से राम-नाम का जाप, तुलसीदास कहते हैं कि यह ऐसा है, मानो सोने की डिबिया में ललित रत्न सुशोभित हो।

देश में जब ईसाइयत आई और विज्ञान आया, साकारोपासना के पाँव एक बार फिर लड़खड़ा उठे। उस समय ईसाइयत और विज्ञान की कसौटी पर हिन्दू धर्म को सही बताने को देश में निराकारवादी आन्दोलन उठा। ब्रह्म समाज निराकारवादी धर्म था। आर्यसमाज निराकार में विश्वास करता था, प्रार्थना-समाज निराकारी सम्प्रदाय

था। और राधास्वामी सम्प्रदाय भी निराकार का ही विश्वासी हुआ। राममोहन राय, स्वामी दयानन्द और रानाडे का लगभग वही स्थान है, जो कभी कबीर का था। राम का नाम जपेंगे, लेकिन उन्हें ब्रह्म नहीं मानेंगे। चन्दन और कंठी धारण करेंगे, किन्तु मूर्तियों में विश्वास नहीं करेंगे। किन्तु इन निराकारवादियों को अनुयायी ज्यादा नहीं मिले। जनता तो परमहंस रामकृष्ण को घेरकर खड़ी हो गई। रामकृष्ण व्याख्यान नहीं देते थे, अखबार नहीं निकलाते थे, शास्त्रार्थ भी नहीं करते थे; किन्तु उन्हें देखकर जनता को विश्वास हो गया कि केवल निराकार ही सत्य नहीं है, साकार भी उतना ही सत्य है। यही नहीं, पुराण भी सत्य हैं, विभिन्न देवी-देवता भी सत्य हैं और साधना के सभी मार्ग भी सत्य हैं।

सगुण धर्म भारत का अपना धर्म है। उसके खिलाफ बार-बार आन्दोलन उठते हैं और वह बार-बार उभरकर ऊपर आता है। वेदान्त सगुण के विरुद्ध समझा जाता था, किन्तु स्वामी विवेकानन्द ने उसे सगुणोपासना के साथ मिला दिया। विज्ञान के वर्तमान युग में वेदान्त उन्हें भी लुभा रहा है, जो हिन्दू नहीं हैं। वेदान्त के साथ संसार में नाम-जप की भी प्रथा फैल रही है। सम्भव है, ऐसा भी हो जाए कि हिन्दू देवी-देवताओं की प्रतिमाएँ और चित्र भारत से बाहर भी आदर पाने लगें।

सगुण उपासना और निर्गुण उपासना में से कौन अधिक सुगम और श्रेष्ठ है, यह प्रश्न पूछने के योग्य नहीं है। योगाभ्यासपूर्वक मन को निःशब्द करना उतना ही कठिन है, जितना किसी देवता या गुरु के प्रति अपने आपका सम्पूर्ण समर्पण। फिर भी आधुनिक युग में ऐसे कई सगुणोपासक महात्मा हो गए हैं, जिनके सामने पहुँचकर बड़े-बड़े निर्गुणवादी और तार्किक लोग चकित रह जाते थे। ब्रह्म समाज के नेता श्री केशवचन्द्र सेन परमहंस रामकृष्ण के अनुगत थे। जब केशव बाबू प्राण छोड़ने लगे उनके मुख से 'माँ, माँ—ये दो शब्द निकले थे।

और प्रसिद्ध ब्रह्म-समाजी साधक एवं विद्वान् आचार्य प्रतापचन्द्र मजुमदार ने लिखा है : ''श्री रामकृष्ण के दर्शन होने के पूर्व, धर्म किसे कहते हैं, यह कोई समझता भी नहीं था। सब आडम्बर ही था। धार्मिक जीवन कैसा होता है, यह बात रामकृष्ण की संगति का लाभ होने पर जान पड़ी।'' आचार्य प्रतापचन्द्र मजुमदार की एक और उक्ति है, जिसके उद्धरण से यह स्पष्ट होता है कि निर्गुणवादी बुद्धिवादी विद्वानों पर रामकृष्ण के व्यक्तित्व का कैसा प्रभाव था। प्रतापचन्द्र लिखते हैं : ''उनके और मेरे बीच समानता क्या है? मैं यूरोपीयकृत सुसभ्य, अर्ध-नास्तिक और तथाकथित तार्किक व्यक्ति हूँ, जिसकी सारी चिन्ता अपने ही निमित्त है। और वे निर्धन, अशिक्षित, व्यवहार में भद्दे, मूर्तिपूजक एवं निस्सहाय हिन्दू भक्त हैं। भला मैं उनकी सेवा में घंटों क्यों बैठा करूँ—मैं, जिसने डिजरेली और फाकेट के विचार सुने हैं, जिसने स्टानले और मैक्समूलर की विद्याएँ प्राप्त की हैं, जिसने यूरोप के बीसियों विद्वानों और धर्म-पुरुषों के विचारों का पान किया है? किन्तु केवल मैं ही नहीं, यहाँ तो मेरे जैसे

दर्जनों लोग हैं, जो यही करते हैं।...वे (रामकृष्ण) राम की पूजा करते हैं, शिव की पूजा करते हैं, काली को पूजते हैं और साथ ही वेदान्त में भी उनका अडिग विश्वास है। वे प्रतिमापूजक हैं, किन्तु निरंजन और निराकार की पूर्णता का ज्ञान कराने में भी उनसे बढ़कर कोई और माध्यम नहीं हो सकता। उनका धर्म आनन्द है, उनकी पूजा समाधि है। अहर्निश उनका समस्त अस्तित्व एक विचित्र विश्वास और भावना की ज्वाला से प्रदीप्त रहता है।"

जो हिन्दू आधुनिक हैं, वे मूर्तिपूजा से इसलिए बिदकते हैं कि वह स्थूल मध्यकालीन प्रथा है। जो हिन्दू नहीं है, उनके यहाँ यह विश्वास है कि मूर्ति की पूजा करनेवाला अधार्मिक होता है और वह नरक जाएगा। मुझे इस विश्वास पर आश्चर्य होता है। ईसाई परम्परा की मान्यता है कि भगवान ने मनुष्य को खुद अपनी प्रतिमा के अनुसार गढ़ा है। गॉड हैज क्रियेटेड मैन इन हिज ओन इमेज। तो मनुष्य अगर ईश्वर की वैसी ही प्रतिमा बनाकर उसकी पूजा करता है, तो यह अनाचार कैसे हो सकता है? वह तो पुण्य-ही-पुण्य है। पत्थर में पूजो या पत्थर को पूजो, बात एक ही है, क्योंकि दोनों हालातों में जिसे हम पूजते हैं, वह परमात्मा का प्रतीक है। यह प्रतीक हृदय में ऊँची भावना जगाता है, उसे क्षणभर को एकाग्र एवं निःशब्द करता है और विचारवानों के मन में यह विश्वास उत्पन्न करता है कि सत्य वहीं तक नहीं है, जहाँ तक विज्ञान पहुँचकर रुक गया है।

बहुत-से लोग हैं, जो मूर्तिपूजा का पूरा समर्थन नहीं करते, केवल आंशिक समर्थन करते हैं। उनकी दलील यह है कि छोटी बालिका जैसे गुड़ियों से खेलती है, मगर सयानी होने पर उन्हें छोड़ देती है, उसी प्रकार मूर्तिपूजा साधक का आदि सोपान है। आगे बढ़ने पर मूर्तियों की उसे जरूरत नहीं रहती। कबीरदास इसी विचार के थे :

करो जतन सखि, साईं मिलन की।
गुड़वा-गुड़िया सूप-सुपलिया
तजि दे बुद्धि लड़िकैयाँ खेलन की।

किन्तु रामकृष्ण परमहंस को क्या कहें, जिनकी सारी शक्ति काली की प्रतिमा से आती थी? महर्षि रमण को कहाँ रखें, जो सिद्ध हो जाने पर भी मूर्तियाँ स्थापित करते थे? योगीराज गम्भीरनाथ के विषय में क्या कहा जाए, जो सिद्ध हो जाने पर भी तीर्थाटन करते थे? और परमहंस नित्यानन्दजी के बारे में क्या सोचा जाए, जो ब्रह्मस्वरूप हो जाने पर भी साकारोपासना में विश्वास करते थे?

अध्यात्म के बारे में मार्ग-दर्शन उनसे लेना तो तार्किक और कोरे मेधावान हैं, खतरों से खाली नहीं है। मेधावी और ज्ञानवान होने से कोई अध्यात्म के अयोग्य हो जाता है, यह बात नहीं है। किन्तु मेधा और ज्ञान ठीक उसी प्रकार अध्यात्म के मार्ग नहीं हैं, जैसे वे कीर्ति के मार्ग हो सकते हैं। सभी रहस्यवादियों के ज्ञान के आधिक्य को शंका से देखा है। न मेधया न बहुना श्रुतेन। कबीर रहस्यवादी थे। उन्होंने ज्ञान

को शंका से देखा है :

पढ़ि-पढ़ि के पत्थर भया, लिखि-लिखि भया जुईंट।
कहे कबीरा प्रेम की लगी न एको छींट।।
ज्ञानी मूल गँवाइया ज्ञापन मचे करता।
ताते अज्ञानी भला मन में रहे डरता।।

और ज्ञान की सीमा दिखलाते हुए सर मोहम्मद इकबाल ने कहा था :

गुजर जा झल्क से आगे कि यह नूर
चिरागे-राह है, मंजिल नहीं है।

आधुनिक भाषा में यहाँ प्रेम का तात्पर्य सम्बुद्धि से है, इनटुइशन से है। और जैसे रहस्यवादी सन्त तर्क को सन्देह से देखते हैं, उसी प्रकार तार्किक लोग सम्बुद्धि का अस्तित्व ही नहीं मानते। वर्तमान युग में दार्शनिक बर्सो ने सम्बुद्धि की भूरि-भूरि प्रशंसा की है। किन्तु नास्तिक दार्शनिक बरट्रेंड रसल ने व्यंग्य किया है कि "सम्बुद्धि वह शक्ति है जो पशु, पक्षी और बर्सो में पाई जाती है।"

किन्तु अरविन्द आदि सभी महात्मा सम्बुद्धि के अस्तित्व में विश्वास करते हैं और मानते हैं कि वह मन या बुद्धि से आगे की चीज है। श्रद्धा सम्बुद्धि से उत्पन्न होती है, भक्ति सम्बुद्धि से बढ़ती है।

सगुणोपासना को धर्म के प्राचीन रूप का पर्याय मानना भी गलती से खाली नहीं है। धर्म के दो पक्ष हैं, एक का नाम श्रुति और दूसरे का नाम स्मृति है। एक निगम है, दूसरा आगम है। जैसे-जैसे लोगों के आर्थिक और सामाजिक सम्बन्धों में परिवर्तन होता है, आगामों और स्मृतियों का भी रूप बदलता जाता है। पहले लोग अस्पृश्यता में विश्वास करते थे, अब अस्पृश्यता में आस्था कोई नहीं रखता। भगवान राम ने शम्बूक का वध कर दिया था, क्योंकि वह शुद्र होकर भी तपस्या कर रहा था। मगर आज शुद्र तपस्या करे, तो उसे सब अच्छा ही मानेंगे। ये सारे परिवर्तन स्मृतियों के परिवर्तन हैं। श्रुति या निगम आज भी अपनी जगह पर अटल है। उसका सम्बन्ध धर्म के बाहरी आचारों से नहीं, उसके आन्तरिक तत्त्व से है। हम कौन हैं, कहाँ से आए हैं, मरने के बाद हम कहाँ जाएँगे, सृष्टि किसी की बनाई हुई है अथवा वह आप-से-आप प्रकट हो गई है, ये प्रश्न आगम नहीं, निगम के प्रश्न हैं और जैसे वे आदि काल में उठे थे, वैसे ही आज भी उठ रहे हैं। धर्म उन्हीं प्रश्नों के उत्तरों का सन्धान है। और इस सन्धान का मार्ग निर्गुण और सगुण—दोनों ही पद्धतियाँ हैं। और दोनों पद्धतियों का आधार श्रद्धा और विश्वास है। फेथ कैन मूव माउंटेन। श्रद्धा पर्वत को भी हिला सकती है, यह कहावत झूठ नहीं, सच है। तुलसीदासजी ने लिखा है :

अपनो ऐपन निज हथा, तिय पूजहिं निज भीति,
फरई सकल मन-कामना, तुलसी प्रीति-प्रतीति।

स्त्रियाँ अपने घरों की दीवारों पर अपने ही हाथों से ऐपन की छाप डालकर उसे पूजती हैं और उसी से उनकी मनोकामनाएँ पूर्ण हो जाती हैं। यह प्रीति (श्रद्धा) और विश्वास का ही फल है।

और नाम-जाप यद्यपि निर्गुणवादी भी करते हैं, किन्तु सगुणवादियों का तो वह सबसे बड़ा आधार है। चैतन्य महाप्रभु नाम-कीर्तन के शायद आदि आचार्य थे। परमहंस रामकृष्ण कीर्तन करते-करते भावदशा में खो जाते थे। और श्री माँ आनन्दमयी कीर्तन के समय किसी महाभाव में डूब जाती हैं। ऐसा क्यों होता है, यह तर्क की भाषा में समझना आसान नहीं है। बस, ऐसा होता है, यही तथ्य है। कीर्तन शायद हृदय की वाणी है, वह शायद आर्त की भाषा और असहाय की पुकार है। वह शायद इस भाव की अभिव्यक्ति है कि "ओ अदृश्य, ओ अनन्त, हमारे वश में कोई बात नहीं है, हम केवल तुम्हारा नाम ले सकते हैं, वह ले रहे हैं।" नाम-कीर्तन भक्त की पहली नहीं, अन्तिम निधि है। इसीलिए मुझे बाबा मुक्तानन्दजी की यह उचित बात बहुत पसन्द है कि और साधना उधार का सौदा है, नामस्मरण नकद व्यापार है।

('विवाह की मुसीबतें' पुस्तक से)

हिन्दी कविता में एकता का प्रवाह

अकसर देखा गया है कि किसी देश के लोगों में राष्ट्रीयता का भाव उस समय पैदा होता है, जब वह देश किसी और देश का गुलाम हो जाता है। जब मुसलमान हिन्दुस्तान के शासक हुए, तब इस देश में राष्ट्रीयता को जन्म देनेवाली हालत पैदा हो गई थी, लेकिन राष्ट्रीयता उस समय जन्मी नहीं। हम्मीर और ख़ुमान जैसे हिन्दू वीरों के चरित्र पर जो काव्य लिखे गए, उनमें एक प्रकार की राष्ट्रीयता की झलक जरूर थी, मगर वह राष्ट्रीयता बहुत दूर सीमित भी रही। असल में इन काव्यों में हिन्दू-राष्ट्रीयता नहीं, वैयक्तिक वीरों की प्रशस्ति है। हाँ, औरंगजेब के जमाने में हिन्दू-राष्ट्रीयता में एक जबर्दस्त उभार जरूर आया जिसके कवि भूषण हुए। मगर हिन्दी के आलोचक भूषण को भी राष्ट्रीय कवि नहीं मानते, क्योंकि पश्चिम से आनेवाली राष्ट्रीयता की सभी शर्तें उनसे पूरी नहीं होती हैं।

हमारे देश में राष्ट्रीयता का असली जन्म उन्नीसवीं सदी में हुआ, जब अंग्रेजी सल्तनत यहाँ अपना पाँव जमाकर बैठ गई और उसके जहर का अनुभव हिन्दू और मुसलमान दोनों ही करने लगे। अंग्रेजी राज के साथ यूरोप से जो ज्ञान, विज्ञान, धर्म और नैतिकता के नए भाव इस देश में आए, उनके सामने हिन्दू और मुसलमान—दोनों ही जातियाँ काँपने लगीं। हिन्दू धर्म और इस्लाम—दोनों में से किसी के भी पास वह चीज नहीं थी जिसे लेकर यह देश यूरोप ये आए हुए विज्ञान और बुद्धिवाद का मुकाबला करता। निदान, जिन हिन्दुस्तानियों को अंग्रेजी की शिक्षा मिली, उनमें से अधिकांश लोग अपने धर्म, अपनी संस्कृति और अपनी तहजीब की निन्दा करने लगे। हिन्दुस्तानियों के द्वारा हिन्दुस्तान के मजहब और तहजीब की ऐसी आलोचना शुरू हुई कि एक घमासान-सा मच गया और ऐसा लगने लगा कि यह देश अब पोशाक, रहन-सहन, खान-पान और विचार—सभी दृष्टियों से यूरोप बन जाएगा। भारत की पुरानी और जकड़ी हुई सभ्यता यूरोप की जवान और उच्छल सभ्यता से टकरा गई थी और इस धक्के से उसके अंग-अंग काँप रहे थे। मगर इस बूढ़ी सभ्यता ने तुरन्त ही अपने को सँभाला और इस चुनौती का जवाब देने के लिए वह अपने भीतर नई स्फूर्ति, नई ताकत और ताजगी लाने की कोशिश करने लगी। हिन्दू जाति के भीतर से राजा राममोहन राय, केशवचन्द्र सेन, बंकिमचन्द्र, परमहंस रामकृष्ण और स्वामी विवेकानन्द उत्पन्न हुए, जिन्होंने हिन्दू धर्म की पुरातनता को धो-माँजकर उसका एक

ऐसा रूप खड़ा कर दिया जिस पर अंग्रेजी पढ़े-लिखे हुए हिन्दुओं की भी श्रद्धा हो सकती थी। इसी प्रकार, इस्लाम के भीतर से सर सैयद अहमद खाँ, मौलाना हाली और वहाबी आन्दोलन के कई नेता प्रकट हुए जिन्होंने कुरीतियों को हटाकर इस्लाम का एक निर्मल रूप दुनिया के सामने रखा। इस्लाम को शुद्ध करनेवाले इस आन्दोलन के पहले कवि हाली और दूसरे कवि सर मोहम्मद इकबाल हुए।

यहाँ यह याद रखना चाहिए कि यूरोपीय सभ्यता की टकराहट से हिन्दुत्व और इस्लाम—दोनों की नींद टूटी और दोनों ही अपने भीतर उस ताकत की खोज करने लगे जिसे बढ़ाकर वे विज्ञान, ईसाइयत और नवीन बुद्धिवाद या रैशनेलिटी के हमलों का जवाब दे सकते थे। और दोनों को यह दिखाई पड़ा कि इस चुनौती का जवाब देने का रास्ता सिर्फ एक है और वह यह कि हम अपने धर्म और संस्कृति के उन प्राचीन सत्यों को जोर से पकड़ें जो अमर हैं और उनका मेल उन नए सत्यों से बिठाएँ जो पच्छिम से आ रहे हैं। राजा राममोहन राय अंग्रेजी के साथ संस्कृत, अरबी और फारसी के भी पंडित थे तथा रामकृष्ण परमहंस कुछ दिनों तक इस्लाम और ईसाइयत की भी साधना कर चुके थे। अतएव, साधना और भीतर से हिन्दुत्व का जो रूप निखरा, वह भारत में फैले हुए सभी धर्मों के सामंजस्य का प्रतीक बन गया।

इस आन्दोलन को हम रिनासां या भारत का नवजागरण कहते हैं और इसी नवजागरण ने हमारे देश में राष्ट्रीयता का विकास किया। जब रिनासां या नवजागरण का काल आता है, तब जातियों के कुछ प्राचीन सत्य दुबारा जन्म लेते हैं और जातियां अपने इतिहास के उस हिस्से से जा चिपकती हैं जो गुजर चुका है, मगर जिसकी याद से लोगों में स्वाभिमान की रोशनी उमड़ती है। हिन्दुस्तान में भी यही हुआ और बदकिस्मती की बात यह हुई कि अपने पिछले इतिहास को देखते हुए मुसलमान अरब और कुरान की ओर बढ़ते गए और हिन्दू प्राचीन धर्मशास्त्र, वेद तथा उपनिषद् की ओर। नतीजा यह हुआ कि दोनों ही जातियों ने अपनी उन विशिष्टताओं पर ज्यादा जोर देना शुरू किया जो उन्हें अलग करनेवाली थीं, उन पर नहीं जो उन्हें मिलानेवाली थीं और जिन्हें हिन्दुओं और मुसलमानों ने आपस में मिलकर तैयार किया था। हिन्दुओं और मुसलमानों की मिली-जुली संस्कृति के नेता शहंशाह अकबर हुए थे, मगर नवजागरण के बाद श्रद्धा के पात्र अकबर नहीं रहे, कुछ लोगों ने धीरे-धीरे यह पद सम्राट औरंगजेब को दे दिया। भारत में जो रिनासां आया, उसका सबसे बड़ा दोष यह रहा कि उसने हिन्दुओं और मुसलमानों की आँखों को घुमाकर उनके सिर के पीछे कर दिया। आँखें सामने रहें तो हम भविष्य को देख सकते हैं। वे अगर पीठ पर चली जाएँ तो हमें सिर्फ भूत या गुजरा हुआ जमाना ही दिखलाई पड़ेगा।

रिनासां से प्रेरित यह राष्ट्रीयता जब साहित्य में उतरी, तब यह बात स्पष्ट हो गई कि नए हिन्दू और नए मुसलमान किस तरफ को जा रहे हैं। उस समय, मुस्लिम राष्ट्रीयता के कवि मौलाना अल्ताफ हुसैन हाली हुए जिनके 'मुसद्दस' नामक काव्य

ने भारतीय जनता के जागरण की दिशा में बड़ा काम किया लेकिन यह भी ठीक है कि 'मुसद्दस' लिखने की प्रेरणा कवि को विशेषतः मुस्लिम-समाज की दुर्दशा से मिली थी। बल्कि हाली में हम जहाँ-तहाँ इस बात का भी रोना पाते हैं कि भारत में आकर इस्लाम का रूप विकृत हो गया है और हिन्दुत्व से मेल-जोल बढ़ाकर उसने अपनी काफी नुकसानी कर ली है।

वो दीने-हे जाजी का बेबाक बेड़ा,
निशां जिसका अक्साए—आलम में पहुँचा,
किए पै सिपर जिसने सातों समुन्दर,
वो डूबा दहाने में गंगा के आकर।

इसी तरह हिन्दी के सबसे बड़े कवि श्री मैथिलीशरण गुप्त की 'भारत-भारती' भी मुख्यतः हिन्दू राष्ट्रीयता को उत्थान देने को प्रकट हुई और उसने हिन्दुओं का ध्यान उस गुलामी की ओर आकृष्ट किया, जो खत्म हो चुकी थी और जिसकी जगह पर अब नई गुलामी आ गई थी जिसके नीचे हिन्दू और मुसलमान, दोनों ही तड़प रहे थे।

अंग्रेजों के आने से जो स्थिति पैदा हो गई थी, उसका सही चित्रण आगे चलकर इकबाल ने किया :

बुतखाने के दरवाजे पर सोता है बरहमन,
तकदीर को रोता है मुसल्मां तहे मेहराब।

लेकिन 'भारत-भारती' के जमाने तक हिन्दी में यह अनुभूति साफ नहीं हुई थी। इसलिए 'भारत-भारती' के कवि ने लिखा :

अन्यायियों का राज्य भी क्या अचल रह सकता कभी?
आखिर हुए अंग्रेज शासक राज्य है जिनका अभी।

मगर हिन्दुओं और मुसलमानों के बीच इस बढ़ती हुई दरार को पाटने की कोशिश में कांग्रेस अपने जन्मकाल से ही पिल पड़ी और जिस राष्ट्रीयता का प्रतिनिधित्व कांग्रेस करती थी, उसके नारे हिन्दी भाषा के हृदय पर अमिट अक्षरों में अंकित हो गए। हिन्दी के हृदय की लिखावट इतनी मजबूत है कि उस पर साम्प्रदायिक दंगों का कोई असर नहीं हुआ और न नोआखाली, बिहार और पंजाब की खूँरेजियाँ ही उस पर कोई धब्बा छोड़ सकी हैं। सबसे बड़ी बात तो यह है कि जिस कवि ने भारत-भारती लिखकर एक प्रकार से मौलाना हाली के मुसद्दस का जवाब दिया था, उसने भी एक बार राष्ट्रीय एकता के स्वर को अपना लेने के बाद फिर कभी अपनी राह नहीं बदली और उसकी कविता ने कांग्रेस, गांधी, आजाद और जवाहरलाल के आदर्श को बराबर ऊँचा रखा है। उन्नीसवीं सदी में 'हिन्दी, हिन्दू, हिन्दुस्तान' की आवाज पं. प्रतापनारायण मिश्र ने लगाई थी, मगर यह आवाज उन्हीं के साथ खत्म भी हो गई। उनके बाद के कवियों ने भारत की सभी जातियों को

मिलाकर राष्ट्रीय एकता को मजबूत करने के आदर्श को बराबर सामने रखा है।

पं. श्रीधर पाठक ने अपने 'भारत-गीत' में

जय हिन्दू जन, जय मुस्लिम गन,
जैन, पारसी, बौद्ध, क्रिश्चियन,

सभी की जय-कामना एक ही भाव से की और पं. गिरिधर शर्मा ने भारत का जो चित्र खींचा, उसमें सभी प्रान्त भारत के अविच्छिन्न अंग माने गए :

पंजाबी, गुजरात-निवासी,
बंगाली हो या ब्रजवासी,
राजस्थानी या मद्रासी,
सबके सब हैं भारतवासी।

स्नेहीजी ने भारत के तीस कोटि लोगों की तुलना तीस कोटि देवताओं से की और 'हर-हर-महादेव' तथा 'अल्ला-हो-अकबर' के बीच उन्होंने कोई भेद नहीं माना :

करते हो किस इष्ट-देव का आँख मूँदकर ध्यान?
तीस कोटि लोगों में देखों तीस कोटि भगवान।

तथा

कह दो 'हर-हर' यार! या 'अल्ला-अल्ला' बोल दो।

मन्दिर, मस्जिद और गाय को लेकर हिन्दुस्तान में जो साम्प्रदायिक दंगे चलते रहे, उनका आघात हिन्दी कविता ने बराबर अनुभव किया और बराबर वह भारतवासियों को क्षुद्र धर्म से ऊपर उठकर सच्चे मानव-धर्म की याद दिलाती रही :

खूँ बहाया जा रहा इनसान का
सींगवाले जानवर के प्यार में;
कौम की तकदीर फोड़ी जा रही
मस्जिदों की ईंट की दीवार में।

तथा

नूर एक वह रहे तूर पर, या काशी के द्वारों में।
ज्योति एक वह खिले चिता में, या छिप रहे मजारों में,
बहती नहीं उमड़ कूलों से, नदियों को कमजोर कहो,
ऐसे हम, दिल भी कैदी है ईंटों की दीवारों में।

और जब सन् 1946 ई. में नोआखाली और बिहार में दंगे शुरू हुए, तब भी हिन्दी कविता मौन नहीं थी। वह विनाश के नजारों को देखकर चीख रही थी, ढार मारकर रो रही थी, करुण स्वरों में पुकार रही थी। मगर देश की बदकिस्मती ने लोगों के कान बहरे कर दिए :

ओ बदनसीब, इस ज्वाला में
आदर्श तुम्हारा जलता है।

समझाएँ कैसे तुम्हें कि
भारतवर्ष तुम्हारा जलता है।
जलते हैं हिन्दू-मुसलमान,
भारत की आँखें जलती हैं।
आनेवाली आजादी की,
लो, दोनों पाँखें जलती हैं।

हिन्दी में एकता के आदर्श के लिए काम करनेवाले कवियों में माधवप्रसाद शुक्ल, माखनलाल चतुर्वेदी, मैथिलीशरण गुप्त और सुभद्रा कुमारी चौहान के नाम आदर से लिए जाते हैं। लेकिन ऐसा नहीं है कि राष्ट्रीयता की आवाज केवल हिन्दी कविता के ही कंठ से निकली, उर्दू के कवियों ने भी उस आदर्श को पकड़ा जिसके लिए कांग्रेस संघर्ष कर रही थी। इन उर्दू कवियों में सबसे ऊपर इलाहाबाद के विख्यात राष्ट्रीय कवि अकबर रहे, जिनकी पंक्तियाँ क्या हिन्दू और क्या मुसलमान—सबकी जिह्वा पर आज तक चढ़ी हुई हैं। सर सैयद और मौलाना हाली तथा बाद के इकबाल राष्ट्रीयता की जिस धारा के समर्थक थे, अकबर उस धारा के बिलकुल खिलाफ थे और वे सच्चे मन से हिन्दू-मुस्लिम एकता के लिए प्रयास कर रहे थे :

हिन्दू-मुस्लिम एक हैं दोनों,
यानी दोनों ही एशियाई हैं।
हमवतन, हमजुबाँ व हमकिस्मत,
क्यों न कह दूँ कि भाई-भाई हैं?

उन्होंने एक सपना देखा था कि :

मुहर्रम और दशहरा साथ होगा,
निबाह इसका हमारे हाथ होगा,
खुदा की ओर से ही है ये संयोग,
रहें तब क्यों नहीं मिल करके हम लोग?

जिस आदर्श को अकबर साहब ने सरलता से देश के सामने रखा, उसी आदर्श को ओज, वीरता और निर्भीकता के साथ लिखने का श्रेय चकबस्त और जोश को है। बल्कि जोश साहब के विषय में इतना ही कहना यथेष्ट नहीं है। असल में हिन्दी के बाहर एकता और क्रान्ति की जो दो सबसे बड़ी आवाजें उठ रहीं थीं, उनमें एक तो बंगला के तेजस्वी कवि काजी नजरुल इस्लाम की थी और दूसरी उर्दू के प्रतापी कवि जोश की। हिन्दुस्तान के नौजवानों के हृदय को जोश ने कुछ इस ढब से पकड़ा कि वे अनायास ही हिन्दू और मुसलमान दोनों के प्यारे हो गए।

मगर अकबर, चकबस्त और जोश तथा श्रीधर पाठक, मैथिलीशरण और माखनलाल हार गए। जीत उनकी हो गई जो इकबाल की धारा के साथ थे। लेकिन हमारा खयाल है कि यह जीत क्षणभंगुर है। जमीन के कटने और बँटने से आदमी

का दिल नहीं बँटना चाहिए। हम जिस आदर्श के लिए लड़ रहे हैं, वह आनेवाली मनुष्यता का आदर्श है। हम जिस दुनिया को अस्तित्व में लाने की कोशिश कर रहे हैं, वह एक ऐसी दुनिया है जहाँ धर्म मनुष्य को आपस में एक करता है, जहाँ राजनीति जनता में बदगुमानी नहीं फैलाती और जहाँ मनुष्य यह महसूस करके एक-दूसरे से सट जाता है कि हम सब-के-सब किसी एक ही बिन्दु से आए हुए हैं।

आज की हालत निराशा और अन्धकार जरूर पैदा करती है। एक ही जमीन के दो टुकड़ों के बीच एक नकली रेखा है जो पेड़ों, पहाड़ों और नदियों को ही नहीं, आदमियों को भी बाँटे हुए है। मगर पेड़, पहाड़ और नदी नहीं, भले-बुरे को पहचाननेवाला मनुष्य है। यह रेखा बनी रहना चाहती है तो अपनी जगह पर बनी रहे, मगर आदमी आदमी से अलग नहीं रहेगा। हमारी राह प्रेम और मुहब्बत की राह है। घृणा, कलह और बदगुमानी की राह से जो बाजी हम हार बैठे हैं, उसे हम प्रेम और मुहब्बत से वापस लाएँगे। हिन्दी कविता आज भी निराश नहीं है। वह हिन्दुओं और मुसलमानों को बाँधकर अलग रखनेवाली जंजीरों और भारत तथा पाकिस्तान को बाँटनेवाली दीवारों से ललकारकर कह रही है :

विश्वास बँधे, जंजीरों में यह जोर कहाँ?
रुक सके प्रेम, यह ताव कहाँ दीवारों में?
उस पार प्रेम की नदी लहर कर जागेगी,
हो टीस अगर सच्ची इस पार पुकारों में।

('रेती के फूल' पुस्तक से)

सर्वभाषा कवि-सम्मेलन

सर्वभाषा कवि-सम्मेलन की परिपाटी इस देश में आकाशवाणी की चलाई हुई है। जब यह सम्मेलन पहले-पहल आयोजित किया गया था, हमने एक नए ढंग के उत्साह का अनुभव किया था। भारत की सभी भाषाओं की कविताएँ सानुवाद एक मंच से सुनाई जाएँ, यह दृश्य सबको प्यारा लगा था और यह जानकर सबको खुशी हुई थी कि भारत की एक ही आत्मा उसकी अनेक भाषाओं में बोलती है, उसका एक ही मस्तिष्क अनेक भाषाओं में चिन्तन करता है। खेद की बात है कि यह सम्मेलन पिछले दो गणतन्त्र-दिवसों पर आयोजित नहीं किया जा सका। मुझे आशा है कि भारत की भावनात्मक एकता के इस चिराग को आकाशवाणी के अधिकारी आगे भी बुझने नहीं देंगे।

भारत की प्रायः सभी भाषाओं के कवि लगभग एक ही ढंग की कविताएँ लिखते हैं। जो कवि पुराने हैं, उनकी कविताओं में सामाजिक समस्याओं की झाँकी हर भाषा में दिखाई देती है। इसी प्रकार जो कवि नए हैं, उनकी कविताएँ प्रायः प्रत्येक भाषा में वैयक्तिक ज्योति से जगमगाती मिलती हैं, पस्ती और अन्धकार से पीड़ित दिखाई देती हैं और प्रायः हर भाषा में ऐसे नए कवि उत्पन्न हो गए हैं, जो सामाजिक समस्याओं पर विचार करना नहीं चाहते, जो भाव को विचार से अलग रखने के पक्षपाती हैं और जिनकी दृष्टि में कला की स्वायत्तता ही उसका सबसे बड़ा गुण है।

ज्यों-ज्यों भारत में आधुनिकता की प्रगति होती है, हमारी कविता समाज से अलग होने की प्रवृत्ति दिखाती जा रही है। भारत में अभी ऐसे नगर नहीं बने हैं, जिन्हें हम न्यूयॉर्क, लन्दन या पेरिस की कोटि में रख सकें, न इस देश में अभी औद्योगिक सभ्यता का इतना विकास हुआ है, जिसमें कवि निःसंगता और एकाकीपन की पीड़ा से बेहाल हो जाए। मगर निःसंगता और एकाकीपन के बोध की कविताएँ हमारे देश में भी लिखी जा रही हैं और वे कभी-कभी इतनी तीखी होने लगी हैं कि उन्हें पढ़कर हमें भी एकाकीपन का बोध होने लगता है।

यह एकाकीपन भारतीय साहित्य के लिए सर्वथा नवीन वस्तु नहीं है। इस देश में पहले भी ऐसे कवि हुए हैं, जो सारी दुनिया के बीच रहते हुए भी अपने को अकेला अनुभव करते थे। कबीरदासजी ने अपने इस एकाकीपन का बयान कई जगहों पर किया है :

जिनने कछु जान्यो नहीं,
तिन सुख नींद विहाय।
हम जो ब्रह्म बूझना
पूरी पड़ी बलाय।

अर्थात् जिन्होंने ऊँची बातें नहीं जानीं, वे सुख की नींद सो रहे हैं, किन्तु मैंने जिन समझने योग्य बातों को समझा, वे मेरे लिए बला बन गईं।

उन्होंने और भी कहा है :

सुखिया सब संसार है, खावै अरु सोवै,
दुखिया दास कबीर है, जागै अरु रोवै।

यह और कुछ नहीं, वही दर्द है, जिसका वर्णन यूरोप के आधुनिक लेखकों ने किया है। एक आधुनिक कथाकार का एक पात्र कहता है, हाय, मैं कैसा अभागा हूँ कि मुझे कहीं भी चैन नहीं मिलता और वे लोग कैसे हैं, जो रेस्तराँ और नाचघरों में मौज़ उठाकर चैन से सो जाते हैं।

ऊँची मनुष्यता और ऊँचे आध्यात्मिक लक्ष्य की साधना करनेवाले साधक संसार में हमेशा अकेले रहते हैं और उनका निःसंगता-बोध सदा ही संसार को ऊँचाई की ओर ले जाता है। समाज की सेवा केवल वे ही नहीं करते, जो बड़ी-बड़ी सभाओं में दहाड़ते रहते हैं। सेवा उनकी भी अमोघ होती है, जो आत्मज्ञान की नीरव साधना में लगे हुए हैं, जो ऊँची मानवता की वेदना को अंगीकार करने के कारण औसत समाज में नहीं खप सकते। अतएव मैं ऐसे कवियों की निःसंगता का आदर करता हूँ, जिन्हें किसी लोकोत्तर आदर्श ने दबोच लिया है अथवा जो इंसानियत के लाइलाज दर्द को अपनी पूँजी बनाकर अँधेरे में तड़प रहे हैं, क्योंकि मानवता को रोशनी सफलता से नहीं, ऐसे ही साधकों की असफलता से हासिल होती है।

किन्तु इनके सिवा साहित्यिकों का जो विशाल दल है, उसका कर्तव्य वही नहीं हो सकता, जो थोड़े-से रहस्यवादियों के लिए विहित है। साहित्य की सामाजिक प्रेरणा जब क्षीण होती है, साहित्य का सामाजिक महत्त्व भी क्षीण हो जाता है। धर्म में कहा जाता है कि जीव की मुक्ति ज्ञान से भी होती है, भक्ति से भी होती है, योग से भी होती है और कर्म से भी होती है। साहित्य के भीतर भी सिद्धि के अनेक मार्ग हैं। साहित्य की शोभा गालिब और बिहारीलाल भी हैं, पोतना, कम्बन और तुलसीदास भी हैं, वेमना और कबीर भी हैं, भूषण और सुब्रह्मण्यम भारती भी हैं तथा उसके मंच पर रवीन्द्र, इकबाल, केशवसुत, नजरुल इस्लाम, महादेवी, निराला और पन्त के लिए भी आदरणीय स्थान है।

आधुनिकता का एक रूप साम्यवादी देशों में निखरा है। उसका दूसरा रूप उन देशों में निखर रहा है, जो सुखी और सम्पन्न हैं तथा जहाँ के नवयुवकों की असली शिकायत यह है कि हमारे बाप-दादों ने हमारे लिए कोई समस्या क्यों नहीं छोड़ी।

भारत का मार्ग इन दोनों प्रकार के देशों के बीच से निकल रहा है, अतएव हम साहित्यिकों को भी वह राह पकड़नी चाहिए, जिससे यह देश मजबूत बने, उसकी एकता राजनीतिज्ञों के हाथ की कठपुतली न रह जाए और जिससे बहुत आगे चलकर हमारी सन्ततियाँ सारे संसार को कोई ऐसी वस्तु प्रदान कर सकें, जिसकी विश्व-सभ्यता को जरूरत पड़ने वाली है। अपवाद हम केवल उन्हें मानते हैं, जो स्थूल सामाजिकता से तटस्थ रहकर किसी महान लक्ष्य की साधना में लगे हुए हैं। बाकी सभी लोगों के लिए कर्म अनिवार्य है और समाज के प्रति दायित्व से भागने का उन्हें कोई भी अधिकार नहीं है।

अप्रैल 30, 1967 ई.

('साहित्यमुखी' पुस्तक से)

नई कविता के उत्थान की रेखाएँ

एक मित्र ने पूछा, हिन्दी कविता इतनी पतली क्यों हो गई है। मैंने उत्तर दिया, विशिष्ट होते-होते। स्थूल और मोटी चीजों को जब हम विशिष्टीकरण की खराद पर चढ़ाते हैं, तब वे कुछ-न-कुछ पतली हो ही जाती हैं; क्योंकि पतलापन चुस्ती का ढाँचा है।

विशिष्टीकरण वर्तमान सभ्यता का सार है। आज तो हर मोटी चीज अपने को पतली बनाने के क्रम में है। केवल कविता ही नहीं, गृहनिर्माण, पोशाक और साज-सज्जा में एक प्रकार की सूक्ष्मता, एक तरह के पतलेपन या चुस्ती की माँग है। यह ठीक है कि इस सभ्यता के साथ बहुत-सी अनावश्यक आवश्यकताएँ भी लिपटी हुई हैं; किन्तु वे मुख्यतः औद्योगिकता की देन हैं। जहाँ तक मूल प्रवृत्ति का प्रश्न है, हम उन सामग्रियों को छोड़ देने के पक्ष में होते जा रहे हैं, जिनके बिना हमारा काम चल सकता है। औरतों ने भारी-भारी गहने छोड़ दिए, मर्दों ने पगड़ी चोगा और फेटा छोड़ दिया और शस्त्रीकरण की प्रक्रिया में अब तोपों और टैंकों को छोटे-छोटे बम नीचा दिखा रहे हैं। प्राचीन काल के जड़ाऊ वस्त्रों को देखकर मन में श्रद्धा तो आज भी होती है। किन्तु उन्हें पहनकर निकलने की हिम्मत अब बिरले ही लोगों में रह गई है। यहाँ तक कि अब राजे-महाराजे भी भारी-भरकम पोशाकों की अपेक्षा सीधी-सादी, हल्की पोशाक पहनने में ही सुविधा और सम्मान देखते हैं। एक बुश्शर्ट को ही देखिए। जिस तेजी से इसका प्रचार सभी श्रेणियों के लोगों में बढ़ रहा है, उससे यह साफ जाहिर होता है कि वर्तमान सभ्यता हल्केपन और चुस्ती को सबसे अधिक अंक देने के पक्ष में है।

जो अनावश्यक है, उसकी उपेक्षा और त्याग तथा जो कुछ अनिवार्य है उसका अधिकाधिक विकास, विशिष्टीकरण के ये दो सामान्य लक्षण हैं। सड़कों की विशेषता उनकी समतलता और चिकनाई है। अतएव इन दोनों का हम अधिकाधिक विकास कर रहे हैं। मकानों की विशेषता उनका हवादार होना और आराम की सुविधा है। अतएव सबसे अधिक खयाल हम उन्हीं का करते हैं। और भोजन की विशेषता उसकी पौष्टिकता है। इसलिए विटामिनों पर आज सबसे ज्यादा जोर है। 'छिलके नहीं, बीज' यह विशिष्टीकरण का मुख्य नारा माना जा सकता है।

काव्य के क्षेत्र में भी वही हुआ, जो जीवन के अन्य क्षेत्रों में हो रहा है। एक

तरह से देखिए, तो नई कविता का जन्म ही इस कारण हुआ कि लोग स्थूलता को छोड़कर बारीकी की ओर जाना चाहते थे। अलंकार, भाषा और छन्द—सभी काव्य के उपकरण माने जाते हैं। मगर उनके संयोग से कविता की केवल मूर्ति ही तैयार होती है, जान तो उसमें कवि की आत्मा, उसकी अनुभूति की सच्चाई और मनोदशा की उस विह्वलता से आती है, जो कवि को अकवि से भिन्न करनेवाला प्रधान गुण है। कविता के भीतर जो एक अनिर्वचनीय विलक्षणता है, वही कविता की असली जान होती है और उसी के संसर्ग में आने से भाषा, छन्द और अलंकार सजीव हो उठते हैं। यह विलक्षणता प्राचीन कविता में भी थी। किन्तु, तब उसके चारों ओर और भी अनेक सामग्रियाँ अपने को प्रधान मानकर जुड़ी रहती थीं। कालक्रम में कविता ने सोचा, वह उसी तत्त्व को लेकर जिएगी, जो उसकी जान है। बाकी सामान न भी रहें या कुछ कम भी हो जाएँ, तो कोई मुजायका नहीं। शरीर में आत्मा ही प्रधान है। और आज तो शरीर की मोटाई अवगुण ही मानी जा रही है। तभी तो लोग भोजन में नियन्त्रण करके अथवा व्यायाम के द्वारा अपने बदन को हलका, पतला, चुस्त और फुर्तीला बनाना चाहते हैं। जिसे हम आधुनिक कविता कहते हैं, वह भी ठीक, इसी तरह पतली, चुस्त और फुर्तीली होने की कोशिश में है। और जिस प्रकार, वर्तमान युग, जीवन में विषमता की सत्ता को नहीं मानना चाहता, खान-पान और कपड़े-लत्ते में एक प्रकार की समानता लाना चाहता है; उसी प्रकार, नई कविता भी सामान्य उपयोग में आनेवाली भाषा को अपनी भाषा बनाना चाहती है। जमाना नहीं चाहता कि श्रोता एक भाषा बोले और कवि एक दूसरी भाषा में बात करे। अगर कविता की रूह अलंकार और काव्यात्मक भाषा से भिन्न वस्तु है, तो कवि को उनके ऊपर अपना दारोमदार नहीं रख के, रोज की बोली में अपनी मनोदशा का चित्र उपस्थित करना होगा। ऐसा नहीं चल सकता कि काव्यात्मक भाषा के प्रयोग के द्वारा कवि का अपना परिश्रम तो घट जाए और पाठक को चित्र तक पहुँचने के लिए आवरण तोड़ने को परिश्रम करना पड़े। कविता की भाषा भी बोलचाल की सामान्य भाषा हो, इस आन्दोलन का आरम्भ अंग्रेजी में वर्डस्वर्थ ने किया था और हिन्दी में कदाचित् स्वयं भारतेन्दु ने। किन्तु अब तक के प्रयोगों से काम पूरा नहीं हुआ। कविता बार-बार अपने लिए विशिष्ट भाषा उत्पन्न कर लेती है। फिर भी प्रयास जारी है कि कवि की भाषा सामान्य मनुष्य की भाषा से भिन्न नहीं हो।

तुलना और विश्लेषण करने से यह भी पता चलता है कि नई कविता प्राचीन काव्य से इसलिए भी भिन्न है कि उसमें आनेवाली तसवीरें कारण-कार्य के नियमों की अधीनता को नहीं मानकर, अकसर, भावों की संगतियों और संसर्गों तथा विचारों की समता से ही उत्पन्न हो जाती हैं, कि जो कुछ परम्परा से काव्यात्मक माना जाता है, उसकी उपेक्षा करके नई कविता उसे भी काव्यात्मक मानती है, जो उपेक्षित रहा है अथवा जो सामान्य और साधारण है। वह उदात्त नायक और महापुरुषों को छोड़कर

बहुधा जनसाधारण को भी अपना नायक चुन लेती है। छन्दोबन्ध और अनुप्रासों की झड़ी को वह अपना अनिवार्य गुण नहीं मानती। वह वस्तुओं के तद्‌गत रूप का वर्णन नहीं करके, उनके आत्मगत रूप का वर्णन करती है, यानी वह इसे नहीं देखती कि फूल स्वयं कैसा है, बल्कि वह यह दिखलाना चाहती है कि फूल देखनेवाले को कैसा लग रहा है तथा उसे देखने से उसमें किन-किन भावों की स्फुरणा होती है। वह अरूप का रूप और रूप का अरूप विधान करती है तथा अपने समय की शीतलता और उष्णता का चित्रण करने के लिए अपने अनुरूप नवीन भाषा, नए छन्द और दूसरी अनेक नई शैलियों को जन्म देती है।

मगर, इनमें से अधिकांश गुण तो सभी अच्छी कविताओं में पाए जाते हैं। इसीलिए मनोदशा की सच्चाई को लेकर सभी उत्तम कविताओं में एक प्रकार की समानता देखी जाती है; क्योंकि सभी कवि एक ऐसी चेतना के वाहक होते हैं, जो काव्य की भूमि से अलग काम करनेवालों में नहीं होती। यह वही चेतना है, जिसे देखकर लोग अकसर ही कह उठते हैं कि यह तो कविता हो गई अथवा यह तो कवि के समान हो गया। कविता का जो मौलिक गुण है, उसे लेकर कितने ही प्राचीन कवि भी नवीन कवियों के समीप पड़ जाते हैं। तुलसी, सूर, विद्यापति, घनानन्द, मीरा और कबीर जैसे कवियों में हमें ऐसी पंक्तियाँ मिलती ही रहती हैं, जिन्हें देखकर हम सोचने लगते हैं कि ये तो बहुत-कुछ नवीन कविताओं के ही समान हैं। और, सच ही, ये पंक्तियाँ आनेवाली कविता की पूर्व कल्पना-सी लगती हैं।

जहँ बिलोकु मृगशावक नैनी, जनु तहँ बरसु कमलसित सैनी।
सुन्दरता कहँ सुन्दर करई, छबिगृह दीप-शिखा जनु बरई।

अथवा

सब जग जलता देखिये, अपनी-अपनी आगि।
ऐसा कोई ना मिला जासों रहिये लागि।।

तुलसीदासजी की पहली अर्द्धाली में सीताजी की आँखों का वर्णन नहीं, बल्कि इस बात का वर्णन है कि उन आँखों से निकलनेवाली ज्योति कितनी कोमल लगती है। और दूसरी अर्द्धाली में भी अवयवों का चित्रण नहीं, बल्कि, अनिर्वचनीय प्रभाव का वर्णन है, जो सभी अवयवों के सम्मिलित योग से फूटनेवाले सौन्दर्य से उत्पन्न होता है।

और कबीर का यह दोहा भी उस समय के साहित्य के लिए एक नया स्वर मालूम होता है; क्योंकि, इसमें संसार की वेदना प्रधान नहीं है, बल्कि, असर यहाँ कवि की उस आत्मगत विह्वलता का है, जो विश्ववेदना को देखकर उसके अपने हृदय में उत्पन्न हुई है।

किन्तु नई कविता का जन्म कब हुआ? क्या पन्त और निराला की रचनाओं में? अथवा प्रसादजी की उन कविताओं में, जो 'प्रेम पथिक', 'चित्राधार' और 'झरना'

में संगृहीत हैं? या उससे भी पहले माखनलालजी की इन पंक्तियों में, जिनकी रचना वर्तमान शताब्दी के पहले दशक के अन्त और दूसरे के प्रारम्भ में हुई थी?

मुझसे कह छल छन्द बने जो शान दिखानेवाले,
मैं तो समझूँगा बाहर क्या? भीतर भी हो काले।

(1908)

मार पाँच बटमार साँवले, रह तू पंचवटी में,
छिने प्राण-प्रतिमा तेरी भी काली पर्णकुटी में।

(1911)

कुटिल कटाक्ष कुसुम-सम होंगे, यह प्रहार गौरव होगा,
पद-पद्यों से दूर स्वर्ग भी जीवन का रौरव होगा।

(1914)

मगर इतना ही नहीं, हमें और भी पीछे जाना होगा। सन् 1877 के लगभग भारतेन्दु बाबू हरिश्चन्द्र ने कितनी ही ऐसी कविताएँ लिखी थीं, जिनमें आनेवाली कविता की नन्हीं किरणें जहाँ-तहाँ प्रक्षिप्त मिलती हैं। भारतेन्दु हिन्दी के गद्य ही नहीं, उसकी नई कविता के भी जनक सिद्ध किए जा सकते हैं। यह सिर्फ इसलिए ही नहीं कि खड़ी बोली में काव्य रचने का सचेष्ट प्रयोग उन्होंने आरम्भ किया और कविता के हृदय में समकालीनता के प्रति जो एक झिझक थी, उसे दूर करने की कोशिश की; बल्कि इसलिए भी कि उनकी सम्पूर्ण दृष्टि नवीन थी तथा उसकी चेतना और मनोदशा में नवयुग की रश्मियाँ स्पष्ट रूप से जगमगा रही थीं। जब समाज में नई चेतना आती है, जब उसकी अनुभूति की दिशा में परिवर्तन होता है, जब मनुष्य में नए विकार उत्पन्न होते हैं और वह जीवन को पहले की अपेक्षा किसी भिन्न दृष्टिकोण से देखना चाहता है, तब साहित्य में क्रान्ति होती है और उसकी शैलियाँ परिवर्तित होने लगती हैं। कभी तो मूल्यों में परिवर्तन होने पर साहित्य की निद्रा टूटती है और वह नए मूल्यों की स्थापना की ओर अग्रसर होता है और कभी साहित्य ही जीवन में मूल्य-परिवर्तन का कारण बन जाता है। हिन्दी में मूल्य-परिवर्तन की प्रक्रिया पहले आरम्भ हुई और साहित्य उसके पीछे सँभला।

हमारे यहाँ छायावाद के नाम से जो आन्दोलन आया था, उसकी बीसों प्रकार की व्याख्याएँ की गई हैं और, प्रायः, अधिकांश कविताएँ 'सान्त' और 'अनन्त' के इर्द-गिर्द चक्कर काटती रही हैं। किन्तु ऐसी व्याख्याओं से समस्या का निदान नहीं होता। असल सवाल यह नहीं है कि छायावादकालीन रचनाओं में वह धुँधला-जैसा कौन-सा तत्त्व था, जो लोगों को रहस्यवाद-सा दीख पड़ा, प्रत्युत समीचीन प्रश्न तो यही हो सकता है कि क्या कारण था कि हिन्दी के कवि परम्परा से दूर हटकर नए स्वर में बोलने लगे।

तो भी माखनलाल, प्रसाद, पन्त, निराला और महादेवी का स्वर आकस्मिक नहीं

था; क्योंकि उसका यत्किंचित् आभास भारतेन्दु बाबू की रचनाओं में पहले ही मिल चुका था। सच पूछिए तो, अंग्रेजी भाषा और साहित्य तथा यूरोपीय सभ्यता और विज्ञान के संसर्ग से भारतीय जीवन में जो एक नई चेतना उत्पन्न हुई थी, हिन्दी में उसकी अनुभूति सबसे पहले भारतेन्दुजी को हुई। और इसका कारण भी था। भारतेन्दु बाबू केवल संस्कृत और फारसी के ही नहीं, बल्कि अंग्रेजी, बंगला और मराठी के भी विद्वान थे, जिन भाषाओं का साहित्य यूरोपीय साहित्य से प्रभाव ग्रहण करके नया रूप धारण कर रहा था। इसके सिवा, देश के तत्कालीन कितने ही सुधारक और विद्वान उनके अपने मित्रों में से थे। यह भी ध्यान देने की बात है कि वे केवल विद्या रसिक ही नहीं थे, प्रत्युत अपनी समस्त विद्या-बुद्धि और आन्तरिक जागरण के द्वारा वे समाज के रूप को प्रभावित करना चाहते थे। संस्कार में रस पहुँचानेवाली उनकी शिराएँ केवल प्राचीनता के गह्वर से ही लगी हुई नहीं थीं, बल्कि उनमें से अनेक का लगाव नवीनता के अनन्त उत्सों से भी था और वे नए फूलों का भरपूर रस ले चुके थे। यही कारण है कि परम्परा से आनेवाली सामग्रियों के ढेर में बैठे रहने पर भी वे भविष्य की ओर इंगित करते हैं। उनके एक ओर पद्माकर, द्विजदेव और पजनेस हैं तथा उनकी दूसरी ओर द्विवेदी, मैथिलीशरण, शंकर और पूर्ण की गोष्ठी पड़ती है। इन दो गोष्ठियों के बीच बैठे रहने पर भी उनका कंगूरा सबसे ऊपर दिखाई देता है और ऐसा लगता है कि इस कंगूरे की पगड़ी सिर्फ उसी चोटी में बाँधी जा सकती है, जिसे माखनलाल, प्रसाद, पन्त, निराला और महादेवी ने खड़ा किया है। प्राचीनता के भार से लदी हुई ब्रजभाषा में लिखते हुए भी उनका स्वर अपने पूर्वजों के स्वर से भिन्न था। इतना ही नहीं, बल्कि कहीं-कहीं तो ऐसा मालूम होता है, मानो आनेवाले युग की कविता के अंकुर उनकी रचनाओं के भीतर से झाँक रहे हों :

स्रवनन पूरो होइ मधुर सुर अंजन ह्वै दोउ नैन।

× × ×

बैन हूँ अथान लागै, नैन कुम्हिलान लागे,
प्राननाथ आओ अब प्रान लागे मुरझान।

× × ×

देख्यो एक बारहूँ न नैन भरि तोहि यातें,
जौन जौन लोक जैहैं तहीं पछिताएँगी।
बिना प्रानप्यारे भए दरस तिहारे हाय,
देखि लीजो आँखें ये खुली ही रहि आएँगी।

ये पंक्तियाँ किसी भी प्रकार पद्माकर या द्विजदेव अथवा उनसे पूर्व के रीति-कवियों की रचनाओं में नहीं खप सकतीं। तीनों उद्धरणों में कवि की जो वैयक्तिक विह्वलता व्यंजित होती है, वह और किसी की भी अपेक्षा छायावादकालीन कवियों से समीपता रखती है और, निश्चय ही, इनमें हम उस कविता की पूर्व कल्पना

पाते हैं, जो बहुत आगे चलकर निखरनेवाली थी।

यह भी ध्यान देने की बात है कि इन पंक्तियों की भाषा में न तो बहुत तोड़-मरोड़ है और न वह जटिलता, जिसे भारतेन्दु के पूर्वज कवियों ने पैदा किया था और जो उनकी कविताओं का एक खास अवगुण बन गई थी। भाषा तो उनकी भी ब्रजभाषा ही है, किन्तु कविता पर उसका तनिक भी रोब नहीं है। ऐसा लगता है कि भाषा की परम्परा-पूजित काव्यात्मकता का तिरस्कार करके कवि सीधी-सादी बोली में अपनी व्यथा दूसरों तक पहुँचाने को बेचैन है। अनुभूति की विह्वलता काव्य की असली प्रेरणा होती है। यहाँ हम सिर्फ उसी का चमत्कार देखते हैं। यह गुण तो हम भारतेन्दु की, प्रायः, सभी कविताओं में देखते हैं और यह देखकर हमें आश्चर्य भी होता है कि पजनेस तक आते-आते जब ब्रजभाषा इतनी जटिल और दुर्बोध हो गई थी, तब भारतेन्दु के हाथ में आते ही वह फिर से सरल कैसे हो गई! इसका एक प्रबल कारण उनकी समर्थता रही होगी। किन्तु वैसा ही दूसरा प्रबल कारण यह भी था कि भारतेन्दु सच्चे मानी में नए मूल्यों के निर्माता थे और एक सच्चे आधुनिक कवि की भाँति वे अपनी अनुभूति वेदना और विश्वास को ही अपनी सबसे बड़ी पूँजी मानते थे, उसे सहारा देनेवाले टेढ़े-मेढ़े उपकरणों को नहीं। कविता हृदय की चीज है और उसे वे अपने हृदय से निकालकर दूसरों के हृदय में ही उँड़ेलना चाहते थे, उनकी आँखों या कानों में नहीं। मेरा विचार है कि हिन्दी-कविता के विशिष्टीकरण की प्रक्रिया की नींव, इस प्रकार, भारतेन्दु ने ही डाली। भारतेन्दु ने कहा था :

भाव अनूठो चाहिए, भाषा कोऊ होय।

अगर वर्तमान व्याख्या के प्रसंग में हम इस टुकड़े के अर्थ की व्याप्तियों पर विचार करें, तो सम्भव है कि इसका एक अभिप्राय यह भी निकले कि कविता जिस गुण के कारण कविता कहलाती है, वह भाषा अथवा शैली की सजावट के अधीन नहीं है। महाकवि अकबर का भी एक शेर है, जो इसी से मिलता-जुलता अर्थ देता है :

मानी को छोड़कर जो हों नाजुक बयानियाँ,
वह शेर नहीं, रंग है लफ्जों के खून का।

मगर भारतेन्दु बाबू ने जो प्रयोग किया, उसे उठाकर आगे ले चलनेवाले लोग ठीक उनके बाद नहीं आए। ऐसा लगता है, मानो उनके गोलोकवास के बाद उनके उत्तराधिकारियों ने यह समझ लिया हो कि भारतेन्दु उनसे खड़ी बोली में देशभक्ति का राग अलापने को कह गए हों। इस उत्तराधिकार का निर्वाह बड़ी ही भयंकरता से किया गया। सन् 1885 (भारतेन्दु के निधन का वर्ष) से लेकर सन् 1915 या 20 तक हिन्दी-कविता में खड़ी बोली का प्रयोग तो बड़े ही उत्साह और अध्यवसाय से किया जाता रहा। किन्तु भावपक्ष में इस काल की कविता, प्रायः रसहीन हो गई। कहते हैं, स्वामी दयानन्द के पवित्रतावादी आन्दोलन के चलते इस काल की कविता

में सौन्दर्य का आलोक नहीं रहा। तब भी नवीन कविता के हम सभी प्रेमी इस काल के कवियों के ऋणी हैं; क्योंकि 30 वर्षों तक उन्हीं के जोतते रहने से खड़ी बोली की भूमि इतनी चिकनी और नम हो सकी, जिसमें से छायावादकालीन कविता के द्रुम लहलहा उठे। खड़ी बोली को काव्यभाषा के रूप में विकसित करने का कार्य भी नवीनता के ही सन्देशों की स्वीकृति थी और समसामयिक जीवन को काव्य में अधिष्ठित करके भी ये कवि कविता की भाव-भूमि को ही विस्तृत बना रहे थे। इस दृष्टि से वे सब-के-सब क्रान्तिकारी माने जा सकते हैं। क्योंकि उन्होंने इस परम्परा को तो तोड़ ही डाला कि कविता सिर्फ ब्रजभाषा में हो सकती है। उन्होंने जिस दूसरी रूढ़ि का खंडन किया, वह यह भावना थी कि धर्म, स्त्री, प्रेम, विरह, पावस, वसन्त, राजा और युद्ध के सिवा और कोई भी वस्तु या व्यक्ति कविता का विषय नहीं हो सकता है।

इन दो कारणों से, भारतेन्दु और छायावाद, इन दो युगों के बीच पड़नेवाले कवि भी क्रान्तिकारी थे और उन्होंने जो कुछ भी लिखा, उससे आगे आनेवाली कविता के लिए भूमि तैयार हुई। केवल माखनलाल और प्रसाद की ही पंक्तियाँ नहीं, बल्कि, 1912 या 13 में स्वर्गीय लक्ष्मणसिंह 'मयंक' द्वारा पत्नी-वियोग पर लिखा गया यह पद भी बतलाता है कि नई कविता के जो बीज भारतेन्दु ने मिट्टी में गिराये थे, वे भली-भाँति सिक्त होकर अब अंकुरित हो रहे थे :

गंगा माँ के वक्षस्थल पर, उस दिन शीतल निर्मल जल पर,
देखी थी तब स्वर्गीय छटा, फिर सघन घनों की घोर घटा।
गूँजा था स्वर झंकार नया, दीखा था सब संसार नया,
मानस को उथल-पुथल करके, गंगाजल को उज्ज्वल करके,
तू किधर गई? उड्डीन हुई? हा, किस दिगन्त में लीन हुई?[1]

फिर भी आश्चर्य होता है कि नई चेतना के जो रूप माखनलाल, प्रसाद और मयंक की इन पंक्तियों में मिलते हैं, वे तत्कालीन अन्य कवियों में क्यों नहीं मिलते। इन तीन कवियों को हम छायावाद की आरम्भिक कड़ी कह सकते हैं, क्योंकि नवयुग की चेतना पहले इन्हीं की प्रतिभा पर चढ़कर हिन्दी-काव्य में पहुँची।

वैसे छायावाद का आविर्भाव हिन्दी में सन् 1920 ई. से माना जाता है; जिस वर्ष को हम, शायद, असहयोग-आन्दोलन के कारण अधिक प्रमुखता देते हैं।

---

1. इस लेख के प्रकाशित होने के बाद लेखक को अत्यन्त प्रामाणिक रूप से ज्ञात हुआ है कि इस कविता के संस्कार में राष्ट्रकवि श्री मैथिलीशरणजी का भी हाथ था। असल में, छायावाद के आविर्भाव के पूर्व हिन्दी-कविता में नवीनता की जो आभा झलकने लगी थी उसके बहुत से उदाहरण मैथिलीशरणजी की 'झंकार', प्रसादजी की 'चित्राधार' और 'प्रेमपथिक' और माखनलालजी की 'हिमतरंगिनी' नामक पुस्तकों में तथा पं. रामनरेश त्रिपाठी और मुकुटधर पांडेय एवं बदरीनाथ भट्ट की स्फुट कविताओं में ढूँढ़े जा सकते हैं।—**लेखक**

छायावाद-आन्दोलन पर हिन्दी में काफी लिखा गया है और मैं भी अपनी 'मिट्टी की ओर' नामक पुस्तक में उस पर अपना विचार प्रकट कर चुका हूँ। अब हम यह, प्रायः, मानने लगे हैं कि हमारे साहित्य में यह उसी प्रकार का आन्दोलन था, जिस प्रकार का आन्दोलन अट्ठारहवीं सदी के अन्त में अंग्रेजी साहित्य में आया था तथा इसके पीछे केवल रवीन्द्र ही नहीं बल्कि अंग्रेजी के रोमांटिक कवियों के स्वर भी विद्यमान थे। यह भी ध्यान देने की बात है कि हिन्दी में जब छायावादी आन्दोलन जारी था, तब उसके कवि अपने समर्थन में घनानन्द, मीरा और कबीर की वैयक्तिक अनुभूतियों का भी उद्धरण देते थे। किन्तु उस समय किसी भी दिशा से यह आवाज नहीं आई कि जिसे तुम छायावाद कह रहे हो वह और कुछ नहीं होकर राष्ट्र की एक नई मुद्रा की अभिव्यक्ति का प्रयास है—वह मुद्रा जो अंग्रेजी साहित्य और यूरोपीय सभ्यता तथा विज्ञान के सेवन से उत्पन्न हुई है और जो भी अपनी पूर्ण अभिव्यंजना के अनुरूप विशिष्ट शैलियों का माध्यम खोज रही है।

छायावाद के विपक्ष में भी मतों का अभाव नहीं है और न मैं ही उसकी सभी बातों का समर्थक हूँ। सबसे बुरी बात तो मुझे यह लगती है कि छायावाद अत्यन्त सुकुमार था और अजब नहीं कि तितलियों के दंश से भी उसे पीड़ा होने लगती रही हो। किन्तु छायावादी कवियों का साहित्य के इतिहास में चाहे जो भी स्थान बननेवाला हो, एक बात है कि वे हर बात को बड़ी ही नजाकत से कहना चाहते थे और समकालीन अवस्थाओं की गर्मी को भूलकर वे काल्पनिक शीतलता के देश में बड़ी ही निश्चिन्तता से विचरण कर सकते थे।

इस आन्दोलन के अन्दर जो कुछ भी सुन्दर और सारवान था, वह मुख्यतः हिन्दी के चार कवियों में विभक्त हुआ। उसकी दार्शनिकता प्रसादजी के हाथ लगी तथा उसका पौरुष निरालाजी को मिला। इसके विपरीत, पन्तजी ने उसकी प्रभाती अरुणिमा, गन्ध और ओस को ग्रहण किया एवं आदरणीय महादेवीजी के हिस्से उसकी धूमिलता आई, जिससे उनकी आध्यात्मिक विरह की कल्पना और भी गम्भीर हो गई है। हिन्दी में गीत की परम्परा भी छायावादकाल में ही सुदृढ़ हुई, यद्यपि ये गीत उन पक्षियों के कंठ से फूटे थे, जिनके चारों ओर तूफान चल रहे थे अथवा जिनके आस-पास गुजरे हुए तूफानों की छाया मौजूद थी। लेकिन तूफान में गाए जाएँ या तूफानों की छाया में, गीत फिर भी गीत ही होते हैं।

जब दो सभ्यताएँ परस्पर मिलती या टकराती हैं, तब उनसे प्रायः कोई नई चीज पैदा होती है। इस्लाम और हिन्दुत्व के मिलन से पठानों के समय में हिन्दी-साहित्य में एक नवीनता उत्पन्न हुई थी, जिसे हम कबीर और दूसरे सन्त अथवा सूफी कवियों की रचनाओं में देखते हैं। इसी प्रकार, यूरोपीय साहित्य और भारतीय संस्कार के सम्पर्क से एक नई चेतना उत्पन्न हुई, जो अपनी सम्यक् अभिव्यक्ति प्राचीन कवियों के द्वारा निर्मित शैली में नहीं कर सकती थी। वैज्ञानिक चिन्तन की प्रक्रिया को ग्रहण

कर लेने के बाद हम अपनी परम्परागत अनुभूतियों और विश्वासों में से अनेक को शंका की दृष्टि से देखने लगे और इस प्रकार, जन्मान्तरवाद और कर्मफलवाद की वह लक्ष्मण-रेखा विलीन होने लगी, जो हमारे चिन्ता-जगत को चारों ओर से घेरे हुए थी और जिसका अतिक्रमण हमारे यहाँ नास्तिकता का पाप समझा जाता था। किन्तु इस रेखा के विलीन होते ही भारतीय मनीषियों की युगों की वन्दिनी और सूखी जिज्ञासा मनचाही दिशाओं में उड़-उड़कर नई सनसनाहट और नवीन चेतना का सुख अनुभव करने लगी। छायावादकालीन कविता में जितने भी नए प्रयोग नजर आते हैं, वे सब इसी सनसनाहट और सुगबुगाहट को व्यक्त करने के प्रयास थे।

बारह-पन्द्रह वर्ष बीतते-बीतते लोगों ने सुना कि हिन्दी-कविता में एक और आन्दोलन आया है। इस दूसरे आन्दोलन को हम प्रगतिवाद के नाम से अभिहित करते हैं, जो आज भी समग्र विश्व-साहित्य में अपना झंडा उड़ाए चल रहा है। कुछ दिनों तक तो ऐसा लगा, मानो प्रगतिवाद के भीतर से राजनीति साहित्य पर चढ़ी आ रही हो। किन्तु यह उफान अब दब गया है और लोग मानने लग गए हैं कि प्रगतिवाद राजनीति नहीं, वरन् साहित्य में ही एक विशिष्ट प्रकार की नवीनता का द्योतक है, जिसका समाज की प्रगतिशील प्रवृत्तियों से पूरा सामंजस्य है।

किन्तु, भारतेन्दु ने जिस आन्दोलन का सूत्रपात किया था, वह अभी भी पूरा नहीं हुआ है। नई कविता इसलिए चली थी कि वह जनता की भाषा में बोले और अनावश्यक सामग्रियों को छोड़कर वह कवि की चेतना को आसानी से पाठकों तक पहुँचा दे। सभी तरह की अनुभूतियों को सरल भाषा में आसानी से जनता तक पहुँचा देना यह नई कविता का लक्ष्य था और इसी दलील का सहारा उन लोगों ने भी लिया, जो कवियों को यह उपदेश देते थे कि तुम्हें जनता के लिए साहित्य लिखना चाहिए। इस आन्दोलन से एक लाभ यह हुआ कि कविता के भीतर अद्यतनता की स्थापना दोष नहीं रह गई। किन्तु समाज के प्रति उठा हुआ विद्रोह इतनी प्रबलता से आया कि कविता के रूप में की जानेवाली क्रान्ति पीछे पड़ गई और आज तो भीड़ से अलग रहने की भावना और एक प्रकार की घरेलू भाषा के मोह से वे भी ग्रसित हैं, जिनके बारे में यह अनुमान किया जाता है कि वे जनता के लिए लिखते हैं।

एवोल्यूशन या विकास की दृष्टि से देखने पर हिन्दी की आधुनिक कविता चार सीढ़ियाँ पार कर चुकी है। आदि सोपान तो भारतेन्दु ने ही निर्मित किया, जबकि खड़ी बोली पहले-पहल प्रयोग में आई, ब्रजभाषा को अपनी जटिलता का त्याग करना पड़ा, समकालीनता काव्य के भीतर झाँकने लगी और कवि की वैयक्तिकता ने अपने अधिकारों की माँग की। दूसरा सोपान उन लोगों की रचना है, जिन्होंने खड़ी बोली को निश्चित रूप से काव्य की भाषा बना दिया और कविता के प्राचीन विषयों की उपेक्षा करके उसे नवीन विषयों की ओर प्रेरित किया, भले ही ये नवीन विषय शुष्क और नीरस रहे हों। तीसरा सोपान उन महाकवियों की देन है, जो कविता को लेकर

उस स्वप्न-महल में चले गए, जिसे अंग्रेजी में 'आइवरी टावर' कहते हैं। इतिवृत्तात्मकता के दिनों में हिन्दी-कविता जितनी ही सादी और स्थूल थी, आइवरी टावर में पहुँचकर वह उतनी ही सूक्ष्म और रंगीन हो गई और लोगों ने कहना शुरू किया कि कविता इतनी ऊँचाई पर जा पहुँची है कि हमें वह दिखाई भी नहीं पड़ती।

अतएव प्रगतिवाद ने जो सोपान बनाया, वह एक तरह से उतार का सोपान था। कामायनी, यामा और तुलसीदास की रचना करके हिन्दी-कविता निश्चित रूप से आइवरी टावर से नीचे उतर आयी है। यह उन लोगों के लिए दुख का विषय है जो आइवरी टावर में विश्वास करनेवाले हैं। किन्तु जो लोग कविता की अपार्थिवता में विश्वास नहीं करते, वे इस उतार को भी आधुनिक कविता की प्रगति का ही सोपान मानते हैं।

कविता को हम मिट्टी पर नहीं घसीटना चाहते और न यही चाहते हैं कि वह नीचे रहे। किन्तु उसे बराबर हमारे जीवन के बीच से उठकर ऊपर जाना चाहिए। यह फूलों, पादपों और पर्वतों का धर्म है। इससे विपरीत धर्म किरणों और नदियों का होता है जो ऊपर से जन्म लेकर नीचे आती हैं। और जीवन किरणों तथा नदियों के बिना भी नहीं चल सकता। इन दोनों वर्गों की चीजें जीवन से मिली होती हैं। पर्वत का मूल जीवन के कन्धे पर होता है और किरणों की उँगलियाँ आकाश से उतरकर मनुष्य के शरीर पर भ्रमण करती हैं। मगर साहित्य में इस मिलन का क्षेत्र कहाँ हो सकता है? क्या भावों और विचारों में अथवा भाषा और छन्द में? उत्तर किसी एक के पक्ष में नहीं दिया जा सकता। नई कविता विशिष्टीकरण को लक्ष्य मानकर चली थी। विशिष्टीकरण यानी चुस्ती। विशिष्टीकरण यानी अच्छा लगनेवाला हलकापन। विशिष्टीकरण यानी गहन-से-गहन मुद्राओं को भी सरल-से-सरल ढंग से लोगों तक पहुँचा देना। सादगी और प्रभावपूर्णता, इन्हीं के सन्तुलित योग से नई कविता अपने लक्ष्य को प्राप्त कर सकती है।

('अर्धनारीश्वर' पुस्तक से)

चार काव्य-संग्रह

इधर हाल में हिन्दी में कई अच्छे काव्य-संग्रह प्रकाशित हुए हैं, जिनमें से आज मैं केवल चार की चर्चा करूँगा। इनमें से पहली पुस्तक 'धूप के धान' श्री गिरिजाकुमार माथुर की रचना है तथा दूसरी पुस्तक 'प्रणय-पत्रिका' डॉक्टर हरिवंशराय बच्चन की। बाकी दो पुस्तकें 'विश्वास बढ़ता ही गया' और 'पर, आँखें नहीं भरीं' डॉक्टर शिवमंगल सिंह सुमन की लिखी हुई हैं।

सुमनजी की गिनती प्रगतिवादी सम्प्रदाय के प्रतिनिधि कवियों में की जाती है और श्री गिरजाकुमार उस धारा के कवि समझे जाते हैं जिसका प्रचलित नाम प्रयोगवाद पड़ गया है। हमारे ये दो कवि कई दृष्टियों से महत्त्वपूर्ण हैं और इस महत्त्व का सबसे बड़ा कारण यह है कि ये दोनों कवि वादी कम, कवि अधिक हैं।

प्रगतिवादी कविता जिन लक्षणों के कारण निन्दित हुई, वे लक्षण सुमन की कविता में कम रहे हैं और इन दो संग्रहों में भी वे अल्प-मात्रा में ही मिलते हैं। नाम तो उनका 'एशिया की आग' जैसी रचनाओं को लेकर चमका, किन्तु वर्तमान दोनों संग्रहों को मिलाकर यह अनल-तत्त्व कम, प्रेम और विरह का जल-तत्त्व ही अधिक है। 'विश्वास बढ़ता ही गया' में ऐसी रचनाएँ कुछ अधिक अवश्य हैं, जिनसे कवि के प्रगतिवादी रूप पर प्रकाश पड़ता है, किन्तु, 'पर आँखें नहीं भरीं' की तुलना में 'विश्वास बढ़ता ही गया' का पलड़ा कुछ ऊपर उठा हुआ है, यद्यपि 'युगान्तरकारी कवि निराला के प्रति' नामक कविता, जिसे मैं सुमनजी की सर्वश्रेष्ठ कृति मानता हूँ, इसी संग्रह में सम्मिलित है।

अनेक मनोदशाओं से होकर गुजरने के कारण एक ही कवि अनेक प्रकार की कविताएँ रच सकता है, किन्तु इस विविधता से उसका वह रूप नहीं छिप सकता, जो उसका असली रूप है और जो उसकी प्रत्येक भाव-दशा के भीतर से झलक मारता है। इस दृष्टि से विचार करने पर मुझे ऐसा लगता है कि सुमनजी सन्देशवाही कवि किसी झकोर में पड़कर बन जाते हैं, अन्यथा उनका वास्तविक रूप सौन्दर्यवादी कवि का ही रूप है और इसीलिए वे काव्यरसिकों के प्यारे भी हैं। उनके भीतर छायावाद का वह रोमांटिक तत्त्व जीवित है, जिसने एक समय बच्चनजी की कविताओं में रस भरा था तथा जो प्रत्येक उदीयमान कवि की रचनाओं पर मोहकता का रंग छिड़क देता है। उनकी यह रसिकता, उनका यह स्निग्ध-भाव इस बात का प्रमाण है कि कुछ

अन्य कवियों की भाँति उनकी सरसता दोपहर होते-होते न सूखेगी।' 'तुमको सूरज ने कभी छुआ तो होगा', 'क्या किसी साँस की रगड़ ज्वाल में बदली'—इन पंक्तियों में जो लाक्षणिकता है, वह भी इस बात का संकेत देती है कि सुमनजी की प्रतिभा परिचित क्षितिजों के पास धूनी रमाकर बैठ जाने को तैयार नहीं है। वह अभी नए क्षितिजों का निर्माण कर सकती है। 'पर आँखें नहीं भरीं' की गणना हिन्दी के अच्छे काव्य-संग्रहों में की जा सकती है।

बच्चनजी की अच्छी-अच्छी इतनी कविताएँ हम पढ़ चुके हैं कि उनकी प्रणय-पत्रिका कुछ सूनी-सूनी-सी लगती है। टेकों में तो रस अब भी विद्यमान है, किन्तु अन्तराएँ अधिकतर रची-रचाई दीखती हैं। बच्चनजी की भाषा में लाक्षणिकता की मात्रा पहले भी न्यून थी। उनकी कविताओं में जो रस था, वह अनुभूतियों से आता था। प्रणय-पत्रिका में अनुभूति की वेधकता पाठकों को प्रभावित नहीं करती। अधिकांश में, प्रणय-पत्रिका के गीत, बच्चनजी के पहले के गीतों की छाया मात्र हैं। ऐसा दिखता है, मानो कवि नए उन्मेष के अभाव में अपने पूर्व रूप का अनुकरण कर रहा हो, किन्तु जब रससिद्ध कवि अपना अनुकरण आप करता है, तब भी कुछ रस तो वह दे ही जाता है। वह रस प्रणय-पत्रिका में भी है, किन्तु जिस भावधारा में निशा-निमन्त्रण और आकुल अन्तर के गीत अपना चमत्कार दिखा चुके हैं, उसमें प्रणय-पत्रिका कागज की नाव के समान लगती है। कविता की सारी शक्ति उसकी भाषा में होती है और प्रणय-पत्रिका की भाषा स्वच्छ और परिमार्जित होने पर भी प्रकाशहीन है। इस पुस्तक को पढ़कर ऐसा भासित होता है कि बच्चनजी के सामने प्रेम और विरह की जो भूमि थी, कवि उसके चप्पे-चप्पे को छान चुका है और उसमें कवि को अब कोई नवीनता नहीं मिलती है। इससे यह संकेत भी मिलता है कि कविता में नए प्रयोगों की आवश्यकता क्यों महसूस की जा रही है।

कवित्वमयी भाषा से मेरा क्या तात्पर्य है, इसे स्पष्ट करने के लिए मैं कहना चाहता हूँ कि श्री गिरिजाकुमार के 'धूप के धान' की भाषा कवित्वपूर्ण है। कोमल शब्दों की योजना-मात्र से कविता की भाषा नहीं बनती। रवि बाबू ने ठीक ही ऐसी भाषा को कवित्वमयी न कहकर, ललितलवंगी कहा है। एक समय ललितलवंगी भाषा से भी कविता आदरणीय हो जाती थी, किन्तु वह समय चला गया और इसलिए चला गया कि सहृदयों की रुचि अब अधिक परिमार्जित और गहरी हो गई है। अब वह अनुप्रासों की सजीवता और छन्दों की संगीतमयता से तृप्त नहीं होती, प्रत्युत कवित्व का प्रमाण वह प्रत्येक शब्द में खोजती है। कविता की भाषा रूखी होने पर भी कलरवपूर्ण और रंगीन हो सकती है। छन्द पूरा करने के लिए जब ऐसे शब्द चुने जाते हैं, जो संकेत नहीं देते, चिनगारियाँ नहीं फेंकते, तब ऐसे शब्दों को भरती के ही शब्द कहना चाहिए। कवि की जो सबसे बड़ी शक्ति है, वह न तो छन्द-रचना में परखी जा सकती है, न ऊँचे-ऊँचे विचारों को बाँधने में। उसकी जाँच विशेषणों के प्रयोगों

में होती है या फिर ऐसे शब्दों के प्रयोग में, जिनके बैठने की अदा से ही कविता चमक उठती है। अंग्रेजी कवियों में यह गुण सबसे अधिक कीट्स में है। हिन्दी कवियों में से इस गुण का सबसे अधिक प्रमाण पन्तजी ने दिया है। 'दूर उन खेतों के उस पार जहाँ तक गई नील झंकार' तथा 'सर सर सर सर रेशमी वायु' में सारी कविता नील झंकार और रेशमी वायु में सिमटकर बैठी हुई है। शब्दों से जब ज्योति छिटकती हो, संकेत ध्वनित होता हो अर्थात् शब्द जब इस प्रकार बैठते हों, मानो उनके पंख निकल आए हों और वे उड़ने को तैयार हों, तभी यह कहा जा सकता है कि कविता की भाषा सचमुच कवित्वपूर्ण है, किन्तु यह गुण जितना ही अनुपम है, उतना ही दुर्लभ और दुष्प्राप्य भी। जब तक भीतर के तार चढ़े हुए न हों और प्रतिभा के उन्मेष से रोम-रोम न थिरक रहा हो, तब तक ऐसी भाषा सत्कवि भी नहीं लिख सकता। और जो कवि ऐसी भाषा लिख सकता है, उसे सत्कवि न मानना, कविता के सबसे ऊँचे गुण से अपना अपरिचय घोषित करना है।

'धूप के धान' में कवित्वमयी भाषा के विलक्षण प्रयोगों के इतने अधिक उदाहरण वर्तमान हैं कि मैं तो उन्हें देखकर चकित रह गया। इस संग्रह की कविताओं में कुछ दोष भी हैं, किन्तु वह अलग बात है, किन्तु जहाँ तब काव्य की भाषा का सम्बन्ध है, मैं नूतन काव्य-साहित्य में किसी भी ऐसी पुस्तक का नाम नहीं ले सकता, जिसमें लक्षण और सम्यक विशेषणों का इतना अधिक प्रयोग हुआ हो और ऐसी सफलता के साथ। 'यह कपूरी लौ उठी', 'सभ्यता का रंग केतन', 'अब ब्रह्म घड़ी का ठंडा-सा आलोक जगा', 'हलकी हो गई हवा की तिमिर दबी साँसें', 'कच्ची मिट्टी का ठंडापन', 'इस धूसर साँवर धरती की सोंधी उसाँस', 'या कालान्तर में पथराए भाव हमारे', 'उजली बाँहों-सी दीवारें', 'सोंधे तन गन्ध भरे आँचल' और ब्लाउज महीन चटकीले', 'जिनमें थे पड़ गए पहनने से चिह्न रंगीन गठे अंगों के सभी कोमल कठोर उतार-चढ़ाव', 'दूर पर छै की गजर डूब रही', 'यह दो हजार वर्षों की छाँह हवाओं में', 'हैं कसे धनुष के वक्र-ओठ', 'सर्दियों की धूप उजले ऊन की मृदु शाल पहने'। उद्धरण कहाँ तक दिए जाएँ, सारी पुस्तक ही ऐसे उदाहरणों से भरी पड़ी है। मुझे तो इस संग्रह की अधिकांश पंक्तियाँ अपने भीतर प्रकाश से जगमगाती दीखती हैं और कवि की उस तन्मयता पर श्रद्धा होती है, जिसमें रहकर उसने इतनी ज्योतिर्मयी भाषा का निर्माण किया है। 'धूप के धान' की कविताओं को देखकर इस बात का आभास मिलता है कि प्रयोगवादी कवि कविता में किस सौन्दर्य को उतारने के प्रयास में है। यदि इस संग्रह की कविताएँ प्रयोगकालीन हैं, तो इस शैली का सिद्ध रूप कैसा होगा, यह सोचकर मन आशा से भर जाता है।

आलोचक अभी भी प्रयोगवादी कवियों पर अलग-अलग विचार न करके उन्हें गुच्छ-रूप में ही देखते हैं, किन्तु मेरा खयाल है, गिरिजा कुमार गुच्छ से ऊपर आ गए हैं और उनकी रचनाओं का विधिवत अध्ययन करने से नई कविता के कितने ही

सुन्दर रूप प्रत्यक्ष हो जाएँगे।

'धूप के धान' की दूसरी विशेषता यह है कि वह नए प्रयोग की रचना होने पर भी परम्परा से बहुत दूर नहीं है। इसकी प्रायः सभी कविताएँ छन्द में हैं, यद्यपि छंद कहीं तो नपे-तुले और तुकों के साथ हैं और कहीं वे मुक्त प्रवाह का अनुसरण करते हैं।

शायद हापकिन्स ने कहा था कि कविता का सारा सौन्दर्य ऐसा होता है, जिसे हम चर्म-चक्षुओं से देख सकते हैं। गिरिजाकुमार की कविताएँ इस सूक्ति का समीचीन उदाहरण हैं। कल्पना में उन्होंने स्वयं जो कुछ देखा है, चित्र बनाकर उसके दर्शन उन्होंने अपने पाठकों को भी करा दिए हैं। वे सचमुच ही, लैंडस्केप के कवि हैं अर्थात् उनकी कविता में अंकित छवि दृश्य रूपों की छवि है, जो आँखों से देखी जा सकती हैं। इसके सिवा, कविता में उनकी स्पर्श और घ्राण इन्द्रियाँ भी अत्यन्त जागरूक रहती हैं। स्पर्श, घ्राण और दृष्टि, गिरिजाकुमार की कविताएँ इन तीन इन्द्रियों की कविताएँ हैं, किन्तु यही बात उनकी श्रुतिचेतना के बारे में नहीं कही जा सकती।

विचित्र बात है कि गिरिजाकुमार की सबसे बड़ी शक्ति यदि भाषा के काव्यात्मक प्रयोग में है, तो भाषा के क्षेत्र में ही उनकी सबसे बड़ी दुर्बलता भी छिपी हुई है। कलाकारिता और सुदृढ़ प्रेरणा के कारण वे ऐसी पंक्तियों पर पंक्तियाँ लिखते चले जाते हैं, जिनमें आनेवाले शब्द अपनी लाक्षणिकता से सहृदयों का मन मोहित कर लेते हैं, किन्तु कदाचित् असावधानता के कारण वे ऐसे शब्द भी ले जाते हैं, जो बेमेल हैं। यह उदारता गज़ल किस्म की उदारता है। उदाहरण के लिए, 'गतिवान मंज़िलें पर हुईं' में या तो मंज़िल को नहीं लाना चाहिए था या फिर गतिवान के बदले किसी ऐसे शब्द को लाना था, जो मंज़िल से मेल खाता। 'शक्तिवान मेहनत की बाँहों', 'दीगर मुल्क' और 'कातिक का रसवान महीना' में भी कुछ ऐसे ही बेमेल प्रयोग की झलक दीखती है।

('साहित्यमुखी' पुस्तक से)

डोगरी की कविताएँ

जब से स्वराज्य हुआ है, भारत की भाषाओं में जान आ गई है, जिसमें जहाँ तक बढ़ने का दम है, वह वहाँ तक बढ़ने की कोशिश कर रही है। देश के कुछ बड़े-बूढ़े लोग, जिन्होंने भारत की मिट्टी को नहीं समझा था, जो बड़े-बड़े शहरों में जनमे और वहीं बढ़कर अब वृद्ध हो गए हैं, जिन्होंने अंग्रेजी में दक्षता प्राप्त करके पहले अंग्रेज को चकित किया और स्वराज्य के बाद से जो नए राजनीतिज्ञों को भी चकरा देने में कामयाब हो गए हैं, वे लोग कहते हैं कि भाषाओं का जागरण भारत के लिए सबसे बड़ा खतरा है। लेकिन मुझ-जैसे सिरफिरे लोग यह समझते हैं कि भारत की भाषाएँ यदि नहीं जगीं, तो पार्सल से जो स्वराज्य 15 अगस्त, 1947 ई. को आया था, वह मुर्दा-का-मुर्दा पड़ा रहेगा। जनता को उसकी भाषा नहीं मिली, तो वह बढ़ेगी कैसे? वह अपने दुख-दर्द, उम्मीद और उमंग की अभिव्यक्ति क्या अंग्रेजी की मदद से करेगी? ऐसे सभी बड़े लोगों से मेरा एक ही सवाल है कि अगर जनता को उसकी भाषा मिलनेवाली नहीं थी, तो फिर स्वराज्य की ही ऐसी जल्दी क्या थी? शासन का लिबास तो बदल गया, मगर जनता के हृदय के भीतर उमंग का चिराग जलाने का रास्ता कब खुलेगा?

अंग्रेजी में कविताएँ लिखकर बहुत-से हिन्दुस्तानियों ने हिन्दुस्तानवालों को चक्कर में डाल दिया। मानो वे कह रहे हों, देखा? जिस भाषा में तुम ठीक से बात नहीं कर सकते, उसमें हम कविताएँ लिखते हैं। मगर इन कविताओं को पढ़ा किसने? जो असली हिन्दुस्तानी हैं, वे अपनी भाषाओं में पढ़ते हैं और उन्हीं कविताओं पर झूमते भी हैं। रह गए अंग्रेज, सो वे तो अंग्रेजी में कविता लिखनेवाले हिन्दुस्तानियों को कवि ही नहीं मानते। आरू दत्त को भी नहीं, तोरू दत्त को भी नहीं, भारत-कोकिला को भी नहीं, हरीन्द्र चट्टोपाध्याय को भी नहीं। है इनमें से कोई कवि जिसकी कविता अंग्रेजी कविताओं के किसी भी प्रतिनिधि-संग्रह में स्थान पा सकी हो? और मेरे सामने 'कामनवेल्थ एंथालॉजी' का नाम मत कीजिए। यह विशेषण ही बताता है कि संग्रह साहित्य नहीं, राजनीति की दृष्टि से किया गया है।

कविता की असली भाषा कवि की मातृभाषा ही हो सकती है। सीखी हुई भाषा में ज्ञान का साहित्य लिखा जा सकता है, रस का साहित्य नहीं लिखा जा सकता। और रस-साहित्य में भी कविता और गीत के बीच भेद है। कविता में कुछ ज्ञान भी

होता है, पांडित्य भी होता है, कवि की कारीगरी भी होती है। मगर गीत केवल रस की बूँद हैं, कवि के भीतरी व्यक्तित्व के प्रस्वेद हैं, उसके दर्द की खुशबू हैं। उनके लिए ज्ञान और पांडित्य नहीं, बाधक ही होते हैं।

इश्क को दिल में जग दे अकबर,
इल्म से शायरी नहीं आती।

कभी सोचा है कि संस्कृत में गीत क्यों नहीं लिखे गए? संस्कृत का चलन कई हजार साल तक रहा, फिर भी जयदेव को छोड़कर और कोई कवि संस्कृत में नहीं हुआ, जिसे हम गीतकार कह सकें। कारण स्पष्ट है। संस्कृत कभी भी मातृभाषा नहीं थी। मातृभाषा बराबर कोई-न-कोई प्राकृत रही थी। संस्कृत पर अधिकार सहज में प्राप्त नहीं होता था, वह प्राप्त किया जाता था।

गाथासप्तशती प्राकृत में जनमी, क्योंकि उसके भीतर पांडित्य नहीं, जनता के हृदय भी भावनाएँ हैं। और गोवर्धनाचार्य जब संस्कृत में आर्या सप्तशती लिखने लगे, तब उन्हें अनुभव हुआ, मानो वे नीचे बहनेवाले जल को नल के द्वारा ऊपर चढ़ा रहे हों।

और जो हाल संस्कृत का हुआ, वही हाल हिन्दी का रहा है। हिन्दी में कविताएँ अत्यन्त उच्चकोटि की लिखी जाती हैं, मगर असली गीत हिन्दी या उर्दू में नहीं लिखा जा सकता। यहाँ तक कि सिनेमा ने भी यह साबित कर दिया है कि उपभाषाओं अथवा जनपदीय भाषाओं का सहारा लिए बिना सच्चे गीत लिखे ही नहीं जा सकते और चूँकि सिनेमावाले लोग उर्दूपरस्त हैं, इसलिए जनपदीय भाषाओं से रस लेना वे नहीं जानते। जैसे संस्कृत प्राकृत से आगे बढ़ जाने के कारण गीतों की भाषा नहीं रही, वैसे ही गीतों की भाषा हिन्दी-क्षेत्रों में भी हिन्दी नहीं, डोगरी, पंजाबी, राजस्थानी, ब्रजभाषा, अवधी, बुन्देलखंडी, भोजपुरी, मैथिली और अंगिका रह गई हैं।

और डोगरी के गीत कितने विलक्षण होते हैं, यह देखकर आजकल मैं दंग हूँ। डोगरी की सहज कवयित्री श्रीमती पद्मा सचदेव का मैं बड़ा ही उपकार मानता हूँ कि उन्होंने मेरे घर आकर मुझे उस अद्भुत आध्यात्मिक सम्पत्ति का ज्ञान कराया, जो डोगरी भाषा में बिखरी पड़ी है।

कविता में आजकल ज्ञान का युग चल रहा है यानी कविता मर गई है, उसकी लाश पर बड़े-बड़े पंडित-कलाकार कारीगरी और नक्काशी करके नोबुल पुरस्कार पाते हैं और हम जब उनकी शोहरत से खिंचकर उनकी कविताएँ पढ़ने लगते हैं, तब हमारा मोहभंग हो जाता है।

पद्मा‌जी ने डोगरी के लोकगीतों के सिवा कुछ अपनी कविताएँ भी मुझे सुनाईं और उन्हें सुनकर मुझे लगा, मैं अपनी कलम फेंक दूँ, वही अच्छा है, क्योंकि जो बात पद्मा कहती हैं, वही असली कविता है और हममें से हर कवि उस कविता से दूर, बहुत दूर हो गया है।

यहाँ, सरसों फूली हुई है,
मालूम नहीं, किसके भुलावे में आ गई।
दूर तक खिलखिला रही है,
मानो, ब्रह्मा की अंजलि से बिखर गई हो।
मालूम नहीं, किसके वियोग में
यह गोरी पीली हो गई है।
इसके बीज बिखरे हैं
चम्बे, जम्मू और अखनूर में।
जी करता है, सारी-की-सारी बाँध लूँ।
केसर और कटीली झाड़ियाँ समेट लूँ।

गाथा को आर्या बनाने में जो मुसीबत गोवर्धन को झेलनी पड़ी थी, डोगरी को हिन्दी में ढालनेवालों की मुसीबत उससे ज़रा भी कम नहीं है। फिर भी जी करता है कि पद्मा के गीतों या कविताओं के कुछ और अनुवाद पाठकों के सामने बानगी के तौर पर ज़रूर परोस दूँ :

क्या ये राजाओं के महल आपके हैं?
मेरा घर मुझ से छूट चुका है,
मैं राह भूल गई हूँ।
बरसों पहले मेरी आँखों की ज्योति
मुझसे छिन चुकी है।
यह ज्योति छीन जिन्होंने
मुझे अन्धी बनाकर फेंक दिया है,
मेरे बाग का पौधा जिन्होंने उखाड़ लिया है,
(उस पौधे पर अभी कोंपलें भी नहीं आई थीं)
मेरा साजन तब तक ज़्यादा दूर भी नहीं गया होगा,
तभी जिन्होंने मेरी काँपती टहनियाँ काट लीं,
क्या वे दरातियाँ आपकी हैं?

मेरा चाँद बेर के दरख़्त के पीछे चढ़ा है;
यह दरख़्त कटवा दो, जिससे मेरा चाँद मुँह खोल कर बोले।

टेसू वृक्ष के ये लाल फूल,
लगता है, विधाता ने अपने हाथ से छुए हैं।

पहाड़ के पीछे से चाँद हँसते-हँसते

ऐसे धीरे-धीरे आता है,
जैसे नई दुलहन मुँह दिखाने को
धीरे-धीरे घूँघट उठा रही हो।
यह बासन्ती चाँद!
इसका अंग-अंग पीला है।
किसी के वियोग में सूख कर काँटा हो गया है।
या हो सकता है कि तपेदिक ने इसका
यह हाल किया है।

कवयित्री पद्मा को तपेदिक हुआ था और वे तीन वर्षों तक जिन्दगी और मौत के बीच झूले झूलती रही थीं। अपनी एक कविता में अपनी बीमारी का हाल भी उन्होंने लिखा है, मानो किसी को वे चिट्ठी लिख रही हों :

मैं बहुत दिनों से बीमार थी,
चारपाई से लगी हुई थी।
घुप्प अँधेरे में सोते-सोते
सुधबुध खो बैठी थी।

असली कविता शायद कोरी घटनाएँ मात्र हैं। मगर धन्य है वह आदमी जो घटनाओं का रस, इतिहास का सत जुगा सकता है। सच्ची कविता शायद नारियों के लिए अधिक स्वाभाविक है, क्योंकि वे चुपचाप अन्याय सहकर इतिहास के सत का रक्षण करती हैं :

इस राह में इतनी सुनसान है
कि कोई पत्ता भी नहीं हिलता।
कहार जब तेज़ी से कदम उठाते हैं,
तो मेरा मन काँप उठता है।
हाय, इस अँधेरे में मैं
वह वस्तु ढूँढ़ रही हूँ,
जो फेरों के समय मेरे हाथ में थी;
वे शब्द ढूँढ़ रही हूँ, जो
आहुतियों के संग बोले गए थे।

पद्मा का जीवन दुख से भीगा हुआ जीवन है। मृत्यु की सीमा पर वह तीन साल सोई रही थी। जो दुखी होता है, उसे गुजरे हुए सुखों की याद कुछ ज़्यादा सताती है।

सखि! वे दिन कैसे थे?
वह वक्त कैसा था?
कड़वी बात जब किसी को न तो कही थी,

न किसी से सुनी थी।
वे दिन कितने मीठे थे,
जब सब कुछ सुन्दर दिखाई देता था।
जख्म कभी होता न था,
जो होता, तो तुरन्त भर जाता था।
अब कैसे जख्म लगे हैं?
इनकी मरहम नहीं मिलती,
इनका रिसना बन्द नहीं होता,
इनका दर्द खाए जाता है।

यह बीमारी केवल पद्माजी की नहीं है। हर आदमी, जिसका बचपन बीत गया, जो बच्चे की तरह सीधी बात बोलने में शर्म महसूस करता है, इसका यही हाल है। मेरा खयाल है, पूरी सभ्यता का ही बचपन समाप्त हो गया है और वह इसी वयस्कता की बीमारी से बीमार है।

डोगरी धन्य है। न जानें, इस भाषा के भीतर कैसे-कैसे रत्न छिपे हुए हैं। डोगरी के लोकगीतों के अनुवाद हिन्दी में अवश्य आने चाहिए और हिन्दी को उन सभी कवियों और लेखकों से परिचित कराना चाहिए, जो पहाड़ की इस खूबसूरत भाषा में लिख रहे हैं।

22 सितम्बर, 1967

('साहित्यमुखी' पुस्तक से)

●●●